제2판

유아교육과 미디어 활용

지옥정 · 서희전 · 계보경 · 고영미
권이정 · 김미애 · 김혜정 · 임수진

창지사

머리말

“저도 진짜 신기하더라고요. 벚나무의 꿀샘이나 개미의 더듬이가요. 그냥 눈으로 보면 잘 안 보이거든요. 그런데 아이들과 휴대용 디지털 현미경으로 찍은 것은요, 크게 비추니까 꿀샘 볼록한 거랑, 개미 움직임이랑 정말 잘 보이는 거예요. 덕분에 다양한 탐구 활동으로 확장될 수 있었지요.”

휴대용 디지털 현미경을 처음 사용해 본 유치원 4세반 선생님의 경험담이다. 짧은 글이지만 그냥 눈으로 보기만 했을 때와 휴대용 디지털 현미경이라는 새로운 미디어를 활용했을 때의 차이를 느낄 수 있다.

우리 모두가 알고 있다시피 유아교육에서 미디어의 가치는 이루 말로 표현할 수 없을 만큼 지대하다. 같은 교육내용이라도 어떤 미디어를 언제, 어디서, 어떻게 활용하느냐에 따라 유아의 흥미와 관심을 끄는 정도도, 이에 따른 교육의 결과도 매우 달라지기 때문이다. 이것이 8명의 저자가 『유아교육과 미디어 활용』을 집필하게 된 주 동기이다. 우리 8명의 저자를 이어 준 연결 고리는 ‘한국어린이미디어학회’이다. 이 학회를 통해 유아교육에서 미디어의 가치를 더 절감하면서 예비 유아교사들인 유아교육과 학생들이나, 현장에서 좀 더 효과적으로 유아교육을 하는 방법은 무엇일까 고민하는 선생님들에게 우리가 알고 있는 미디어 활용 방법에 대해 전하고자 뜻을 모았다.

책을 기획하는 과정에서 우리는 유아교육에서 여전히 가장 의미 있는 미디어란 유아들이 직접 보고, 듣고, 만지고, 냄새 맡을 수 있는 ‘자연’ 그 자체라는 점에 동의하였다. 또한, 가장 아날로그적인 미디어라고 할 수 있는 그림책에 대해서도 다른 것으로 대체할 수 없을 만큼 그 가치가 높다는 것에 동의하였다. 그런 한편, 예로 든 휴대용 디지털 현미경을 위시하여 생활 속에서 쉽게 접할 수 있는 사진이나 더 나아가 전자책, IPTV, UCC 동영상, 애니메이션, 로봇, 증강현실, 3D프린터까지 유아교육현장에서 미디어를 적절하게 활용한다면 교육 효과를 배가시킬 수 있다는 점에 대해서도 의견을 같이하였다.

이와 같이, 8명의 저자가 공통으로 전통적인 미디어나 새로운 미디어 모두 유아교육에 의미 있는 기여를 할 수 있다고 전제하였기 때문에 목차 범주를 크게 두 가지, 즉 유아교육에서의 전통적인 미디어 활용과 유아교육에서의 새로운 미디어 활용으로 나누어 집필하였다. 책을 집필하는 과정에서는 대표 저자로서 지옥정과 서희전이 기본 틀을 만들고 다른 저자들과 소통하는 역할을 하였으며, 원고가 완성된 뒤에는 독자의 입장에서 전체적으로 검토하는 역할을 하였다. 각 장은 각 저자의 전공 및 관심 분야에 따라 집필되었다. 즉, 1장의 '유아교육에서 미디어와 미디어 교육'은 고영미, 2장의 '자연 활용'은 지옥정, 3장의 '그림자료 · 융판자료 · 게시판 활용'은 권이정, 4장의 '사진 활용'은 임수진, 5장의 '컴퓨터 · 모바일 미디어 활용'은 계보경, 6장의 'IPTV · 영상 콘텐츠 활용'은 김혜정, 7장의 'e-book 활용'은 권이정, 8장의 '로봇 활용과 코딩교육'과 9장의 '증강현실 활용'은 서희전, 10장의 'UCC 활용'은 김미애, 11장의 '애니메이션 활용'은 임수진, 12장의 '휴대용 디지털 현미경 · QR코드 · 3D프린터 활용'은 서희전과 계보경이 각각 맡아 집필한 것이다.

각 장의 집필 후에 저자들이 돌아가며 서로의 내용을 검토, 수정하면서 다듬는 과정을 거쳤음에도 여전히 책을 내놓기는 조심스러웠다. 하지만 5명의 유아교육 전공 교수와 3명의 교육 미디어 전공 교수가 한 팀이 되어 새로운 결과물을 내놓게 되었다는 것에 일단 의미를 두고 출판에 임하였다. 부족한 부분은 향후 계속 보완해 나가리라 다짐하며, 이 책이 현재와 미래의 유아교사 및 기타 유아교육 관계자들에게 도움이 되길 소망한다.

끝으로, 녹록지 않은 유아교육현장을 씩씩하게 지켜 나가면서 우리 저자들에게 귀한 사진과 기타 자료를 제공해 주신 여러 유아교육기관의 원장님과 선생님들, 복잡한 내용을 꼼꼼하게 편집해 주신 창지사 편집장님을 비롯한 직원 여러분, 『유아교육과 미디어 활용』 책을 집필하도록 계속 동력을 불어넣어 주신 나기영 부사장님께 두루두루 감사드린다.

2022년 1월

저자 일동

차례

PART 03 유아교육에서의 새로운 미디어 활용

PART 01

유아교육과 미디어의 관계

Chapter 01 유아교육에서 미디어와 미디어 교육

자연물

동화책

신문

TV

카메라

컴퓨터

e-book

전자신문

스마트폰

휴대용 디지털 현미경

로봇

새롭게 등장할 미디어는?

위 그림은 과거부터 현재에 이르기까지 우리가 일상적으로 접하고 활용하고 있는 미디어의 일부이다. 현재 우리가 활용하고 있는 미디어들이 앞으로 어떻게 될 것이라고 예측하는가? 그리고 미래에는 어떤 새로운 미디어가 등장할 것이라고 생각하는가?

학습목표

1. 유아교육에서 활용 가능한 다양한 미디어의 개념 및 유형을 이해한다.
2. 유아교육에서 미디어를 효과적으로 선정하고 활용할 수 있는 방안을 이해하고 적용한다.
3. 유아교육에서 미디어 교육에 대한 서로 다른 관점을 이해하고 이를 토대로 바람직한 관점을 정립한다.
4. 바람직한 미디어 교육을 위해 교사에게 요구되는 미디어 리터러시(media literacy)를 이해하고 역량을 함양한다.

생각해 봅시다

여러분은 '미디어'라는 단어를 들으면 무엇이 먼저 떠오르는가? 그리고 '미디어 교육'이라고 하면 무엇이 먼저 떠오르는가? 지금 떠오르는 단어 또는 문장을 쓰거나 이미지를 그림으로 그려 보고 옆 사람과 공유해 보자.

'미디어' 하면 떠오르는 생각	'미디어 교육' 하면 떠오르는 생각
[단어 또는 문장]	[단어 또는 문장]
[이미지]	[이미지]

옆 사람과 공유해 보니 '미디어', '미디어 교육'에 대해 공통으로 갖고 있는 생각이 무엇인가? 반면에 서로 다르게 갖고 있는 생각은 무엇인가? 현재 자신이 지니고 있는 '미디어', '미디어 교육'에 대한 생각을 토대로 본 장을 학습하면서 유아교사로서 지녀야 할 바람직한 미디어 및 미디어 교육에 대한 방향을 재정립해 보는 시간을 갖기를 기대한다.

01 유아교육에서 미디어

여러분은 앞에서 '미디어'라는 단어를 들었을 때 어떤 단어나 이미지를 가장 먼저 떠올렸는가? 아마도 여러분이 하루 중 가장 많이 접하는 TV, 컴퓨터, 멀티미디어, 스마트폰과 같은 미디어를 먼저 떠올렸을 것이라고 생각한다. 그리고 이와 함께 책이나 그림, 신문 등과 같은 미디어 또한 떠올렸을 것이다. 여러분이 떠올렸던 것처럼 미디어는 신문, 잡지, 책, 그림 등과 같은 전통미디어에서부터 TV, 컴퓨터, 휴대폰, 휴대용 디지털 현미경, 로봇 등과 같은 전자미디어 또는 뉴미디어에 이르기까지 다양한 형태로 우리 주변에 존재한다.

오늘 아침에 눈을 떠서 학교에 오는 동안, 그리고 지금 수업에 참여하고 있는 지금, 여러분이 접한 미디어는 무엇이 있는지 생각해 보자. 여러분이 원하든 원하지 않든 일상 속에서 우리는 다양한 유형의 미디어를 접하며 살아가고 있음을 알게 될 것이다. 이와 같이, 미디어는 우리 삶 속에 깊숙이 들어와 영향을 주고 있다. 특히, 우리가 살고 있는 현대사회에서는 미디어의 발달 속도가 점점 빨라지면서 미디어에 대한 사람들의 의존도가 더욱 높아져 가고 있으며, 미디어에 대한 관심과 중요성 또한 더욱 강조되고 있다.

이에 본 장에서는 유아교육현장에서 바람직한 미디어 교육을 실행하기 위해 유아교사가 기본적으로 알아야 할 미디어의 개념, 미디어의 유형, 미디어의 선정 및 활용에 대해 살펴보고자 한다.

1) 유아교육에서 미디어의 개념

미디어(media)는 '중간의' 또는 '매개하는'이란 뜻을 가진 라틴어 'medius'에서 유래한 단어이다. 사전적 정의를 살펴보면, "어떤 작용을 한쪽에서 다른 쪽으로 전달하는 역할을 하는 것으로, 대중매체(大衆媒體), 매개체(媒介體), 매체(媒體)로 순화"(표준국어대사전, 2018)라고 정의하여 미디어와 매체를 동일한 의미로 사용하고 있다. 즉, 미디어는 우리가 다른 사람들과 직접 만나지 않고도 간접적인 의사소통을 가능하게 하는 매개이며, 사람들 간의 의사소통을 목적으로 정보를 전달한다는 측면에서 현대사회의 구성원들에게 중요한 의미를 가진다(김양은, 2000). 특히, 최근에 계속해서 새로운 미디어가 소개되고 있으며, 이 같은 미디어는 그 문화권에 살고 있는 유아의 행동에 영향을 미친다(Jalongo, 2003)는 점에서 유아에게도 중요한 의미를 갖는다.

이같이 중요한 의미를 갖는 미디어의 개념을 보다 정확히 이해하기 위해 학자들이 정의한 '미디어'의 개념을 살펴보자.

협의의 개념

- 정보를 시공간적으로 이동시켜 주는 문자나 영상을 의미하는 것(김양은, 2000)
- 정보를 전달하는 매체로 책, 신문, 잡지, TV, 컴퓨터 등을 망라하는 것 (Buckingham, 2004; Hobbs, 2004; Potter, 2011)
- 의사소통하는 사람들 중간에 위치해 메시지를 실어 나르는 도구 역할을 하는 것(신진욱, 2012)

광의의 개념

- 사람들의 생각과 정보를 전달하고 공유하는 하나의 의사소통의 수단이자 의미구성 작용에 참여하여 의사소통의 방식에 영향을 미치는 것으로 책, 신문, 전화, 사진, 광고, 잡지, 라디오, TV, 영화, 애니메이션, 컴퓨터, 스마트폰, 인터넷(전자우편, 검색엔진, SNS) 등을 모두 포함하는 것(권지혜, 2017)

앞에서 여러분이 '미디어'라는 말을 들었을 때 떠올렸던 생각과 학자들의 미디어에 대한 정의는 어떤 점이 유사하고 어떤 점이 다른가? 이를 토대로 미디어에 대한 개념을 각자 재정립한 후, 다음에 기술하고 옆 사람과 공유해 보자.

내가 재정립한 미디어의 개념

여러분이 재정립한 미디어에 대한 개념은 미디어를 매체로 보는 협의의 개념에 더 가까운가? 아니면 정보를 전달하고 공유하는 의사소통의 수단이자 의사소통의 방식에 영향을 미치는 모든 것을 의미하는 광의의 개념에 가까운가? 미디어에 대한 개념 정의가 시대적으로 변화해 오고 있다는 점을 고려할 때 최근 관점인 광의의 개념으로 미디어를 이해하는 것이 보다 바람직하다고 본다.

따라서 본서에서는 미디어를 사람들의 생각과 정보를 전달하고 공유하는 하나의 의사소통의 수단이자 의사소통의 방식에 영향을 미치는 것으로, 신문, 잡지, 책, 그림, TV, 컴퓨터, 휴대폰, 태블릿 PC, 디지털카메라, 인터넷, 로봇 등을 모두 포함하는 것으로 정의하고자 한다.

2) 유아교육에서 미디어의 분류

유아교육에서 미디어는 정보 유형, 감각기관, 전기 작동 여부에 따라 분류가 가능하다(김영희, 2015; 이옥섭 외, 2010).

(1) 정보 유형에 따른 미디어

정보 유형에 따른 미디어는 텍스트, 이미지, 사운드, 동영상으로 분류할 수 있다. 과거의 전통적 미디어가 주로 텍스트나 이미지 위주였다면, 현대의 새로운 미디어일수록 텍스트, 이미지, 사운드, 동영상이 복합적으로 구성된 멀티미디어 정보 유형인 경우가 대부분이다. 정보 유형에 따른 미디어의 특성을 제시하면 〈표 1-1〉과 같다.

〈표 1-1〉 정보 유형에 따른 미디어의 특성

정보 유형	미디어의 특성
텍스트	• 가장 기본적인 미디어 • 적은 데이터로 많은 내용 전달 가능
이미지	• 정지된 영상 • 글자로 표현할 수 없는 정보를 정확하고 쉽게 전달 가능
사운드	• 스피커를 통해 들을 수 있는 정보 제공 • 주의력을 집중시키거나 현실감 부여
동영상	• 카메라를 사용하여 촬영한 연속적 이미지 • 다른 미디어에 비해 많은 메모리 필요

(2) 감각기관에 따른 미디어

감각기관에 따른 미디어는 시각을 주로 사용하는 미디어, 청각을 주로 사용하는 미디어, 시각과 청각을 동시에 주로 사용하는 미디어로 분류할 수 있다. 감각기관에 따른 미디어의 유형을 제시하면 〈표 1-2〉와 같다.

〈표 1-2〉 감각기관에 따른 분류

감각기관	미디어의 유형
시각	그림, 사진, 슬라이드, 그림책, 동화책, 무성 영화, 휴대용 디지털 현미경
청각	라디오, 녹음자료, 악기, CD
시청각	영화, TV, 스마트폰, 컴퓨터, 로봇

(3) 전기 사용 여부에 따른 미디어

전기 사용 여부에 따른 미디어는 비전기 작동, 전기 작동 –단순 전기, 인공지능 전기– 으로 분류할 수 있다. 전기 사용 여부에 따른 미디어의 유형을 제시하면 〈표 1-3〉과 같다.

〈표 1-3〉 전기 사용 여부에 따른 분류

전기 사용 여부		미디어의 유형
비전기 작동		그림자료, 융판자료, 자석자료, 게시판, 입체모형, 인형, 블록 등 놀이감, 자연물 등의 실물
전기 작동	단순 전기	슬라이드, 환등기, OHP, 녹음기, TV, VTR
	인공지능 전기	컴퓨터, 로봇, 휴대용 디지털 현미경, 스마트폰

3) 유아교육에서 미디어의 선정 및 활용

유아교육에서 미디어를 선정하고 활용할 때 교사가 고려해야 할 점을 제시하면 다음과 같다.

(1) 교육목표 달성에 적합한 미디어인가?

교육의 목표를 달성하는 데 그 미디어를 선정, 활용하는 것이 효과적인가를 고려해야 한다. 즉, 교사가 가르치고자 하는 목표에 적합하게 유아가 무엇을 어떻게 경험하도록 할 것인가를 검토한 후, 이에 적합한 미디어를 선정해야 한다는 것이다. 예를 들면, 활동의 목표로 유아가 주변에 있는 자연의 아름다움을 알아가는 것을 선정했다면 이를 달성하기에 적합한 미디어가 무엇인지 고려해야 한다는 것이다. 즉, 직접적 경험을 위해서는 유아가 들꽃이나 나무와 같은 실물을 오감을 활용하거나 돋보기나 휴대용 디지털 현미경을 활용하여 관찰하게 할 수 있다. 그렇게 할 때 자연물의 모습을 더 자세히, 흥미롭게 관찰할 수 있기 때문이다. 이외에도 인상 깊은 자연물을 사진이나 동영상으로 찍어 볼 수도 있다. 그런가 하면 간접적 경험을 위해서는 자연물을 담은 그림책 또는 꽃이 피어나는 유튜브 동영상 콘텐츠와 같은 미디어를 활용할 수도 있다.

(2) 유아발달에 적합한 교육내용을 담고 있는 미디어인가?

교육의 목표에 적합한 미디어를 선정했다면 그 미디어가 담고 있는 내용이 유아의 발달 특성에 적합한지 고려해야 한다. 우리가 알고 있듯이 유아는 성인과 다르게 논리적 사고보다는 직관적 사고를, 추상적 사고보다는 구체적 사고를 하는 특성이 있다. 따라서 교사가 목표 달성에 적합한 미디어로 책이나 동영상 등의 미디어를 선정한 후에는 그 미디어가 담고 있는 내용 수준이 유아가 이해하기에 적절한지를 검토해야 한다. 유아의 인지 수준을 지나치게 뛰어넘는 내용은 적절하지 않으며, 유아가 약간의 호기심과 도전 의식을 가지고 활용할 수 있는 내용이 적절하다.

(3) 올바르고 공정한 내용을 담고 있는 미디어인가?

유아발달에 적합한 내용을 담고 있는 미디어를 선정했다면 그 내용이 유아에게 편견이나 선입견을 갖게 하는 것은 아닌지 검토해야 한다. 특히, 유아는 모방을 통한 학습이 활발히 이루어지는 시기이므로 유아에게 제시하는 미디어가 특정한 사회 문화 집단의 고정관념이나 편견을 담고 있지는 않은지 세심한 검토가 있어야 한다. 자료의 시각적 표현이나 문자화된 내용 또는 자료를 제시할 때 교사의 부주의한 언어적 표현이 남녀 성역할 고정관념이나 경직된 선악의 가치 체계, 특정한 직업이나 종교에 대한 무비판적 선호 또는 비하 의식을 반영하는 경우가 종종 발생한다. 따라서 미디어의 활용에 있어 항상 내용의 공정성에 대한 엄밀한 검토가 뒤따라야 할 것이다.

(4) 미디어-유아, 유아-유아, 교사-유아 간 상호작용이 가능한 미디어인가?

유아가 미디어를 활용할 때 미디어와 유아 간 상호작용뿐만 아니라 미디어를 통한 유아 간 상호작용 및 교사와 유아 간 상호작용 또한 이루어질 수 있는 방식인지 검토한다. 즉, 유아가 미디어를 활용하여 놀이를 할 때 개별 활동으로 하는 것도 필요하나, 유아기가 사회성 발달이 급격히 이루어지는 시기라는 점을 고려할 때, 2~3명에서 5~6명에 이르는 유아들이 함께 활동하면서 다양한 또래 관계를 경험할 수 있고 개별적인 상호 접촉과 활발한 교류가 이루어지도록 환경을 조성할 필요가 있다.

(5) 유아의 흥미를 끌 수 있는 매력적인 미디어인가?

유아의 흥미를 끌 수 있는 매력적인 미디어인지 검토해야 한다. 이를 위해서는 유아가 흥미를 느끼고 주의를 집중하여 미디어를 활용할 수 있도록 유아의 생활 경험이나 현재 관심사를 반영하고 있는지, 매력적인지, 유아와 미디어 간 쌍방향적 소통이 가능한지 등을 고려해야 한다.

02 유아교육에서 미디어 교육

여러분은 앞에서 '미디어 교육'이라는 단어를 들을 때 어떤 단어나 이미지를 가장 먼저 떠올렸는가? 어떤 사람은 유아에게 가장 친숙한 실물, 그림책, 사진 등과 같은 매체를 활용한 교육을 가장 먼저 떠올렸을 수 있다. 또 다른 사람은 TV, 컴퓨터, 스마트폰, 휴대용 디지털 현미경, 로봇 등과 같은 뉴미디어에 대한 교육을 떠올렸을 수도 있다. 반면, 어떤 사람은 TV나 컴퓨터, 스마트폰과 같이 장시간 사용할 때 해로운 영향을 주는 디지털 미디어로부터 유아를 보호하는 교육을 떠올렸을 수도 있다. 그런가 하면 최근에 어딘가에서 들었던 기억이 있는 컴퓨터 리터러시, 미디어 리터러시, 디지털 리터러시, 정보 리터러시, 문화 리터러시 등과 같이 미디어를 분석하고 활용하고 제작하는 교육이 떠올랐을 수도 있을 것이다.

이와 같이, 미디어 교육에 대해 다양한 생각이 존재하는 것은 미디어 교육이 미디어를 활용한 교육과 미디어에 대한 교육을 포함하는 개념으로 사용되고 있기 때문이다. 우리가 알고 있듯이 미디어를 통한 교육으로도 불리는 미디어를 활용한 교육은 수업의 효율성을 위하여 미디어를 교수 · 학습의 매체로 활용하는 데 중점을 둔 반면, 미디어에 대한 교육은 미디어의 기능이나 특성 등과 같은 미디어 그 자체를 가르치는 것에 중점을 둔다. 과거의 미디어 교육은 실물, 책, 그림 등과 같은 전통적인 미디어를 교수 · 학습매체로 활용한 것이 주로 이루어졌으나, 뉴미디어가 등장한 최근의 미디어 교육은 미디어를 활용하는 것에서 나아가 미디어에 대해 가르치는 것까지를 포함하여 이루어지고 있다. 이 같은 미디어 교육의 개념 변화를 요약하여 제시하면 [그림 1-1]과 같다.

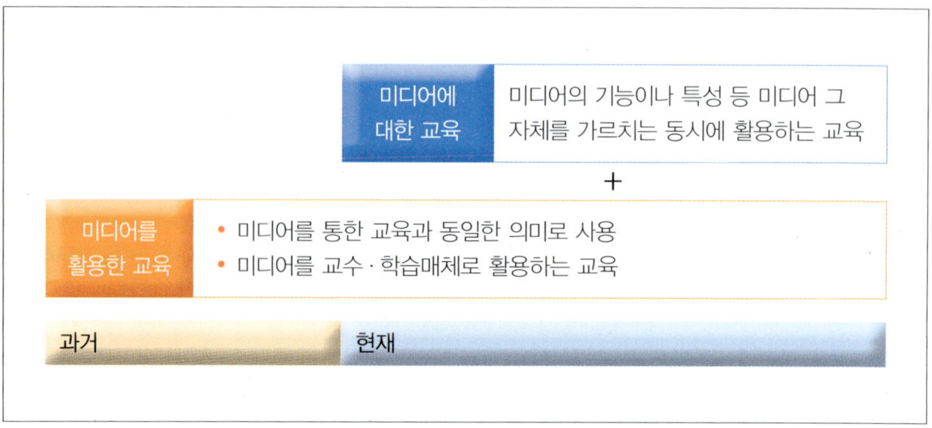

[그림 1-1] 미디어 교육에 대한 개념 변화

이에 따라 본 장에서는 미디어 교육을 미디어를 활용한 교육과 미디어에 대한 교육을 포함하는 개념으로 정의하고자 한다. 이 같은 개념을 토대로 유아교육현장에서 바람직한 미디어 교육을 위해 유아교사가 기본적으로 알아야 할 미디어 교육에 대한 관점인 대중 예술적 관점, 산업 기술적 관점, 미디어 환경론적 관점을 각각 살펴보고자 한다. 그리고 최근 관점에서 강조하는 미디어 리터러시에 대해 살펴본 후, 자신이 현재 지니고 있는 미디어 리터러시 역량을 진단하고 분석해 보는 기회도 갖고자 한다.

1) 미디어 교육에 대한 관점의 변화

앞 장의 '1) 유아교육에서 미디어의 개념'에서 살펴본 것처럼 시대가 변화함에 따라 '주요 미디어'와 '미디어를 어떻게 바라볼 것인가'에 대한 관점이 변화해 오고 있다. 이에 따라 미디어 교육에 대한 정의 또한 미디어의 발전, 사회가 미디어를 보는 관점, 미디어에 대한 인간의 태도에 따라 다소 다른 관점에서 정의가 이루어지고 있다. 앞에서 살펴본 것처럼 과거에는 미디어를 교수·학습매체로 활용하는 교육이 주로 이루어졌으나, 매스미디어의 등장으로 인해 미디어를 활용한 교육과 미디어에 대한 교육을 모두 포괄하는 방향에서 미디어 교육이 강조되기 시작하였으며, 그 관점이 변화해 오고 있다.

2000년대 이전에는 유해하고 자극적인 미디어로부터 학습자를 보호해야 한다는 대중 예술적 관점에서 미디어 교육이 이루어졌다면, 2000년대 초반부터는 학습자가 미디어를 적극적으로 수용하고 해석하는 산업 기술적 관점에서 미디어 교육이 이루어졌다. 그리고 2000년대 후반으로 오면서 학습자가 보다 적극적으로 미디어를 활용하고 생산하는 미디어 환경론적 관점에서 미디어 교육이 이루어지기 시작하였다(권연정, 2015; 김양은, 2005, 2014; 조은진, 2016; 정현선, 2012; 홍유진·김양은, 2013). 이를 요약하여 제시하면 [그림 1-2]와 같다.

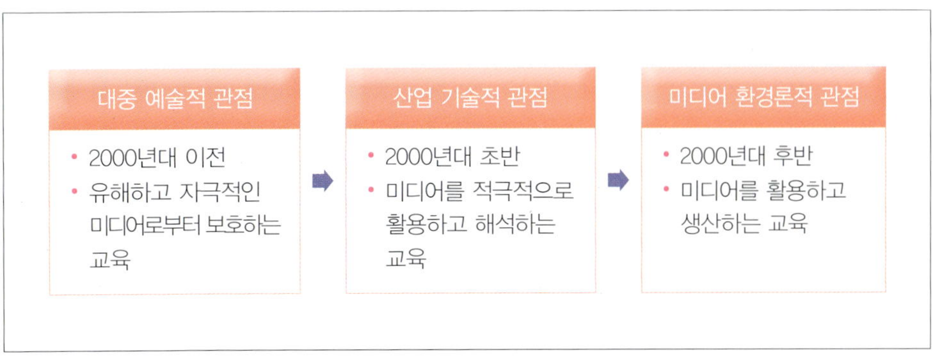

[그림 1-2] 미디어 교육에 대한 관점의 변화

이 장을 학습하기 전 '미디어 교육'이라는 단어를 들었을 때 여러분이 떠올렸던 생각은 위 관점 중 어떤 관점과 유사하며, 어떤 관점과 다른지 각자 생각해 보자. 그리고 이를 토대로 자신의 관점을 아래에 기술한 후 옆 사람과 공유해 보자.

내가 지니고 있는 미디어 교육에 대한 관점

현재 여러분이 지니고 미디어 교육에 대한 관점을 토대로 각각의 관점에 대해 보다 구체적으로 학습해 보면서 미디어 교육에 대한 관점을 재정립해 보는 시간을 갖도록 하자.

2) 각 관점에 따른 미디어 교육

(1) 대중 예술적 관점에서 미디어 교육

대중 예술적 관점에서 미디어 교육은 신문, 라디오, TV와 같은 전통적인 미디어가 주를 이루던 2000년대 이전에 주로 이루어졌다. 문자 미디어에서 TV를 위시한 영상 미디어의 등장은 미디어가 지니고 있는 부정적인 측면을 크게 부각시켜 바라보게 하였고 미디어의 부정적 영향력으로부터 아동과 청소년을 보호하기 위한 미디어 교육이 시작되었다. 즉, 미디어를 대중 예술로 규정하여 저급한 미디어 메시지를 분별해 내는 미디어 수용자의 관점을 강조하였다.

이 관점에서 미디어 교육은 미디어의 해악으로부터 아동과 청소년을 보호하기 위해 예방적 차원에서 실시되었으며, 선별적 미디어 수용과 메시지 분별력, 판단력을 기르기 위한 미디어 관련 활동이 강조되었다. 유아교육 또한 이 관점을 수용하여 유아에게 미디어는 자극적이고 유해한 것이라고 판단하여 부모나 교사의 지도하에 제한적으로 접하거나 사용하도록 하였다.

(2) 산업 기술적 관점에서 미디어 교육

산업 기술적 관점에서 미디어 교육은 케이블 TV 등의 미디어 산업이 활황기에 접어든 2000년대 초반에 주로 이루어졌다. 미디어를 유용한 기술과 도구로 인식하고, 이를 능동적 · 적극적으로 대하는 미디어 이용자의 관점을 강조하였다. 이 관점은 미디어 수용자가 미디어에 의해 일방적으로 영향을 받는다는 보호주의적 관점에서 벗어나 적극적이고 성찰적인 미디어 이용자로 인식하였다. 이에 따라 미디어에 대한 분석적 이해와 적극적 활용, 능동적 제작에 대한 교육을 하기 시작하였다. 이와 같이, 창의적 생산 능력이 반영되면서 미디어 수용자는 미디어 이용자로 규정되기 시작하였다(김양은, 2007).

이 관점에서 미디어 교육은 재미있고 유익한 미디어를 교육에 적극적으로 활용하는 데 중점을 두었다. 대표적인 예 중 하나가 각국에서 실시하고 있는 신문의 교육 활용(NIE: Newspapers In Education)이다. 유아교육 또한 이 관점을 수용하여 미디어 교육을 실시하였으나, 주로 유아가 미디어를 직접 다루고 취하기보다는 교사가 제시하는 미디어를 수동적으로 다루도록 하였다.

(3) 미디어 환경론적 관점에서의 미디어 교육

미디어 환경론적 관점에서의 미디어 교육은 컴퓨터, 태블릿 PC, 스마트기기, 로봇 등이 등장한 2000년대 후반부터 이루어지기 시작하였다. 이 관점에서는 인터넷을 넘어 유비쿼터스(ubiquitous) 환경이 조성되면서 미디어를 인간이 살고 있는 환경의 일부로 보고, 이러한 미디어 환경에 잘 적응하고 창조적으로 상호작용하는 인간의 관점을 강조한다. 이에 따라 과거의 미디어 교육과 다르게 미디어가 전달하는 메시지를 분별하고 해독하는 능력을 기르는 것에서 그치지 않고 비판적으로 사고하면서 새로운 미디어 생산물을 창조하고 이를 통해 소통하는 능력을 기르는 것을 강조한다. 즉, 미디어 교육은 다양한 미디어를 통해 보고 듣는 메시지를 선별하고, 비판적으로 이해하고 분별 있게 이용하며, 자기 의견이나 생각을 미디어를 통해 표현하고 소통할 수 있는 '미디어 리터러시' 능력을 갖춘 학습자를 양성하는 교육이라는 관점을 취하고 있다.

유아를 위한 미디어 리터러시 교육 또한 지속적으로 변화하는 미디어 환경에 적극적으로 대응하기 위하여 미디어에 대한 이해, 비판적 사고 능력, 의사소통 능력(Commom Sense Media, 2013; Media Awareness Network, 2006; Rantala, 2011) 함양에 중점을 둘 필요가 있다. 특히, 유아는 현실과 가상 세계를 구별하지 못하고, 도덕적 가치판단 능력 또한 부족하기 때문에 미디어에 지배받을 가능성이 크고(안은영, 2001), 미디어를 통해 특정 인종, 계층, 성에 대한 편견 및 고정관념을 갖게 될 가능성이 크다(강은진, 2004). 이 같은 유아의 발달 특성으로 인해 유아교육에서 미디어에 대한 비판적 이해와 활용, 미디어를 통한 표현과 의사소통을 강조하는 미디어 리터러시 교육이 더욱 요구되고 있다. 이를 통해 이미 다양한 미디어 속에서 살아가고 있는 유아가 미디어에 지배당하거나 끌려다니는 것이 아니라 자신에게 필요한 미디어를 스스로 선택하고 적극적으로 활용하며, 미디어를 통해 생각을 표현하고 소통하는 삶을 살아가도록 도울 수 있다.

각 관점에 따른 미디어 교육을 비교하여 제시하면 〈표 1-4〉와 같다.

〈표 1-4〉 미디어 교육에 대한 관점의 비교

구분 \ 관점	대중 예술적 관점	산업 기술적 관점	미디어 환경론적 관점
교육 목적	• 보호주의 • 예방적 차원	• 개인의 자율규제 능력	• 환경 적응 능력 • 미디어 능력
미디어 정의	• 대중 예술	• 미디어 산업	• 일상 환경
요구 능력	• 선별적 미디어 수용 • 메시지 분별	• 적극적 미디어 수용 • 메시지 해독	• 적극적 미디어 생산, 창조 · 메시지 창조
인간형	• 수동적 존재 • 미디어의 내용에 의해 태도, 행동, 가치에 영향을 받음	• 능동적 존재 • 목적적 · 선택적으로 미디어를 사용함	• 창조적 존재 • 미디어를 창조적으로 제작함

출처: 홍유진 · 김양은 (2013).

각 관점에 대해 구체적으로 살펴보면서 앞에서 여러분이 기술한 '미디어 교육'에 대한 관점이 보다 확고해졌는지, 아니면 변화시키거나 보완하고 싶은 부분이 있는지 생각해 보자. 그리고 이를 토대로 미디어에 대한 개념을 각자 재정립한 후, 아래에 기술하고 옆 사람과 공유해 보자.

내가 재정립한 미디어 교육에 대한 개념

여러분이 재정립한 미디어 교육에 대한 개념은 보호하기 위한 교육, 미디어를 적극적으로 수용하고 활용하는 교육, 미디어 리터러시를 함양하는 교육 중 어느 관점에 더 가까운가? 전통적으로 유아교육 분야에서는 유아의 발달적 특성상 미디어 사용이 오히려 부정적 영향을 줄 수 있다는 우려로 인해 주로 보호주의적 관점

에서 미디어 교육을 수행해 왔다. 그러나 2000년대 초반으로 넘어오면서 점차 미디어에 대한 접근 능력을 길러 미디어의 기능을 이해하고 문제를 해결하며, 스스로 미디어 이용 능력을 기르는 것이 필요하다는 관점을 수용하여 미디어 교육이 이루어지고 있다. 보다 최근에는 미디어가 가지고 있는 소통의 기능을 이해하고 창의적으로 표현해 봄으로써 미래 미디어 시대에 필요한 미디어 리터러시 교육이 필요하다는 논의 또한 활발히 이루어지고 있다.

따라서 유아 미디어 교육은 다양한 미디어를 교수 · 학습매체로 적극 활용하는 미디어를 활용한 교육뿐만 아니라 미디어에 대해 배우고 비판적이고 창의적인 안목에서 미디어를 분석하고 활용하고 제작할 수 있는 미디어 리터러시를 기르는 교육까지 포함하는 것이 바람직하다고 본다.

3) 바람직한 미디어 교육을 위한 교사 역량

앞 장에서 살펴본 것처럼 미디어 교육에 대한 최근 관점은 미디어 리터러시 역량을 기르는 것이 강조되고 있다. 따라서 유아교사가 바람직한 방향에서 미디어 교육을 실행하기 위해서는 미디어 리터러시가 무엇이며, 어떤 요소로 구성되어 있는지 이해할 필요가 있다. 이와 함께 유아교사에게 요구되는 미디어 리터러시 역량을 함양해 가는 것이 필요하다.

(1) 미디어 리터러시 이해하기

미디어 리터러시에 대한 개념 이해를 위해 먼저 학자들이 '미디어 리터러시'를 어떻게 정의했는지 살펴보자.

미디어 리터러시란?

- 단순히 미디어의 기술적 측면을 알고 미디어 내용을 이해하는 해독 능력만을 의미하는 것이 아니라 미디어가 창출하는 인간 환경에 대한 적응 및 대처 능력을 포함하는 개념(김양은, 2000)
- 다양한 맥락 속에서 미디어에 접근하여 미디어를 이해하고 창작할 수 있는 능력(Office of Communication, 2004)
- 미디어를 사용하는 기술, 미디어의 내용을 이해하는 수용력과 평가하는 비평력, 비판적이고 창조적으로 미디어를 통해 의사소통하는 창작력, 자신의 미디어 사용에 대한 조절과 책임을 질 수 있는 태도를 포함하는 것(강은진, 2004; 안지성, 2009; 안지성 · 조희숙, 2009)
- 미디어의 기능을 이해하고 문제해결을 하며 미디어를 사용하는 능력, 미디어에 대한 비판적 이해 능력, 미디어가 가지고 있는 소통의 기능 이해, 창의적으로 표현하는 능력을 포함하는 개념(신진욱, 2012)
- 일상생활에서 접할 수 있는 미디어 텍스트를 이해할 수 있는 능력과 자신의 생각이나 욕구를 적절한 형태의 미디어 텍스트로 표현할 수 있는 능력(조은진, 2016)

이와 같은 학자들의 견해 중 여러분이 보다 동의하는 정의가 있다면 무엇인가? 어떤 점에서 이에 동의하며, 어떤 점에서 이에 동의하지 않는지 각자 생각해 보자. 그리고 이를 토대로 미디어 리터러시에 대한 개념을 각자 기술한 후, 옆 사람과 공유해 보자.

내가 동의하는 미디어 리터러시의 개념

내가 생각하는 미디어 리터러시에 대한 개념과 옆 사람의 생각은 어떤 점에서 같고 어떤 점에서 다른가? 그렇다면 유아교육에서 미디어 리터러시의 개념을 어떻게 정의할 수 있을까?

유아교육에서 미디어 리터러시란 미디어를 사용하는 기술, 미디어의 내용을 이해하는 수용력, 분석하고 평가하는 비평력, 미디어를 통해 창의적으로 의사소통하는 능력, 미디어를 활용하고 제작할 수 있는 능력으로 정의하는 것이 바람직하다고 본다.

(2) 미디어 리터러시의 구성요인 이해하기

앞 장에서 우리는 미디어 리터러시가 무엇인지를 알아보았다. 이를 토대로 다음으로 구성요인에 대해 살펴보자. 학자들에 따라 미디어 리터러시의 구성요소를 다소 다르게 제시하고 있으나, 공통으로 미디어의 특성 이해, 미디어의 비판적 이해, 미디어를 통한 창의적 표현, 미디어를 통한 사회적 의사소통, 미디어 활용 윤리를 요소로 제시하고 있다(권지혜, 2017; 안정임 · 서윤경 · 김성미, 2013; Office of Communication, 2004). 이를 각각 살펴보면 다음과 같다.

❶ 미디어의 특성 이해

미디어의 특성 이해는 미디어의 다양한 유형, 명칭과 사용 방법, 특성과 기능, 단점과 장점 등을 아는 것을 의미한다(권지혜, 2017; 안정임, 2013; 이차숙, 2002; Office of Communication, 2004). 과거 책이나 잡지 등과 같은 전통적 미디어들이 주를 이룰 때는 미디어의 특성을 이해하는 능력은 중요하게 생각되지 않았다. 그러나 인터넷, 스마트폰, 로봇 등을 비롯한 뉴미디어가 등장하면서 미디어의 특성 이해가 미디어 리터러시의 중요한 구성요소로 포함되었다.

❷ 미디어의 비판적 이해

미디어의 비판적 이해는 미디어가 담고 있는 내용과 표현에 대하여 여러 가지 기준에 비추어 그 의미와 가치를 폭넓게 이해하는 것을 의미한다. 이는 미디어가 사회적 이데올로기를 유포하여 재생산하는 기능을 하기 때문에 무비판적으로 수용해서는 안 되고 비판적으로 사고하여 선별적으로 받아들일 필요가 있다고 보는 것이다. 현대사회로 오면서 점점 많은 사람들이 다양한 미디어를 통해 정보를 접하고 있어 미디어의 영향력은 더욱 커지고 있다. 따라서 이러한 미디어가 특정한 정보를 어떻게 선택하고 배제하는지, 그리고 선택된 정보를 어떤 관점에서 재현하는지에 대해 비판적으로 이해하는 것이 강조되고 있다. 이를 통해 미디어 이용자들이 미디어에서 쏟아지는 정보를 무비판적으로 수용하는 것이 아니라 분석과 선별의 과정을 거쳐 판단하게 된다.

❸ 미디어를 통한 창의적 표현

미디어를 통한 창의적 표현은 내가 표현하고 싶은 목적에 적합한 표상 양식을 사용하여 창의적으로 내용을 제시하는 것을 의미한다. 이는 인터넷 등과 같은 뉴미디어의 발달로 인해 미디어 리터러시의 구성요소로 더욱 강조되고 있다. 전통적인 미디어는 원본의 자유로운 복제가 다소 어렵고 복잡한 반면, 인터넷, 스마트폰, 컴퓨터와 같은 뉴미디어는 원본의 자유로운 복제가 가능하며, 미디어를 통해 창의적인 표현이나 제작도 가능하다. 미디어 이용자가 스스로 무엇을 미디어에 담을 것인가를 결정하고 어떤 기술적인 방법을 사용할 것인가를 판단함으로써 미디어에 대한 전반적인 이해를 높일 수 있다는 점에서 미디어를 통한 창의적 표현이 미디어 리터러시의 구성요소 중 하나로 중요하게 인식되고 있다. 기존의 미디어 리터러시 프로그램에서 미디어를 통한 표현은 주로 미디어 기술을 사용한 제작 능력을 의미하는 경우가 많았다(정혜승, 2008; Hobbs, 2004). 이로 인해 유아가 자신의 이야기를 어떻게 창의적으로 표현해 나가느냐보다 미디어 제작 기술에 중점을 두는 경향이 있었으며, 미디어 제작 기술 습득이 목표가 되어 버리는 경우도 있었다. 그러나 최근에는 미디어 기술을 사용한 제작 능력이 아닌 내용에 맞는 효과적 표현 능력에 중점을 두는 것을 강조하고 있다(김남희, 2012).

❹ 미디어를 통한 사회적 의사소통

미디어를 통한 사회적 의사소통은 미디어에서의 소통 방식이 쌍방적 소통으로 변화하면서 강조되고 있다. 인터넷의 등장으로 인하여 기존의 미디어인 대중매체와 같이 일방적 소통이 아닌 쌍방적 소통이 가능하게 되었다. 즉, 미디어를 통해 연락을 하고 관계를 가지고 사회적으로 활동하는 온라인 소통이 가능하게 된 것이다. 다시 말해, 미디어를 통해 타인의 존재를 인식하고 적극적으로 토론에 참여하여 문제를 해결해 갈 수 있다는 점에서 미디어 리터러시의 요소로 중요하게 인식되고 있다.

❺ 미디어 활용 윤리

미디어 활용 윤리는 쌍방적 소통이라는 미디어의 특성에서 비롯된 것이다. 미디어 공유 과정에서는 제1차 창작물이 아닌 제2, 제3의 창작물도 만들어지게 된다. 그러면서 주목받고 있는 것이 바로 저작권이다. 특히, 인터넷이 발달하면서 확인되지 않은 사실의 유포, 사생활 침해, 개인정보 유출, 불건전한 정보 유통, 악성 댓글의 폐해 등에 대해 인지하고 이러한 부분에 대해 스스로 점검해 볼 수 있는 능력이 필요하게 되었다.

이와 같은 미디어 리터러시의 구성요소 중 유아교사에게 가장 중요하다고 생각하는 요소는 무엇인가? 그 이유는 무엇인가? 자신의 생각을 아래에 각자 기술한 후 옆 사람과 공유해 보자.

내가 중요하다고 생각하는 미디어 리터러시의 구성요소

나와 옆 사람의 생각은 어떤 점에서 같고 어떤 점에서 다른가? 그렇다면 유아교육에서 중점적으로 다루어야 할 미디어 리터러시의 구성요소는 어떻게 정리할 수 있을까? 유아교육에서 중점적으로 다루어야 할 미디어 리터러시의 구성요소는 미디어의 특성 이해, 미디어의 비판적 이해, 미디어를 통한 창의적 표현, 미디어를 통한 사회적 의사소통, 미디어 활용 윤리를 모두 포함할 필요가 있다고 본다.

03 유아교사로서 미디어 리터러시 역량 함양하기

유아가 미디어 리터러시 역량을 함양하도록 돕는 미디어 교육을 하기 위해서는 유아교사 먼저 미디어 리터러시 역량을 갖추는 것이 무엇보다 중요하다. 따라서 유아교사로서 자신의 현재 미디어 리터러시 역량이 어느 정도인지 진단하는 것이 필요하다. 그리고 이를 토대로 자신이 지닌 강점과 약점을 파악한 후, 강점은 더욱 살리고 약점은 향상시켜 간다면 보다 바람직한 방향에서 유아 미디어 교육을 할 수 있을 것이다.

1) 미디어 리터러시 역량 진단하기

다음에 제시된 문항[1)]을 토대로 현재 자신의 미디어 리터러시 역량을 진단해 보자.

1) 미디어 리터러시 역량 진단 문항은 권지혜(2017)의 '미디어 리터러시 인식 검사 도구 개발 및 타당화 연구'에 제시된 문항을 유아교사에 적합하게 수정하였다.

(1) 미디어의 특성 이해

문항	전혀 그렇지 않다	그렇지 않다	보통이다	그렇다	매우 그렇다
① 나는 미디어의 다양한 유형을 구분한다.	1	2	3	4	5
② 나는 다양한 미디어의 특성과 기능을 파악한다(예: 정보 제공 속도와 보존 방법, 개방성 등).	1	2	3	4	5
③ 나는 다양한 미디어의 장점과 단점을 파악한다.	1	2	3	4	5
총점(평균)					

(2) 미디어의 비판적 이해

문항	전혀 그렇지 않다	그렇지 않다	보통이다	그렇다	매우 그렇다
① 나는 같은 목적의 글이라도 미디어가 달라지면 내용과 형식이 다르다는 사실을 이해한다(예: 생일 축하 카카오톡 메시지 / 생일 축하 편지).	1	2	3	4	5
② 나는 미디어가 세상에 대해 편견과 고정관념을 갖게 한다는 사실을 이해한다.	1	2	3	4	5
③ 나는 같은 내용이 미디어의 관점에 따라 다르게 전달된다는 사실을 이해한다(예: 뉴스 A-20대 투표율 55% 작년에 비해 많이 상승 / 뉴스 B-20대 투표율 55% 여전히 낮아).	1	2	3	4	5
④ 나는 미디어 정보로부터 사실과 의견을 구분한다.	1	2	3	4	5
⑤ 나는 미디어가 금전적 이익을 추구한다는 사실을 이해한다(예: 간접광고, 협찬, 시청률에 따른 광고료 수익 등).	1	2	3	4	5
⑥ 나는 미디어 내용이 사람들의 개인적인 의견에 영향을 미친다는 사실을 이해한다.	1	2	3	4	5
⑦ 나는 미디어 내용이 특정한 목적에 의해 만들어진 결과물이라는 사실을 이해한다(예: 화제성을 불러일으키기 위한 의도된 편집 등).	1	2	3	4	5
총점(평균)					

(3) 미디어를 활용한 표현

문항	전혀 그렇지 않다	그렇지 않다	보통이다	그렇다	매우 그렇다
① 나는 내가 하고 싶은 이야기를 사진으로 찍어서 표현한다.	1	2	3	4	5
② 나는 내가 하고 싶은 이야기를 동영상으로 찍어서 표현한다.	1	2	3	4	5
총점(평균)					

(4) 미디어를 활용한 사회적 의사소통

문항	전혀 그렇지 않다	그렇지 않다	보통이다	그렇다	매우 그렇다
① 나는 블로그나 페이스북, 카카오 스토리 등을 통해 나의 생각이나 느낌을 표현한다.	1	2	3	4	5
② 나는 같은 메시지를 다양한 미디어(사진, 동영상, 인터넷 블로그 글쓰기) 특성에 맞게 표현한다.	1	2	3	4	5
③ 나는 관심이 있는 글이나 사진, 정보를 블로그나 인터넷 게시판, 페이스북 등에 올려 사람들과 공유한다.	1	2	3	4	5
④ 나는 사회적 이슈(문제)에 대한 대화에 적극적으로 참여한다(예: 게시글 작성, 신문 투고 등).	1	2	3	4	5
⑤ 나는 페이스북 · 카카오스토리 등 미디어에 글을 쓸 때, 글을 읽는 사람들을 고려한다.	1	2	3	4	5
⑥ 나는 다른 사람이 작성한 글에 대한 나의 생각이나 의견을 댓글로 남긴다.	1	2	3	4	5
총점(평균)					

(5) 미디어 활용 윤리

문항	전혀 그렇지 않다	그렇지 않다	보통이다	그렇다	매우 그렇다
① 나는 인터넷에서 얻은 자료의 출처를 밝히지 않고 사용한 적이 있다.	1	2	3	4	5
② 나는 음악, 영상, 게임, 만화 등을 불법 다운로드한 적이 있다.	1	2	3	4	5
③ 나는 인터넷이나 여러 미디어에 글을 쓸 때 확인되지 않은 정보를 사용한 적이 있다.	1	2	3	4	5
④ 나는 인터넷이나 여러 미디어에 글을 쓸 때, 정보를 왜곡, 축소한 적이 있다.	1	2	3	4	5
⑤ 나는 인터넷이나 여러 미디어에 글을 쓸 때, 미디어의 사회적 파급력에 대한 책임감을 갖고 글을 쓴다.	1	2	3	4	5
⑥ 나는 인터넷이나 여러 미디어에 글을 쓸 때 맞춤법과 같은 국어 규범을 지키며 글을 쓴다.	1	2	3	4	5
⑦ 나는 인터넷에서 글을 쓰거나 대화할 때, 욕설이나 비속어를 사용하지 않는 등 언어예절을 지킨다.	1	2	3	4	5
총점(평균)					

2) 미디어 리터러시 역량 분석하기

위의 진단을 토대로 자신이 지닌 미디어 리터러시 역량의 강점과 약점이 무엇인지 기술하고, 이를 보다 높여 가기 위한 방안을 생각한 후 적어 보자. 그리고 이를 옆 사람과 공유해 보자.

내가 지닌 미디어 리터러시 역량의 강점	내가 지닌 미디어 리터러시 역량의 약점
나의 미디어 리터러시 역량 증진 방안	

이 장에서 우리는 유아교육에서 활용 가능한 다양한 미디어의 개념 및 유형, 미디어를 효과적으로 선정하고 활용할 수 있는 방안, 미디어 교육에 대한 개념 및 관점을 살펴보았다. 그리고 현대사회에서 유아교사에게 요구되는 미디어 리터러시 역량이 무엇인지 이해하고, 자신의 역량을 스스로 진단해 보았다. 이를 통해 유아교육에서는 미디어를 교수 · 학습매체로 활용하는 것뿐만 아니라 미디어에 대해 배우고 비판적이고 창의적인 안목에서 미디어를 분석하고 활용하고 제작하는 것까지를 포함하여 교육하는 것이 바람직하다는 것을 알게 되었을 것이다.

다음 장부터는 이 같은 이해를 토대로 유아교육에서 미디어 활용뿐만 아니라 미디어에 대해 배우고 비판적으로 분석 · 활용 · 제작하는 교육을 어떻게 실천해 갈 것인가에 대해 살펴보고자 한다. 이를 위해 구체적으로 다음 제2부에서는 유아교육에서 전통적으로 많이 활용해 왔던 미디어로서 2장 자연 활용, 3장 그림자료 · 융판자료 · 게시판 활용을 다룰 것이다. 그리고 제3부에서는 최근 유아교육현장에서 새롭게 활용되고 있는 다양한 미디어, 즉 4장 사진 활용, 5장 컴퓨터 · 모바일 미디어 활용, 6장 IPTV · 영상 콘텐츠 활용, 7장 e-book 활용, 8장 로봇 활용과 코딩교육, 9장 증강현실 활용, 10장 UCC 활용, 11장 애니메이션 활용, 12장 휴대용 디지털 현미경 · QR코드 · 3D프린터 활용을 각각 다룰 것이다. 그럼 이제 2장 '자연 활용'으로 넘어가 보자.

마무리 활동

1. 자신이 지닌 미디어, 미디어 교육에 대한 관점을 옆 사람과 공유한 후, 유아 미디어 교육에 대한 바람직한 관점을 정립해 봅시다.
2. 자신이 진단한 미디어 리터러시 역량의 강점과 약점을 분석한 후, 이를 토대로 향상 방안을 생각해 보고 이를 옆 사람과 공유해 봅시다.

PART 02

유아교육에서 전통적인 미디어

Chapter 02 자연 활용

솔솔 바람
파란 하늘
꼬물 벌레
쫘악 팔 벌린 나무

흐음~! 나무 냄새~
꺄아~! 거미다~

우리 아이들
오늘
너무너무 신났다!

학습목표

1. 유아교육에서 자연 활용의 의미를 파악한다.
2. '자연을 활용한 교육'과 '지속가능성을 위한 유아교육'의 관계를 이해한다.
3. 지속가능성을 위한 유아교육에서 자연 활용의 원리와 방법을 안다.
4. 자연을 활용한 유아교육 실제를 이해하고 적용한다.

생각해 봅시다

타임머신을 타고 지금으로부터 한 30년 후의 미래로 슈웅~ 순간 이동한다고 상상해 보자. 그 세계는 어떨까? 최근 들어 미세먼지 '나쁨'이라는 정보를 자주 접한 탓인지 비관적 상상을 하게 된다. 다음은 2050년 봄날 아침, 도시의 한 유치원 모습을 상상해 본 것이다.

일시: 2050년 4월 4일. 월요일 아침. 오전 9시.
날씨: 미세먼지 '매우 나쁨', 초미세먼지 '나쁨', 자외선 지수 '나쁨'

상황: 자외선 차단 특수 코팅이 되어 있는 노란색 버스가 유치원 어귀로 들어선다. 유치원에 버스 도착한다는 연락을 받은 관리 로봇이 준비하고 있다가 버스가 유치원에 닿자 지이이잉~ 특수 터널을 작동시켜 버스 문에서부터 유치원 실내 입구까지 단단히 부착시킨다. 이렇게 하면 바깥 공기와 완전히 차단된 채 유아들이 특수 터널을 통해 유치원 실내로 이동할 수 있다. 미세먼지가 계속 나쁨 상태라 유아들은 벌써 2주째 이런 식으로 실내에서만 지내고 있다.

유치원 실내 곳곳에는 이런저런 인공 과일나무들이 놓여 있다. 약간 시들은 것처럼 보이는 줄기, 나무 둥치의 작은 구멍에서 고개를 빼꼼 내밀었다가 도로 쏙 집어넣는 로봇 벌레, 물방울을 살짝 머금은 채 잘 익은 냄새를 풍기는 인공 과일 열매까지 모두 진짜보다 더 진짜 같아 보이는 모습들이다.

특수 터널을 빠져나와 유치원 실내로 막 들어선 유아 두 명이 인공 나무 둥치에 난 구멍에서 나왔다, 들어갔다 하는 로봇 벌레를 보더니 잠시 멈춰 선다. 그러나 이내 교실로 들어가 버린다. 대부분의 아이들은 불과 열흘 전에 설치된 로봇 벌레의 모습에 이젠 눈길조차 주지 않는다. 나왔다, 들어갔다 하는 벌레의 반복적 움직임에 흥미를 보인 건 그저 하루 이틀 정도였다.

만일, 이런 상황이라면 유아들의 걸음걸이나 표정은 어떨까? 다음 칸에 먼저 자기 생각을 글로 적거나 그림으로 그린 후 옆 사람의 생각과 비교해 보자.

2050년의 유치원 모습 상상

내가 상상해 본 미래의 유아 모습

자, 여러분은 유아들 모습이 어떨 것이라고 상상했는가? 그 모습을 생기발랄하고 건강한 모습으로 그린 경우는 거의 없으리라고 본다. 2주나 밖을 나가지 못한 유아들은 결코 건강하지도, 행복하지도 않을 것이기 때문이다. 결론부터 말하자면, 물리적 자연은 유아들에게 그 어떤 인공적인 환경보다도 가치 있는 교육의 장이다. 그러므로 가능한 한 매일 자연을 접하도록 해 주어야 한다. 물론, 미세먼지 농도를 봐 가면서 말이다. 이런 점을 전제하면서 이제 유아교육에서 자연 활용의 의미를 좀 더 구체적으로 생각해 보자.

01 유아교육에서 자연 활용의 의미

1) 자연의 의미

'자연'이란 단어를 들을 때 바로 연상되는 것은 무엇인가? 일단 실내가 아닌 바깥 공간, 나무와 풀, 바위와 돌멩이, 물과 이끼 등이 있고 여러 가지 동물도 있는 물리적 자연일 것이다. 이것이 '자연'의 일차적 의미이다. 그런데 '자연'은 그렇게 단일한 개념만으로 끝나지 않는다. 관련하여 민성길(2001)은 '자연'을 여러 가지 의미로 해석해 놓았다. 그 첫째는 '물리적 내지 생물적 자연'으로서 자연계에 속하는 것이다. 그런가 하면 둘째는 '본성'이라는 의미의 자연, 셋째는 '원래 모습'으로서의 자연, 넷째는 저절로, 가만히 내버려 두어도 된다는 '자연적이라는 의미'에서의 자연, 다섯째는 '종교적 의미'에서의 자연이다. 이 각각을 여기서 다 자세히 설명할 수는 없지만 적어도 '자연'이란 의미가 물리적 자연에 한정되지 않고 상당히 넓고 심오하다는 정도는 확실히 알 수 있다.

2) 유아교육에서 자연 활용의 의미

그렇다면 유아교육에서 자연 활용의 의미는 무엇일까? 자연의 일차적 의미가 '물리적 자연'인 것과 마찬가지로, '자연 활용'이란 우선 그런 물리적 자연을 이용하는 교육을 말한다. 도토리, 나뭇잎, 풀, 흙, 꽃, 여치 등등 자연에서 보고, 듣고, 만지고, 냄새 맡고 하는 모든 것이 자연을 활용하는 교육인 것이다. 그러나 자연의 의미가 '물리적 자연'으로만 한정되지 않듯이 '자연 활용'의 의미도 그저 단순히 자연을 이용하는 데서 그치지 않는다. 이 점을 분명히 하기 위해 전 세계적으로 널리 알려진 두 권의 저서, 카터(Carter, 1996)의 『내 영혼이 따뜻했던 날들(*The Education of Little Tree*)』과, 카슨(Carson, 1998)의 『자연, 그 경이로움에 대하여(*The sense of Wonder*)』를 잠시 살펴보자.

먼저, 카터의『내 영혼이 따뜻했던 날들』이다. 그의 자서전적 소설인 이 작품의 주인공은 인디언 꼬마 '작은 나무'이다. 작은 나무는 부모와 사별한 후 체로키족인 조부모와 함께 숲속의 작은 오두막에서 살아간다. 때때로 할머니한테서 글과 수를 배우기는 하지만, 작은 나무에게는 조부모와 함께 자연과 더불어 살아가는 것 자체가 곧 교육이다.

> "소나무 가지들이 길 위로 낮게 드리워져 내 얼굴을 건드리기도 하고 내 머리를 쓰다듬어 보기도 했다. 할아버지는 소나무들이 진짜 나인지 확인해 보고 싶어서 그러는 것이라고 알려 주셨다. 시냇물 흘러가는 소리가 들렸다. 시냇물은 노래 부르고 있었다. … 아침 바람이 불기 시작했다. 할아버지는 그 바람 소리가 슬퍼하거나 한숨 쉬는 소리가 아니라, 소나무 숲 사이를 지나 노래하면서 산의 모든 친구들에게 내가 집에 온 걸 전하는 소리라고 하셨다." (Carter, 1996)

자연과 함께하는 이런 삶의 과정을 통해 '작은 나무'는 숲의 소나무, 바람, 까마귀가 하는 이야기를 느끼고 이해하는 아이, 주변의 동식물과 다른 사람의 고통에 공감하고 진심으로 소통할 줄 아는 진정한 인간으로 자라나게 된 것이다.

다음으로 카슨의『자연, 그 경이로움에 대하여』를 살펴보자. 이 책은 카슨이 어린 로저와 함께한 자연 체험과 그때의 느낌들을 기록하고 있다. 가을밤의 바닷가 산책, 백옥나무, 산딸나무 등 여러 종류의 나무와 돌, 나뭇잎이 쌓인 숲속 탐험, 비 오는 날 이끼 위를 걷고 뛰기 등과 그때 느낀 신선한 기쁨, 사랑, 환희, 경이의 감정 등이다. 로저의 영성도 예민하게 깨어났다. 이런 사실들을 통해 카슨은 유아기 자연 체험의 의미를 다음과 같이 쓰고 있다.

> "아름다움에 대한 감수성, 새로운 것, 미지의 것에 대한 흥분과 기대 · 공감 · 동정 · 존경 · 사랑 … 한번 형성된 그러한 기름진 땅은 어린아이의 곁을 평생 떠나지 않는 착한 요정이 될 것이다." (Carson, 2002)

정리해 보자. 유아기 '자연 활용'의 일차적 의미는 '물리적 자연을 매개로 하는 것'이다. 그러나 그 깊은 의미는 '자연을 통해 유아의 감성 · 지성 · 영성을 일깨우는 데' 있다. 자연 활용 교육에서 교사의 역할을 강조하는 이유이다.

02 자연 활용과 지속가능성을 위한 유아교육의 관계

1) 자연을 활용하는 교육의 지향점

유아기에 오감을 통해 자연을 체험하도록 하는 것은 친환경적 성향을 갖춘 전인 발달을 위해서이다. 즉, 정신과 육체를 건강하게 육성하는 동시에 자연친화적 태도를 형성하고, 자연에 의존함과 동시에 자연을 돌보고 배려하며 베푸는 생활양식까지 형성하도록 하는 데 목적이 있다(조형숙, 2005; 노성향, 2005; 지옥정, 2007). 그런데 최근 환경오염과 생태계 파괴, 지구온난화, 미세먼지 문제 등으로 인해 지구와 인류의 지속가능성이 위협당하는 수준에 이르면서 이런 목적이 '지속가능성을 위한 교육(Education for Sustainability)'의 맥락에서 재해석되고 있다. '일생에 걸쳐 지속가능한 삶을 살아갈 수 있는 기초를 형성하는 것'이 유아기 지속가능성을 위한 교육의 목적(Elliott, 2015; Inoue, 2015; UNESCO, 2014)인데, 자연 체험 또는 자연 활용의 의미도 이런 맥락과 닿아 있어야 한다고 보는 것이다.

2) '자연 활용'과 '지속가능성을 위한 유아교육'의 연결

그렇다면 유아교육에서 '자연 활용'과 '지속가능성을 위한 교육'은 어떻게 연결될 수 있을까? 관련하여 일본의 대표적 환경교육학자인 이노우에(Inoue, 2015)는 교사가 '지속가능성을 위한 교육'이 되도록 노력해야 하며, 그러려면 우선 교육목표 설정부터 기존과 다르게 해야 한다고 주장하였다(그림 2-1 참조).

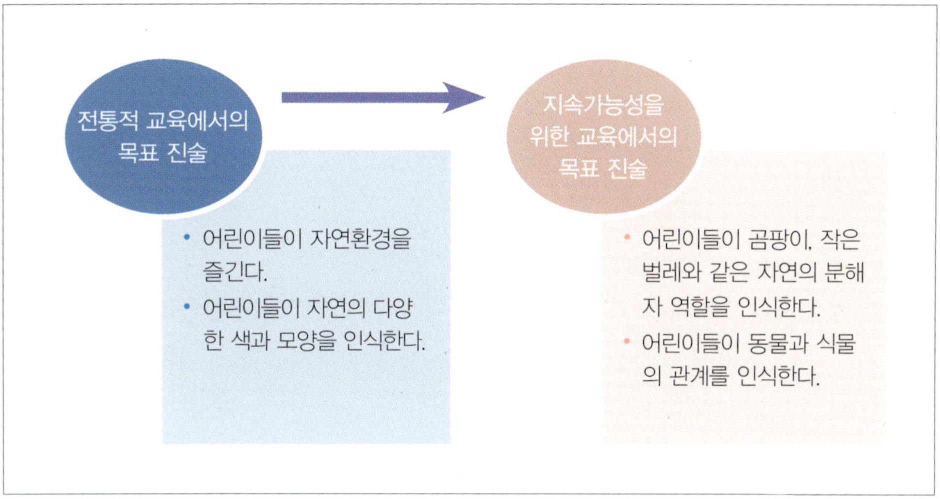

[그림 2-1] '전통적 자연교육'과 '지속가능성을 위한 자연교육'에서 목표 진술의 차이

이렇게 목표를 설정하고 나면 교사는 유아들로 하여금 자연의 순환성, 생태계 구성원 간 상호 연결성 등을 이해하도록 이끄는 역할을 해야 한다. 예를 들어, 유아들이 자연에서 분해자의 역할을 하는 곰팡이나 벌레를 볼 수 있도록 안내해 줄 필요가 있는 것이다. 그렇게 함으로써 유아들이 생태계 구성원 간의 상호 연결 관계를 이해하도록 하고, 자연의 질서에 대한 이해의 폭과 깊이를 더하며, 자연에 감사하고, 존중하는 태도를 익히도록 하는 것이다.

정리해 보면 인류세(Anthropocene)[1] 시대를 살아가는 현재, '자연 활용'의 의미는 이제 지속가능한 삶을 살아갈 수 있는 기초 형성에 좀 더 분명하게 초점을 맞추어야 할 필요가 있다. 이를 위해 교사는 먼저 지속가능성을 위한 교육의 원리와 방법이 무엇인지 분명하게 알아야 한다.

1) 인류세(Anthropocene): 인류로 인한 지구온난화 및 생태계 침범을 특징으로 하는 현재의 지질학적 시기(출처: 네이버 영어 사전)

03 지속가능성을 위한 유아교육에서 자연 활용의 원리와 방법

1) 원리

이에 관해 이노우에(Inoue, 2015)는 4가지 원리를 제시하고 있다. 그것은 먼저 유아를 능동적인 학습자로 가정하고, 이에 기초하여 자연에 공감하기, 비판적으로 사고하기, 문제해결에 능동적으로 참여하기, 생태계 구성원 간의 관계를 이해하는 생태학적 세계관 갖기이다.

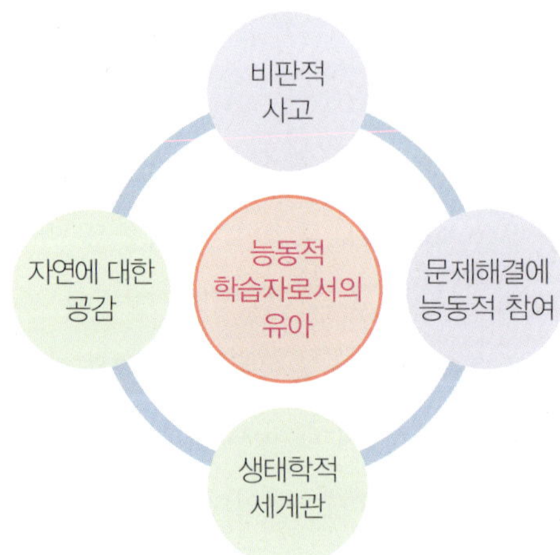

[그림 2-2] 이노우에가 제시한 '지속가능성을 위한 자연교육'의 4원리

2) 유아교육현장에 적용된 '지속가능성을 위한 교육'의 원리

전술한 4가지 원리가 유아교육현장에서 어떻게 적용될 수 있는지 호주 학자인 앨리엇(Elliott, 2015)의 글을 통해 살펴보자. 유아교육기관에서의 바깥놀이에 대한 1년 이상의 연구결과에 바탕하여 그녀는 호주의 아카시아 유치원과 방크시아 어린이집의 교육현장을 소개하고 있다. 정리하면 〈표 2-1〉과 같다.

〈표 2-1〉 아카시아 유치원과 방크시아 어린이집의 사례 비교

	아카시아 유치원	방크시아 어린이집
유아에 대한 관점	• 아직 미성숙한 존재 • 무엇을 해야 하는지에 대해 일일이 교사의 지시나 통제를 받아야 하는 존재	• 유능한 존재 • 능동적인 존재
사례	• 교사는 유아들로 하여금 모래놀이를 할 때 물을 얼마만큼 사용할 수 있는지 알도록 하기 위해 물 양동이 하나만을 모래놀이 영역에 비치해 주고 하루 사용량은 딱 한 통이라고 제한해 줌	• 바깥놀이터 한쪽에 죽은 채 방치되어 있던 비토착 식물들을 제거하는 '일벌 프로젝트' 기간 동안 교사와 부모, 유아들은 함께 문제점을 찾고, 어떻게 해결할 것인지 아이디어를 내고, 문제를 해결해 나감. 그 결과, 놀이터가 새롭고 창의적인 놀이 체험의 장으로 바뀜
	• '새집을 나무에 달기' 활동을 할 때 부모(혹은 교사)가 적당한 곳이라 생각되는 곳에 새집을 걸어 줌. 유아들은 단지 그렇게 달린 새집을 쳐다보면서 놀이를 함	• 교사는 유아들로 하여금 왜 새집을 달아야 하는지, 새들의 특성을 생각할 때 어디에 어떻게 달면 좋을지, 새와 나무, 먹이의 생태적 관계는 무엇인지, 새집을 달아주면 새들은 어떤 생각을 할 지 탐구하고 상상해 보며, 주도적 참여를 하도록 이끌어 줌. 부모는 협력자
결과	• '지속가능한 삶'과 관련하여 유아들에게서 약간의 사고 변화 정도만 나타남. 예) '모래놀이를 할 때 물을 절약해야 한다' 정도를 인식함	• 유아, 교사, 부모 간 협력적이고 반응적인 관계 형성. 지속가능한 삶을 위해 유아들은 비판적 반성자, 능동적인 참여자로 발전해 감

〈표 2-1〉에서 보듯 아카시아 유치원과 방크시아 어린이집의 교육 결과는 선명하게 대비되고 있다. 동일 맥락에서 지옥정(2014), 데이비스(Davis, 2015)도 교사와 부모(보호자)는 유아들로 하여금 생명의 소중함과 생태계의 상호 연결성을 느끼고, 공감해 보도록 안내하며, 비판적으로 사고하고, 주변 문제 해결에도 적극적으로 참여하도록 이끌어주어야 한다고 강조하고 있다.

요약하면, 교육원리의 중심은 유아를 능동적 학습자로 보는 것, 생태주의적 사고(사유)를 하도록 교육하는 것, 유아도 적극적으로 문제해결에 참여하도록 하는 것이다. 이때 교사는 바른 안내자, 촉진자, 함께하는 학습자로서의 역할을 해야 한다.

3) 방법

다음으로 지속가능성을 지향하는 자연 활용의 방법에 대해 살펴보자. 제시하는 6가지 방법은 순서대로 해 나가는 것이 바람직하다.

(1) 자연을 자주 접하기

현대화, 기계화, 정보화 시대로 가면 갈수록 유아기에 자연을 자주 접하도록 하는 것은 매우 중요하다. 산림청에서 2018년 2월 5일 내놓은 보도자료에 "유아 숲 교육 특화 국공립 유치원을 조성하여 유아의 전인적인 교육을 돕고 … "[2]와 같은 내용을 담은 것도 같은 맥락이다. 관련하여 숲 유치원이 처음으로 시작된 덴마크를 위시하여 독일, 스위스 등에서는 유아들의 자연 활동을 중심으로 하는 숲 유치원이 널리 퍼져 있다. 우리나라도 최근 자연에 대한 관심이 더욱 높아지면서 숲 유치원, 숲 교실 운영이 많이 늘었다.

꼭 숲 유치원이 아니더라도 유아교육기관의 실외 환경을 가능한 한 자연 그대로 조성해 놓고 유아들에게 매일, 수시로 자연을 접하게 하는 기관도 있다. 예를 들어 스웨덴의 고텐버그시에 있는 스코그스 뮬레(Skogs Mulle at Gothenburg: 우리나라 유치원 같은 곳) 바깥놀이터의 경우, 플라스틱이나 알루미늄 재질의 알록달록한 미끄럼틀, 시소, 그네 등 유아교육기관에서 흔히 볼 수 있는 바깥 놀이기구들은 아예 없었다. 대신 여러 종류의 나무와 풀꽃, 모래놀이장, 통나무, 나무집 등이 있었다. 교사와 유아들이 직접 관리하는 음식물 퇴비통도 놀이터 한쪽에 위치하고 있었다. 여기서 나온 퇴비는 교사와 유아들이 직접 가꾸는 텃밭에 주고 있었다.

2) 2017년 개청 50주년을 맞이한 산림청은 2018년 새로운 50년을 시작하는 해를 맞아 자원중심에서 사람중심으로 산림정책 패러다임을 전환하였다. 관련하여 주요 정책을 2018년 2월 5일 보도자료로 게시하였는데, 그 중 둘째 내용 중에 "유아 숲 교육 특화 국공립 유치원을 조성하여 유아의 전인적인 교육을 돕고, 저출산 문제 극복을 위해 난임 부부 등을 위한 산림치유 프로그램을 확대한다."가 들어 있다.

[그림 2-3] 스코그스 뮬레의 바깥놀이터와 벌레를 관찰하는 유아

이와 같이, 유아교육기관 옆에 숲이 붙어 있거나 기관의 놀이터가 원래 자연에 가깝다면 가장 좋겠으나 그렇지 않은 형편이라면 가까운 하천이나 공원을 자주 가 보는 것도 대안이다. 앞에서 제시한 '지역사회와 연계한 공원 프로젝트'가 그런 경우이다.

(2) 몸과 마음의 감각 열기

관련하여 호주 퀸즐랜드주의 풀렌바일 환경교육센터(Pullenvile Environmental Education Center) 사례를 소개한다. 이 센터의 숲 체험 프로그램은 40분 정도의 실내 활동과 1시간 정도의 숲 활동으로 구성되어 있다. 먼저, 실내 활동으로 '숲의 친구들'에 대한 동화('숲의 요정'이 주인공) 듣기부터 시작한다. 동화가 끝나면 교사는 유아들에게 눈을 감도록 한 후 각 유아의 손등에 일명 '요정의 금가루'라는 반짝이는 가루를 살짝 묻혀 준다. 이렇게 하는 이유는 숲에 갔을 때 동화에 나오는 요정처럼 숲속 친구들을 더 잘 느끼도록 하는 데 있다. 유아의 감각이 예민하게 깨어나도록 돕는 장치인 것이다.

숲 활동을 하러 가면 동화 속 요정처럼 몸과 마음의 감각을 활짝 열어 숲의 요정이 말해 준 숲 친구들의 소리를 듣고 느껴 본다. 새들의 대화, 바람이 소풍 가는 소리, 나뭇잎이 가만가만 웃는 소리 등.

(3) 자연에 친숙해지기, 공감하기

휀톤(Fenton, 1996)은 어린이들에게 자연환경을 잘 돌보도록 교육하고 싶다면, 무엇보다도 먼저 자연을 친숙하게 경험하도록 해 주라고 한 바 있다. 그런가 하면 박희숙(2015)은 영유아기 자연친화교육에서 중요한 점은 자연을 지속적으로 만나도록 해 주는 것인데, 이때 생명체의 입장을 생각해 보도록 하는 것이 필요하다고 하였다.

예를 들어 보자. BK 유치원 만 5세반 유아들은 '장구봉 공원' 프로젝트를 하면서 자주 공원으로 나갔다. 그러다가 큰 나무 둥치에 대못이 박힌 것을 발견하였다. 운동하러 나오는 동네 사람들이 훌라후프를 걸기 위해 박아 놓은 못이었다. 공원에 갈 때마다 그 나무가 얼마나 아플까 걱정하던 유아들과 문제해결 방법을 찾던 교사는 시청에 민원을 넣었다. 그 결과, 유아들과 교사는 시청 직원과 약속된 시간에 만나서 나무의 대못을 제거해 줄 수 있었다. 훌라후프는 나뭇가지가 잘려 나간 큰 소나무에 걸어 두기로 하고 말이다. 그 날, 나무에서 대못이 뽑혀 나올 때 유아들 모두 얼마나 시원해했는지 모른다. 이와 같이, 어떤 대상에 공감하는 수준까지 오면 그 대상이 가진 문제까지 파악할 수 있게 되고 더 나아가 그 문제를 해결하고자 하는 동기도 유발된다.

[그림 2-4] 공원 나무에 박힌 대못을 뽑아 준 유아들

(4) 자연(물)을 존중하는 마음으로 활용하기

'자연 존중'이란 뭘 어떻게 하라는 것인지 혼란스러워하는 교사들도 가끔 있다. 유아들에게 나뭇잎이나 꽃 같은 것을 하나도 따서는 안 된다고 가르쳐야 하는지, 곤충 같은 것도 일체 잡으면 안 된다고 지도해야 하는지 질문한다. 그것은 아니다. 자연을 존중하는 마음으로 활용한다는 것은 꼭 필요한 만큼만, 감사하면서, 자연에 해를 끼치지 않는 범위 안에서 활용한다는 의미이다. 이에 대해 누리과정 해설서(교육부 · 보건복지부, 2019, 30)에서는 추구하는 인간상으로 제시한 5가지 중 하나인 "더불어 사는 사람"에서 "다른 사람과 생명을 존중하고 자연과 더불어 살아가며…"라고 기술하면서, 이를 위해 유아가 가족, 이웃뿐 아니라 동식물과 주변 환경에 관심을 가지고 소중히 여기도록 도와야 한다고 기술하고 있다. 이 점은 어린이 지구헌장(www.littleearthcharter.org)에서 지속가능한 삶을 위한 8가지 원리 중 제1원리로 생명(Life: 지구상의 모든 생물은 크건, 작건 하나같이 모두 독특하고 소중한 존재로 존중받아야 한다), 제2원리로 상호 연결성(interconnectedness: 생태계 모든 구성원은 상호 연결되어 있다)을 내세운 것과도 상통하는 부분이다.

그런 사례를 살펴보자. 무궁화 유치원에서 '달맞이 공원' 프로젝트를 하던 어느 날, 몇 유아가 공원 한구석에서 뭔가 하얗고 작은 것을 여러 개 발견하였다. 처음에는 교사도 비비탄 총알인가 하였는데 개미 알이라는 것을 알게 되었고, 이어 유아들에게서 개미 알들을 교실로 가져가서 계속 관찰했으면 좋겠다는 의견이 나왔다. 이런저런 이야기 끝에 그 자리에서 교사와 유아들이 결정한 것은 딱 한 알만 가져가자는 것이었다. "개미야, 우리가 딱 한 알만 가져다가 조심해서 관찰할게. 고마워."라고 하면서 말이다. 이때 개미 알을 옮길 때는 그 개미 알뿐만 아니라 주변 개미, 그리고 다른 개미 알들을 건드리지 않도록 주의하였다.

(5) 자연에서의 직접 경험 후 다양한 방법으로 표상하기

바람에 제각기 흔들리는 나뭇잎, 옹기종기 모여 앉아 있는 것 같은 크고 작은 돌멩이, 나뭇가지에 붙어 있는 사마귀 알집 등 자연 안에는 유아들이 흥미롭게 느끼고 대할 것들이 널려 있다. 이렇게 직접 보고 듣고 느끼고 경험한 것들을 창의적으로 표상해 보도록 격려할 때, 그 교육적 의미는 더욱 커진다. 대표적인 표상 방법에는 시, 짧은 이야기 짓기와 같은 언어적 표현, 그림 그리기, 만들기와 같은 미술적 표현, 노래 만들기, 개사하기, 창의적 신체표현하기 등의 음률적 표현, 게임으로 표현하기 등 다양하다. 관련하여 이경연과 조형숙(2016)은 "자연놀이 경험을 통한 동요 개사하기 활동이 유아의 창의성, 자연친화적 태도, 음악적 표현 능력에 미치는 영향"이라는 논문에서 자연에서 받은 느낌을 개사해 보기, 즉 언어적으로 함축성 있게 표현해 보는 기회를 줄 때 유아들의 자연친화적 태도와 창의성이 크게 증진된다는 결과를 제시한 바 있다.

예를 들어 보자. 수림 유치원에서는 '매봉공원 프로젝트' 중 나뭇가지에 뭔가 불쑥 튀어 나온 것처럼 보이는 것을 발견하였다. 이후 그것이 좀사마귀 알집이라는 것을 알게 되었는데, 그러면서 그 안에 얼마나 많은 사마귀 알이 들어 있는지, 엄마 사마귀는 어떻게 그런 나뭇가지에 알집을 붙일 수 있었는지, 알을 낳고 엄마 사마귀는 어디로 갔는지, 새끼 사마귀들은 언제 나오는지 궁금한 것이 많아졌다. 이런 것들을 차츰 알아가면서, 그리고 또 다른 사마귀 알집도 찾아보면서 사마귀와 관련한 다양한 표상을 하게 되었다. 이렇게 해서 교사와 유아들이 함께 만든 동화책『아기 사마귀 또또의 여행』, 노래 '사마귀와 여치', '무궁화 꽃이 피었습니다' 게임을 이용한 '사마귀가 알을 낳았습니다' 게임 등이 나올 수 있었다.

(6) 자연을 위한 행동에 참여하기

지구헌장의 제1원리는 "생태계를 위한 존중과 돌봄(I. Respect and care for the community of life)"이다. 지구가, 생태계가, 인류가 지속가능하려면 먼저 주변 자연을 존중하고 돌보는 책임을 다해야 함을 강조하는 것이다. 사회생태론자인 북친(Bookchin, 1997)도 "우리 인간은 다른 동물들과는 질적으로 다른 뛰어난 지력을 가지고 있다. 그래서 우리는 환경에 적응할 뿐만 아니라 그 환경을 변형시킬 수 있는 능력이 있다."라고 하면서 그런 지력을 가진 인간은 생태계의 다른 구성원들을 바르게 돌보아야 할 의무가 있다고 하였다. 비슷한 맥락에서 로빈슨과 바일리키(Robinson & Vaealiki, 2010)는 '지속가능성을 위한 유아교육'의 4가지 윤리 중 제일 첫 번째로 '지구를 돌보는 책임'을 들었다. 유아도 지구를 돌볼 책임이 있다는 것이다. 동일 맥락에서 유아기 자연을 통한 교육도 이와 같은 행동하기로 이어져야 한다.

예를 들어, 유네스코 한국위원회에서 2012년에 지속가능발전교육 공식 프로젝트로 인증(https://www.unesco.or.kr/business/sub_01_02_ESD03.asp)한 '지역사회와 연계한 공원 프로젝트'(2021년까지 인증 지속)나 지속가능발전교육 10년의 보고서인 〈우리가 원하는 미래를 그리다: 유엔 지속가능발전교육. 10년(2005~2014) 최종보고서(*Shaping the future we want*)〉(UNESCO, 2014)에서 유아기 지속가능발전교육의 모델로 제시한 '무심천 프로젝트'는 모두 유아가 지역사회 환경 문제 해결에서 주도적으로 행동한 경우를 보여 주고 있다. 즉, 공원의 부서진 운동기구를 발견한 후 관리부처에 연락해서 고치도록 하기, 구멍 난 나무 치료하도록 편지 쓰기, 개체 수가 급감한 무심천 수달 보호 캠페인 하기, 수달 배지(badge) 만들어 시민들에게 나누어 주기 등을 유아들이 함께한 것이다.

이상에서 지속가능성 지향 관점에서의 자연 활용 방법에 대해 살펴보았다. 마지막으로 자연물 활용 사례를 하나 제시하고자 한다.

04 자연 활용 사례

활 동 명	흙이랑 새싹은 어떤 대화를 나눌까요?
활동시기	풀꽃과 나무 새싹이 한창 나오는 시기
목 표	- 흙, 씨앗, 햇빛, 물 등의 생태적 관계를 이해한다. - 자연 존중의 마음을 기른다.

1) 새싹 관찰하기

유아들과 함께 밖으로 나가 땅을 헤치고 나온 여린 새싹이나 무거운 돌 틈 사이로 삐죽이 올라와 있는 새싹 모습을 관찰한다. 이때 새싹의 모양과 색을 보고, 냄새 맡을 뿐만 아니라 흙을 뚫고 나온 새싹의 기분은 어떨 것 같은지도 상상해 보도록 한다. 다양한 모양의 새싹들, 새싹 주변의 흙 등을 사진 찍어 가지고 들어온다. 주변에 쓰레기가 있다면 그것도 사진 찍어 온다.

• TIP

땅 위 낮은 곳에서 볼 수 있는 풀꽃 새싹을 찾아보다가 점차 나무의 새싹도 찾아보도록 한다. 이때 색상환을 가지고 나가 새싹의 색깔을 표시해 보도록 하면 더 재미있다. 대체로 '새싹' 하면 '연한 초록색' 정도만 연상하나 이외에도 분홍, 노랑, 빨강, 보라 등 다양한 색을 새싹에서 찾을 수 있다.

2) 흙과 새싹의 대화 상상해 보기

실내로 들어와서 흙과 새싹의 대화를 상상해 보도록 한다. 처음에는 교사가 주도하고 유아들은 반응적으로 표현해 보도록 하다가 점차 익숙해지면 유아들의 참여 정도를 점차 늘려 간다. 예를 들면 다음과 같다.

예) 교사와 유아들 간 새싹과 흙의 대화

교사(새싹): 아휴! 힘들어. 흙아, 엉덩이 좀 치워! 새싹이 이렇게 말하면 흙은 뭐라고 할 것 같니?

유아 1(흙): 어? 너 누구야? 새싹이구나. 알았어, 이쪽으로 나와.

유아 2(흙): 나는요, 야, 간지러워. 이럴 것 같아요.

예) 유아와 유아들 간 대화

유아 1(새싹): 우와! 눈부셔라. 해님은 정말 밝구나!

유아 2(흙): 와~! 너 정말 대단하다. 흙 속에서 나왔네.

3) 새싹의 느낌을 상상하며 신체로 표현해 보기

흙과 새싹에 대한 유아들의 창의적 표현을 교사가 정리하여 이야기처럼 들려주고 유아들로 하여금 씨앗에서 새싹이 되기까지를 신체로 표현해 보도록 한다.

교사: 따뜻한 봄이 되었어요. 땅속에 묻혀 있던 씨앗들은 이제 새싹을 틔울 준비를 끝냈어요. 땅속에서 물을 쭉쭉 빨아먹고, 힘이 많이 세졌거든요. 자, 흙이 좀 무겁기는 하지만 조금씩 들어 올려 볼까요? 먼저 오른쪽으로 움쭉, 왼쪽도 움쭉. 아! 드디어 새싹 하나가 땅 위로 쏘옥 나왔어요. 그리고는 또다시 하나가 쏘옥. 새싹은 처음으로 해님도 보았고, 다른 새싹들도 보았어요.

와~! 처음 세상에 나온 미애 새싹아. 지금 네 기분은 어떠니? 아~! 그렇구나. 그럼 또 그 옆의 보경이 새싹은? … (중략) … 처음 세상으로 쏘옥 얼굴을 내민 새싹들은 바람도 시원하고 햇볕도 따뜻해서 모두들 까딱까딱 춤을 추었답니다."

4) 공감하기, 비판적 사고하기, 문제해결에 참여하기

새싹을 보다가 그 주변의 쓰레기까지 보게 되는 경우가 있다. 이때 쓰레기로 오염된 흙의 기분을 상상해 보고 우리 삶의 어떤 부분이 문제(예: "담배꽁초를 막 버렸어요. 과자 봉지도 그냥 버렸어요!" 등)인지, 우리는 문제해결을 하기 위해 어떤 노력을 할 수 있을지 생각해 보고 문제해결을 위해 노력하도록 한다. 관련하여,

〈흙이 아파요〉(교육과학기술부, 2012) 1절 가사는 그렇게 오염된 흙의 기분을 상상하면서 지은 가사이고, 2절 가사는 유아들의 노력으로 건강해진 흙과 흙 속에 살고 있는 생물들의 느낌을 상상하며 지은 가사이다.

흙이 아파요

장정애 작사 작곡

보통 빠르게

05 자연 활용 시 유의점

1) 자연에 나가기 전

(1) 자연에서 주의할 점 교육하기

자연에서 주의할 점이 무엇인지 유아들이 충분히 인지하도록 반복해서 교육한다. 예를 들면, 벌레 함부로 만지지 않기, 혼자서 멀리 가지 않기 등이다.

(2) 자연을 존중하는 태도 알려 주기

자연을 존중하는 태도를 알려 준다. 예를 들어, 숲의 동식물들이 놀라지 않도록 소리는 가능한 한 작게 내기, 쓰레기 버리지 않기 등이 여기에 속한다.

(3) 궁금한 점 미리 생각해 보기

자연에 나가면 무엇을 볼 수 있을지, 궁금한 점은 무엇인지 미리 생각하고 정리해 본다. 교사가 사전에 준비한 사진이나 동영상을 유아들과 함께 보며 궁금한 점을 추려 볼 수도 있다.

(4) 필요한 복장, 기구, 물병 등 챙기기

어디로, 무엇에 중점을 두고 가느냐에 따라 필요한 복장과 기구를 챙긴다. 만일, 공원에 가서 쓰레기도 주워 볼 예정이라면 쓰레기 봉지와 집게 등을 챙겨 가야 한다.

2) 자연에 나갔을 때

(1) 자연물의 정확한 명칭은 차차 알도록 하기

자연에 나갔을 때 유아들에게 자연물의 정확한 명칭을 익히도록 강요해서는 안 된다. 그 대신 유아들과 특정 자연물의 이름을 그 특성에 맞게 붙여 줄 수 있다. 메타세쿼이아 열매의 경우 '솔방울 동생'과 같이 말이다. 정확한 명칭은 차차 알아 나가면 된다.

(2) 교사가 솔선하는 모습 보이기

자연을 자주 접하지 못한 유아일수록 흙이나 땅에 떨어진 나뭇잎 등을 만지기 싫어하고 개미조차 무서워하기도 한다. 이때 교사의 자연을 대하는 태도는 유아에게 큰 영향을 미친다. 그러므로 교사는 자연을 대하는 바른 모습의 동일시 모델이 되어 주어야 한다.

(3) 자연을 훼손하지 않도록 하기

자연을 가능한 한 훼손하지 않도록 해야 한다. 물론, 경우에 따라 자연물을 가지고 원으로 돌아올 수도 있으나 그런 경우는 매우 주의를 기울여야 한다. 꼭 필요해서 가지고 왔더라도 어느 정도 사용하고 난 후에는 가능한 한 원래의 자리로 돌려놓도록 하는 것이 바람직하다.

이상에서 유아교육에서 자연 활용의 의미, 자연 활용과 지속가능성을 위한 유아교육과의 관계, 지속가능성을 위한 유아교육에서 자연 활용의 원리와 방법, 자연 활용 사례, 그리고 마지막으로 자연 활용 시 유의점까지 살펴보았다. 이를 바탕으로 각 유아교육기관에서 자연 활용의 본래 의미를 잘 찾아 나가기를 기대한다.

마무리 활동

1. 이 장에서 다른 사람에게 꼭 전해 주고 싶은 내용은 무엇인가요?
2. 유아들과 활용할 수 있는 적합한 자연물은 무엇일지 주변에서 찾아봅시다. 그 자연물을 활용하여 어떻게 지속가능성 지향의 자연교육을 할 수 있을지 생각해 봅시다.

Chapter 03 그림자료·융판자료·게시판 활용

아이가 말했습니다.
"어제 시장에서 두드러기 난 물고기를 봤어요."

잠시 후 아이가 책을 가지고 오면서 소리칩니다.
"찾았어요. 그 물고기!"
책에 있는 그것은...

바로 바로 멍게였답니다.

학습목표

1. 그림자료 활용 시 장점 및 제한점과 제작 방법을 설명할 수 있다.
2. 융판자료 활용 시 장점 및 제한점과 제작 방법을 설명할 수 있다.
3. 게시판 활용 시 장점 및 활용법과 제작 방법을 설명할 수 있다.

생각해 봅시다

[가, 가, 가, 가]라고 발음하고 있는 사람의 영상에 [바, 바, 바, 바]라는 음성을 더빙하여 사람들에게 보여 주면 사람들은 자신이 듣고 있는 음성을 어떻게 들을까? 놀랍게도 사람들은 [바, 바, 바, 바]라는 음성을 들었음에도 불구하고 자신들이 들은 음성을 [가, 가, 가, 가] 혹은 [다, 다, 다, 다]로 인식하는 것으로 나타났다. 그 이유가 무엇일지 생각해 보자.

자신이 생각한 이유를 적어 보자.

-
-
-

이 실험은 맥거크 효과(McGurk effect)를 증명하는 것으로, 영국의 심리학자 해리 맥거크(Harry McGurk)와 존 맥도널드(John MacDonald)가 한 실험의 내용이다. 맥거크 효과란 인간의 시각과 청각에 서로 다른 정보가 동시에 들어올 경우 청각 정보보다는 시각 정보를 먼저 받아들이는 것을 의미한다. 인간은 보는 것을 통해 얻은 정보의 80%를 기억하는 반면에 읽는 것의 20%, 듣는 것의 10%만을 기억하는 것으로 나타났다.

유아에게 교육을 할 때도 시각 자료를 같이 제시한다면 유아에게 보다 효과적인 교육을 할 수 있다.

01 유아교육에서 그림자료의 활용

1) 정의

그림자료란 교사가 교육을 위해 제공하는 자료 중에서 교사나 유아가 직접 그린 그림이나 사진, 잡지나 책의 사진, 포스터 등과 같이 평면적이고 정적인 시각자료를 말한다(이영자 · 박미라 · 최경애, 2009). 그림자료의 경우 다른 기구를 사용하지 않고도 제시할 수 있으며, 자료의 수집이 간편하여 유아교육기관에서 가장 많이 사용되는 자료이다.

2) 교수 · 학습매체로서 그림자료의 특성

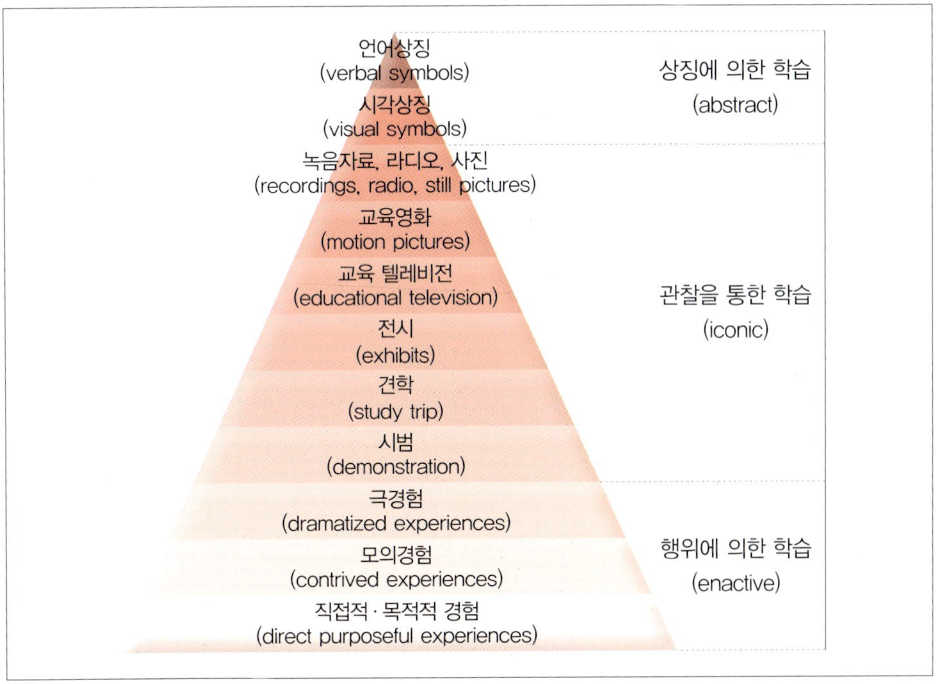

[그림 3-1] 데일(Dale)의 경험의 원추

출처: 변경화(1985).

(1) 그림자료의 장점

그림자료는 데일(Dale, 1969)의 경험의 원추에서 시청각적 경험에 해당한다(그림 3-1). 데일에 의하면 교수매체를 활용한 학습 경험의 구체성과 추상성에 따라 직접적 · 행동적 경험, 시청각적 경험, 그리고 상징적 경험으로 나눌 수 있다. 각각의 경험들은 특정 경험이 다른 경험보다 더 유용하다고 볼 수 없으며, 각 경험의 장점을 활용하는 것이 중요하다(Corpuz & Salandanan, 2011). 따라서 그림자료의 장점을 알고 활용하면 유아에게 보다 효과적인 학습 경험을 제공할 수 있다. 그림자료의 장점을 구체적으로 살펴보면 다음과 같다(심성경 외, 2007; 이영자 외, 2009).

① **경제적이다.** 그림자료는 잡지, 신문, 카탈로그 등과 같이 사용할 수 있는 자료를 쉽게 구할 수 있으며, 이를 직접 활용하거나 복사나 출력, 또는 그려서 사용할 수 있으므로 자료를 제작하는 데 드는 비용이 거의 발생하지 않는다.

② **제작이 용이하며, 사용이 편리하다.** 그림자료의 경우 제작이 용이하며, 특별한 도구 없이 유아에게 제시할 수 있다. 또한, 활용 장소의 제한도 거의 받지 않아 사용이 편리하다.

③ **자세하고 정확한 정보를 제공한다.** 다른 매체와 달리 정지된 상태에서 관찰할 수 있으므로 빠르게 움직이는 장면에서 볼 수 없는 내용을 볼 수 있으며, 사물을 실제보다 자세하고 크게 보여 줄 수 있어서 유아가 사물에 대해 보다 정확한 정보를 습득할 수 있도록 도움을 줄 수 있다.

④ **시각적 정보를 제공한다.** 자연의 상태에서 유아가 볼 수 없는 장면을 관찰할 수 있는 기회를 제공하여 설명으로만 들을 때 이해하기 어려운 내용에 대해 유아의 이해를 도울 수 있다.

(2) 그림자료의 제한점

한편, 그림자료는 다음과 같은 제한점이 있다(이영자 외, 2009).

① **직접적인 감각경험이 요구되는 개념의 학습에는 부적절하다.** 그림자료는 평면자료이므로 직접적인 감각경험이 요구되는 개념이나 기술을 학습하기 위한 교수매체로는 적합하지 않다. 이러한 경우 유아에게 직접적인 경험을 제공하고 그림자료를 보조자료로 제공하는 것이 바람직하다.

② **크기의 조절이 필요하다.** 그림자료의 경우 원래의 크기가 고정되어 있으므로 원하는 용도에 맞추어 크기를 조절해야 한다. 특히, 책, 잡지, 사진 등은 교실에서 대그룹의 유아들에게 제시하기에 너무 작은 경우가 많다. 그러므로 교사는 집단의 크기를 고려하여 그림의 크기를 확대하거나 실물 화상기나 실물 환등기를 이용하여 제시할 수 있다.

③ **단편적 지식만을 제공하기 때문에 메시지 전달에 왜곡이 생길 수 있다.** 그림자료의 경우 움직임을 보여 주거나 상황을 보여 주는 것이 아니기 때문에 사전 지식이 없는 유아에게 설명 없이 제공할 경우 의도하는 메시지를 정확하게 전달하기 힘들다. 특히, 움직임이나 과정을 참조해야 하는 개념을 학습하기 위해 그림자료를 사용하는 것은 효과적인 방법이라고 할 수 없으나 활용할 수 있는 자료가 그림자료 이외에 없는 경우에는 여러 장으로 과정을 나타내 주는 사진이나 그림 시리즈를 이용할 수 있다.

3) 그림자료의 제작 방법

(1) 일반적인 그림자료 제작 방법

그림자료는 잡지나 신문, 혹은 동화책과 같은 원자료에서 발췌하여 사용할 수 있다. 그러나 원자료의 명도가 흐리거나 채색이 짙은 경우, 혹은 그림이 복잡한 경우에는 크기를 조절하여 사용하게 되면 의도하는 효과를 얻지 못하게 되는 결과가 발생할 수 있다.

또한, 다양한 포털 사이트에 있는 이미지를 출력하여 그림자료를 제작하는 방법도 간편하여 많이 사용되는 방법이다. 이러한 방법은 이미지 파일을 다운받아서

컬러 프린터로 직접 출력할 수도 있으며, 관련된 이미지들을 편집하여 출력해서 사용할 수 있다.

(2) 움직임을 표현하는 그림자료의 제작 방법

그림자료는 일반적으로 평면자료의 특성을 가지고 있으나 부분적으로 움직이거나 이동시키고, 입체적 소재를 첨가하여 움직임을 표현할 수 있다. 부분적인 움직임을 표현하기 위해서는 할핀을 이용할 수 있으며, 이동을 표현하기 위해서는 칼집이나 낚싯줄을 이용하고, 부분적인 덧붙임을 위해서는 벨크로 테이프나 자석을 이용하며, 그림을 세우거나 접는 방법을 사용하여 입체적인 효과를 줄 수 있다.

각각의 방법을 구체적으로 살펴보면 다음과 같다.

❶ 부분적인 움직임 표현하기

팔이나 다리, 목 흔들기나 제자리에서 일어나기 등과 같이 중심을 축으로 움직이는 표현을 하기 위하여 할핀을 이용하면 효과적이다. 예를 들어, [그림 3-2] 속 유아의 표정이 울다가 웃는 것을 반복하는 장면을 표현하기 위하여 우는 유아의 얼굴과 웃는 유아의 얼굴을 그려 할핀에 부착한 후 유아의 사진을 위아래로 움직여 주면 표정이 바뀌는 것을 효과적으로 나타낼 수 있다.

[그림 3-2] 할핀을 이용한 그림자료

❷ 이동 표현하기

위치를 이동하는 효과를 주고 싶을 때 낚싯줄을 이용하거나 혹은 칼집을 넣는 방법을 사용하게 된다. 곡선으로 위치를 이동하는 모습을 나타내고 싶을 때는 배경판에 칼집을 내어 사용할 수 있다. 예를 들어, [그림 3-3]에서와 같이 태양이 떠오르는 모습을 표현하고 싶다면, 배경판에 곡선의 칼집을 낸 후 태양을 따로 그려서 끼운 후 아래에서 위로 이동시킨다. 한편, 위치를 일직선으로 이동시키기 위해서는 낚싯줄을 이용할 수 있다(그림 3-4). 낚싯줄을 이용하기 위해서는 움직이고자 하는 구간의 양 끝을 송곳으로 구멍을 뚫은 후 낚싯줄을 끼우고 뒤쪽에서 늘어지지 않게 팽팽하게 묶는다.

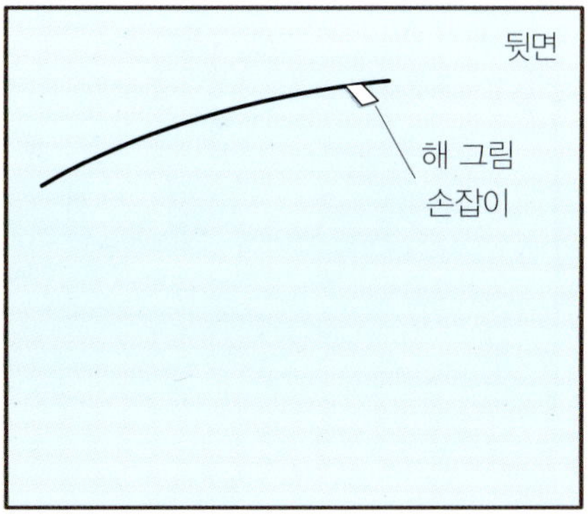

[그림 3-3] 칼집을 이용한 그림자료

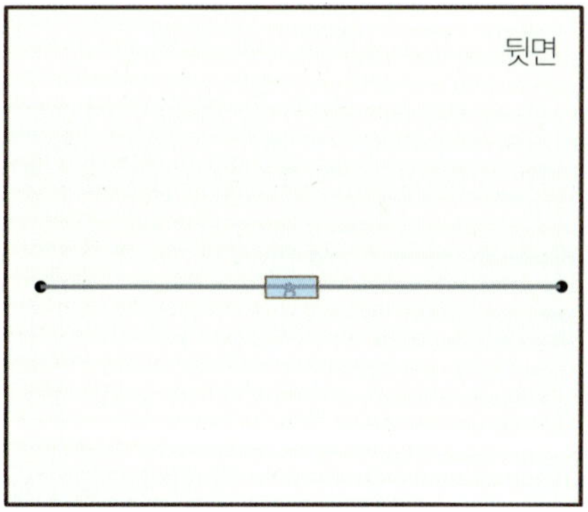

[그림 3-4] 낚싯줄을 이용한 그림자료

❸ 갑작스러운 등장이나 퇴장 혹은 첨가나 삭제를 표현하기

이야기가 진행되는 상황에서 등장인물이 등장하거나 퇴장하는 경우 혹은 별도의 내용물이 첨가되거나 삭제되는 경우를 표현하고자 한다면 등장인물이나 내용물을 별도로 그린 후 사용할 수 있다. 이때 별도로 그린 등장인물이나 내용물의 뒷면에 자석 혹은 벨크로 테이프를 붙인 후 이야기에 등장해야 할 때 배경판에 붙인다. 반대로 퇴장할 때는 배경판에 붙어 있던 것을 떼어 내면 된다. 예를 들어, 〈커다란 무〉에서 할아버지와 할머니, 고양이, 개 등이 등장할 때마다 교사는 배경판에 각각의 등장인물을 붙여 주면 된다(그림 3-5).

〈배경판〉 〈등장인물〉

[그림 3-5] 벨크로를 이용한 그림자료

또한, 비닐 주머니나 종이 주머니를 사용하여 등장이나 퇴장을 표현할 수 있다. 비닐 주머니의 경우 등장 장면이 드러나야 하는 경우 사용할 수 있으며, 종이 주머니의 경우에는 극적으로 나타나야 할 때 사용할 수 있다. 예를 들어, 〈누가 내 머리에 똥 쌌어?〉 동화에서 두더지가 땅속에서 나오는 장면을 표현하기 위해 종이를 배경판에 덧대어 주머니처럼 만들어서 두더지가 주머니 안에서 나오도록 할 수 있다(그림 3-6). 그러나 두더지가 땅속에 있는 부분부터 유아에게 보여 주고 싶다면 비닐 주머니를 사용하여 두더지가 등장하는 모습을 표현할 수 있다(이영자 · 박미라 · 최경애, 2000)(그림 3-7).

주머니의 경우 윗부분이나 옆부분을 틔워 놓고 그곳을 통해 그림이 이동할 수 있으며, 혹은 주머니를 문처럼 열어서 안에서 그림이 나타나게 할 수도 있다.

[그림 3-6] 종이 주머니를 이용한 그림자료

[그림 3-7] 비닐 주머니를 이용한 그림자료

❹ 입체적 표현하기

그림자료의 평면적인 단점을 보완하기 위하여 입체적인 표현을 첨가할 수 있다. 입체적인 표현을 위하여 그림자료에 막대, 요구르트병, 삼각대 등을 붙여서 세울 수 있도록 만든다(그림 3-8, 그림 3-9). 또한, 촉감이 느껴지는 재료를 그림자료 위에 덧대어 유아가 만져 볼 수 있게 할 수 있다. 그리고 책이나 접혀진 그림을 폈을 때 그림이 튀어 나오도록 제작할 수 있다.

[그림 3-8] 요구르트 병에 붙인 그림자료

손쉬운 팝업북 제작 방법

자료 16절지, 색지, 풀, 가위, 색연필 혹은 색칠용품

만드는 방법

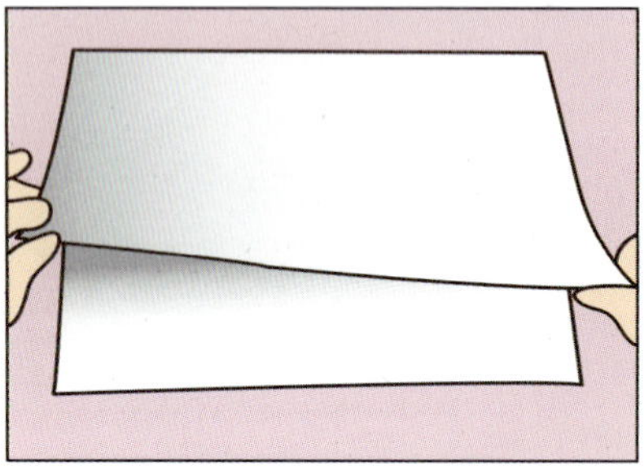

❶ 16절지를 반으로 접는다.

❷ 선을 가위로 자른다.

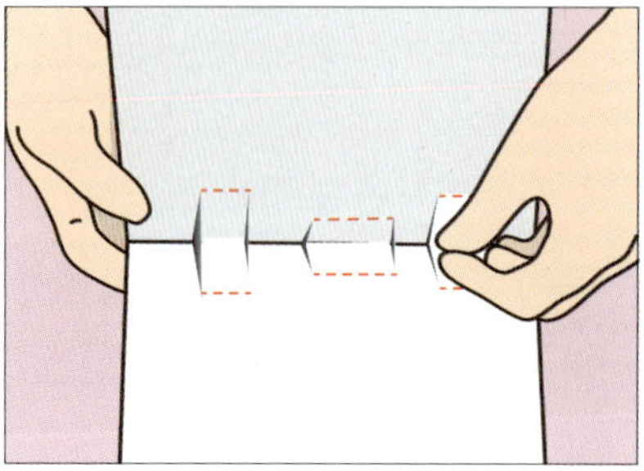

❸ 16절지를 편 후 접힌 부분을 반대쪽으로 다시 접어 준다.

❹ 원하는 그림을 색지에 그리거나 인쇄한 후 오려서 세우는 부분에 붙인다.

활동

1. 다음의 새 노래를 가르치기 위한 그림자료를 제작해 봅시다.

닭

김진영 작사 · 작곡

물 먹고 하늘 보고 물 먹고 하늘 보고
모이를 찾아서 사뿐사뿐 간다네

콕콕콕콕콕콕 푸드덕 푸드덕
콕콕콕콕콕콕 푸드덕 푸드덕

꼬꼬댁 꼬꼬꼬꼬
꼬꼬댁 꼬꼬꼬꼬
기분 좋은 날

2. 노래에서 닭의 움직임을 표현할 특징을 적어 봅시다.

-
-

3. 각 특징을 어떤 방식으로 표현할지 의논해 봅시다.

02 유아교육에서 융판자료의 활용

1) 정의

융판이란 융 천으로 자료 제시판을 만들어 사용하였던 것에서 유래된 이름으로 플란넬 보드(flannel board) 혹은 펠트 보드(felt board)로도 불린다. 융판자료는 코팅한 그림자료나 부직포, 혹은 펠트 천과 같은 재료의 뒤에 벨크로 테이프의 갈고리 면(일명 까슬이)을 부착하여 제작한다. 융판자료를 제시하는 경우 융판 위에 융판자료를 붙여서 제시하게 되는데, 이는 융이나 펠트의 털 부분이 벨크로 테이프와 서로 얽히는 성질을 이용할 수 있기 때문이다.

융판자료는 제작이 용이하고 제시하기 쉬우며, 교사와 영유아가 모두 쉽게 활용할 수 있어 영유아교육기관에서 많이 사용되는 교수매체 중의 하나이다(이영자 외, 2009).

2) 교수 · 학습매체로서 융판자료의 특성

융판자료는 다음과 같은 장점과 제한점을 가지므로 이에 유의하여 사용하여야 한다.

(1) 장점

융판자료의 장점은 다음과 같다.

① **경제적이다.** 제작 비용이나 시간이 적게 들어 경제적이다.

② **제작 및 사용이 용이하다.** 융판자료는 그림자료를 그대로 이용하거나 확대/축소하여 만들 수 있으므로 제작이 용이하며, 활용 시에 특별한 기술이 필요하지 않아 교사와 유아 모두가 손쉽게 사용할 수 있다.

③ **융통성이 있다.** 융판자료는 제시 속도와 순서에 융통성을 발휘할 수 있다는 장점이 있다. 교사는 유아의 반응이나 질문에 따라 자료의 속도와 순서를 변경하거나 조절할 수 있다.

④ **다양하게 사용할 수 있다.** 융판자료는 유아가 놀이 시간에 각 흥미영역에서 놀이를 하는 경우에도 교재로 사용할 수 있으며, 교사가 자료를 제시하며 수업을 진행하는 경우에도 교수매체로 사용할 수 있다. 특히, 융판자료의 경우 활용 용도에 따라 크기를 조절하여 사용할 수 있다.

(2) 제한점

융판자료는 위와 같은 장점이 있는 반면에 다음과 같은 제한점을 가진다. 융판자료의 제한점은 그림자료의 제한점과 많은 부분에서 유사한 한편 융판자료 자체로서의 제한점도 가진다(이영자 외, 2009). 구체적인 제한점을 소개하면 다음과 같다.

① **직접적인 감각경험, 동적인 개념, 입체 개념의 학습에는 부적절하다.** 그림자료의 경우와 같이 융판자료도 평면자료이기 때문에 직접적인 감각경험이 요구되는 개념, 움직임이나 입체적인 개념과 관련된 학습의 자료로는 적절하지 않다.

② **전체적인 배경을 묘사할 수 없다.** 융판자료의 경우 융판에 직접 붙여서 제시해야 하므로 배경을 전체적으로 묘사하는 것이 어렵다. 따라서 〈효녀 심청〉처럼 배경이 계속해서 바뀌는 동화의 자료로는 비효과적이다.

③ **등장인물이 많은 경우 부적절하다.** 〈101마리의 강아지〉처럼 등장인물이 많은 동화를 위한 자료로 적절하지 않다.

3) 융판 및 융판자료의 제작 방법

융판을 제작하기 위하여 베니어판(veneer)이나 폼보드(formboard) 혹은 하드보드지(hardboard)와 융이나 펠트(felt)와 같은 보풀이 있는 천, 그리고 얇은 스펀지가 필요하다(전선영 외, 2003).

(1) 융판의 종류

융판의 종류에는 대집단용 삼각융판, 소집단용 삼각융판, 평면융판 등이 있다(전선영 외, 2003). 대집단용 삼각융판의 경우 양면으로 구성되어 있으며, 한 면에는 화이트보드가, 다른 면에는 융판이 부착되어 있고 바퀴를 달아 이동이 편리하게 되어 있는 것이 일반적이다. 그리고 소집단용 삼각융판과 평면융판의 경우 대집단에 비해 공간을 적게 차지하며, 활용 용도에 따라 교사가 크기를 조정하여 제작할 수 있다.

대집단용 삼각융판

소집단용 삼각융판

평면융판

[그림 3-10] 융판의 종류

하드보드지를 이용한 삼각융판 제작

자료 하드보드 4절지(54cm×39cm) 2장, 하드보드지(39cm×54cm), 골판지(54cm×39cm) 2장, 펠트지, 양면테이프, 종이테이프, 가위

만드는 방법

❶ 하드보드지 붙이기

❷ 골판지 붙여 삼각대 모양으로 접기

❸ 펠트지 잘라 붙이기

1. 하드보드지 2장을 삼각대 모양으로 접을 수 있도록 종이테이프로 붙인다.
2. 하드보드지 앞면에 골판지를 붙인 후 삼각대 모양으로 접는다.
3. 펠트지를 바닥에 평평하게 깐 다음 2를 올려 놓고 사면의 가장자리가 떨어지지 않도록 뒤에서 종이테이프를 붙여서 완성한다.

출처: 이영자 외(2009).

(2) 융판 및 융판자료의 제작 방법

융판은 폼보드, 우드락, 하드보드지, 골판지(종이 상자), 베니어판 등과 같은 단단한 판에 융이나 펠트 천, 혹은 라이넥스 원단 등을 씌워 제작한다(이영자 외, 2000). 대집단용 삼각융판은 제작보다는 기성품을 구입하여 사용하는 것이 일반적이며, 소집단용 삼각융판이나 평면융판은 제작하여 사용할 수 있다. 융판을 제작하는 방법으로는 먼저 용도에 맞는 판을 원하는 크기와 모양으로 자른 후 적당한 색의 천을 그 위에 씌워서 제작하는 방법이 있다.

융판자료는 인터넷의 포털 사이트에 게시된 그림자료를 원하는 크기로 축소 또는 확대하여 이용하거나 화보집, 신문의 그림들을 오려서 활용할 수 있으며, 부직포나 펠트 천 등에 원하는 그림을 대고 오려서 박음질한 후 사용할 수도 있다.

융판자료를 제작하기 위해서 먼저 융판자료의 뒤에 까슬이를 부분적으로 붙이거나 꿰맨다. 이때 까슬이를 너무 넓게 붙이면 융판에서 뗄 때 잘 떼어지지 않거나 소리가 크게 나서 학습 효과를 떨어뜨리게 된다. 융판자료에 색을 칠할 때는 크레파스나 파스텔과 같은 재료는 색이 묻어나므로 색연필이나 매직펜을 사용하여 칠한다(오연주 외, 2005).

활동

1. 융판자료를 제시할 경우 유의해야 할 점에 대해서 적어 봅시다.

-
-
-
-
-
-

2. 융판자료로 제시할 때 가장 효과적인 수업을 선택하여 제작 방법과 제시 방법을 설명하고 융판자료로 제시했을 때의 효과에 대해 설명해 봅시다.

1) 제작 방법:

2) 제시 방법:

3) 제시 효과:

03 유아교육에서 게시판의 활용

1) 정의

게시판은 시각적 메시지를 명확하게 제시하여 유아와 소통할 수 있으며, 유아에게 흥미 있는 시각자료를 제시함으로써 학습주제에 대한 동기 유발 및 관련 내용에 대한 풍부한 학습이 가능하게 해 주는 효과적인 교육매체이다(유혜령 · 강은희 · 박지영, 2011).

2) 교수 · 학습매체로서 게시판의 특성 및 종류

게시판의 경우 유아교육기관에서 메시지를 전달하고 활동 결과물을 전시하기 위한 목적으로 가장 많이 사용하고 있는 방법이다. 다음에서는 게시판의 특성을 알아보고 다양한 형태의 게시판 제작에 대해 알아보기로 한다.

게시판의 일반적인 특성으로 다음과 같은 점이 있다(이영자 · 이기숙 · 이정욱, 2012).

(1) 특성

① 전체 유아를 대상으로 공통되는 주제에 관하여 게시할 수 있으므로 동일한 정보를 제공할 수 있다.

② 정보나 지식에 관하여 효과적으로 주의를 집중시킬 수 있다.

③ 게시 방법과 장소에 구애받지 않고 다양한 자료를 제시할 수 있다.

④ 게시 내용을 계속 변화시켜 가면서 게시판을 완성시킬 수 있다.

(2) 종류

❶ 유아용 게시판

게시판의 경우 교사가 유아를 위하여 제작하고 유아는 그것을 보는 경우가 일반적이다. 그러나 유아를 수동적인 학습자로 본다는 문제가 제기되면서 유아가 자신의 학습에 능동적으로 참여할 수 있는 방법에 대한 의견 교환이 활발해지고 있다. 유아용 게시판 꾸미기 활동은 유아의 학습에 대한 능동적인 참여의 좋은 예로 교사는 이야기 나누기 활동을 통해 게시판에 꾸밀 내용과 방법에 대해 유아와 의논을 하고 참여하게 격려한다. 게시판에 게시를 할 때도 유아와 함께 게시해 보는 것도 효과적이다.

❷ 부모용 게시판

부모용 게시판은 가장 전형적인 학부모와의 의사소통 통로로 유아교육기관에서 오랜 시간 동안 사용되어 왔다. 게시판은 학부모에게 행사 일정이나 공지 사항을 알리고, 교육과정이나 유아교육과 관련된 도서 및 정보 안내, 그리고 정보 교환용 인쇄물 등을 게시할 수 있다.

게시판의 위치는 학부모가 잘 볼 수 있도록 현관 입구나 운동장에 배치할 수 있으며, 학부모와 의사소통을 위한 방법으로 편지함을 두거나 공개 게시판을 두어도 좋다(이영자 외, 2012).

3) 게시판의 제작 방법

게시판을 제작하기 위해서는 위치와 내용이 결정되어야 하며, 위치는 게시 내용에 따라 달라지게 된다. 즉, 게시 내용이 특정 흥미영역과 관련된 내용이라면 그 흥미영역에 배치해야 하며, 학급의 전반적인 내용을 반영한다면 교실에서 가장 잘 보이는 위치에 배치하여야 한다. 게시판을 제작하기 위해 고려해야 할 사항에 대해 알아보면 다음과 같다.

(1) 게시판의 장소

게시판의 종류를 살펴보면 교실 내 혹은 유치원 내의 여러 장소, 예를 들면 에어컨, 창문, 벽, 천장, 교구장 옆이나 뒤, 계단 난간, 또는 실외 등과 같은 공간이 모두 게시판으로 사용될 수 있다(전선영 외, 2003).

교실 벽면을 이용한 게시판

계단 공간을 이용한 게시판

복도 공간을 이용한 게시판

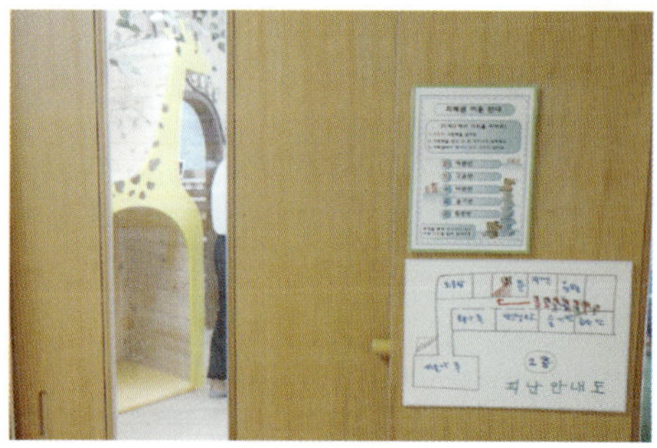

현관문을 이용한 게시판

천장을 이용한 게시판

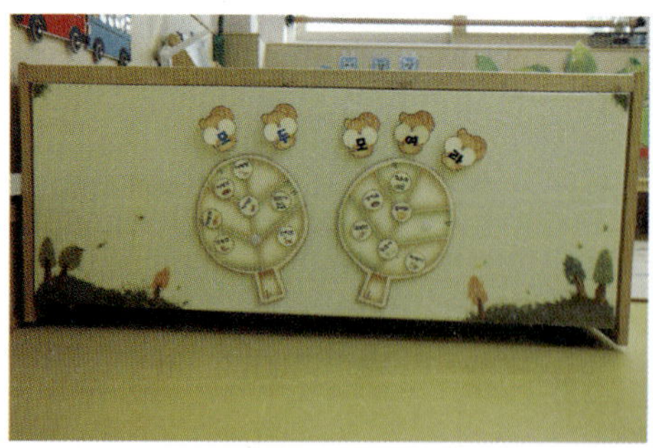

교구장 뒤를 이용한 게시판

[그림 3-11] 다양한 장소를 이용한 게시판

(2) 게시판의 크기와 모양

게시판의 크기와 모양은 게시하고자 하는 공간의 여건에 따라 다양하게 만들 수 있다.

정사각형 모양의 게시판

직사각형 모양의 게시판

형태와 모양에 변화를 준 게시판

[그림 3-12] 다양한 크기와 모양의 게시판

(3) 효과적인 게시판 배치 방법

게시판의 내용을 효과적으로 구성하면 학습 목적을 성공적으로 달성할 수 있다. 게시판을 구성하기 위해 유의해야 하는 구성 및 배치 시의 원리를 살펴보면 다음과 같다.

① 게시판에 자료를 배치할 때는 게시자료의 디자인을 단순하고 통일감 있게 구성하여야 산만하지 않다.

② 게시판의 색상은 전체 교실의 색과 통일성을 줄 때 편안하고 안정된 분위기를 조성할 수 있으므로 색상의 선택을 신중히 한다.

③ 글자나 기호는 유아들이 보기 쉽게 제작하거나 유아들이 직접 써서 게시하는 방법도 효과적이다.

본 장에서는 유아에게 내용을 제시하기 위한 자료 중 그림자료 · 융판자료 · 게시판에 대해 알아보았다. 유아교수매체는 내용을 전달하기 위해 주로 사용하는 감각 기능에 따라 3가지로 나뉠 수 있는데(김신옥 · 민혜영 · 엄덕실, 2006), 본 장에서 다룬 자료들은 시각을 주로 하는 것에 해당한다. 각 자료들은 장점과 제한점을 가지고 있으며, 제시하는 내용을 가장 잘 표현할 수 있는 방법으로 선택해야 한다.

마무리 활동

1. 유아교육현장에서 시각자료를 활용할 때 주로 이용하는 방법은 무엇일까요? 그 이유는 무엇 때문일지 생각해 봅시다.
2. 내용을 제시할 때 시각자료별로 가장 잘 표현할 수 있는 내용은 무엇일지 생각해 봅시다.

PART 03

유아교육에서 새로운 미디어

Chapter 04 사진 활용

자, 다 같이 '김치~!' 해 보자.
김치~~~
찰칵.

난 어떻게 나왔을까?

카메라 옵스큐라(Camera Obscura: 라틴어로 '어두운 방')는 그림을 그리기 위해 만든 광학 장치로 현대 카메라의 프로토타입이다. 어두운 방의 한쪽에 작은 구멍을 뚫으면 외부에서 어두운 방 안으로 들어오는 빛을 통해 반대쪽 벽에 외부 풍경이 비친다. 이때 상은 거꾸로 굴절되어 보인다. 어린 시절에 가지고 놀던 '바늘구멍 사진기(안쪽을 어둡게 만든 상자)'가 같은 원리이다.

학습목표

1. 유아교육에 적용 가능한 사진교육의 내용을 설명할 수 있다.
2. 유아교육에서 효과적인 사진교육을 위한 방안을 구체화하고 수업에 활용할 수 있다.

생각해 봅시다

덴마크 화가 빌헬름 함메르쇼이(Vilhelm Hammershøi)가 그린 「어떤 여인의 뒷모습(*Interior with Young Woman from Behind*)」(1904)

등 뒤를 보이며 무엇인가 보고 있는 한 여인에 대해 설명하고 싶을 때 어떤 방법을 사용할 수 있을까? 글이나 말로 설명할 수도 있겠지만, 가장 먼저 떠오르는 것은 휴대폰을 꺼내 들고 여인의 모습을 찍어 보여 주는 방식일 것이다. 사진을 찍는 바로 그 순간이 화면 안에 고스란히 담기게 되므로, 사진을 보는 사람은 사진을 통해 '어떤 한 장면'이 전하는 상황과 느낌을 공유하게 된다. 과거에 중요하게 작용했던 '재현'이라는 영역이 카메라로 넘어오며 우리는 사진으로 많은 것을 할 수 있게 되었다. 그렇다면 유아교육에서는 사진을 어떻게 활용할 수 있을까? 혹은 사진으로 유아들과 어떤 활동을 할 수 있을까?

21세기 들어 본격화된 디지털 문화는 우리 생활의 많은 부분을 변화시켰다. 디지털카메라를 비롯한 영상미디어의 등장과 디지털화에 기초한 소통 방식은 일상과 사고방식을 포함하여 전반적인 삶의 변화를 이끌고 있다. 오늘날 사진은 우리의 일상 안으로 깊숙이 들어와 의사소통 방식으로 자리잡았다. 이 장에서는 유아교육에서 디지털 사진을 어떻게 활용할 수 있을지에 대해 알아보고자 한다.[1)]

1) 이 장에서 사용한 사진은 〈나주이화유치원〉의 '누리별반' 유아들과 오진실 교사가 촬영한 것이다.

01 교육매체로서 사진의 의미

1) 사진 활용 교육의 필요성: 기술의 발달과 언어의 개념 확장

새로운 기술과 멀티미디어는 사람들의 삶에서 점차 중요한 위치를 차지하게 되었다. 과거의 미디어와 새로운 미디어가 융합되고, 미디어를 제작하는 사람들과 소비하는 사람들이 만나며, 글과 이미지, 음악 등이 모두 상호작용하는 컨버전스 시대(Jenkins, 2006, 황주성, 2012 재인용)가 대두됨에 따라 미디어를 창조적으로 사용하는 능력이 매우 중요하게 여겨지고 있다. 최근 무척 활발하게 활동하며 사회문화에 영향을 주는 유튜브 크리에이터들을 보면, 생각과 느낌을 표현하기 위해 자신만의 방식으로 매체를 활용하는 것이 중요하다는 것을 알 수 있다. 디지털 매체의 발달로 인해 자신을 표현하는 '글'의 개념이 '복합 양식 텍스트'로 확장됨에 따라 이전보다 훨씬 다양하게 매체를 활용하여 자신을 표현하는 것이다. SNS를 기반으로 개인적인 글쓰기를 다른 사람들과 공유하는 것(사회적 공유)도 일상화되었다. 휴대폰에 디지털카메라를 비롯한 매체들이 장착되면서 보다 손쉽게 표현하고 공유할 수 있는 가능성이 확대되었고, 특히 사진은 한 장의 이미지로 기록과 자기표현이 가능하여 모든 사람들이 활용하는 표현매체로 자리 잡게 되었다. 이러한 현상에 대해 미디어 현상학자인 플루서(Flusser)는 디지털 시대는 이미지가 중심이 되는 '그림의 시대'라고도 표현했다(Flusser, 1996, 2001, 정현선, 2009 재인용).

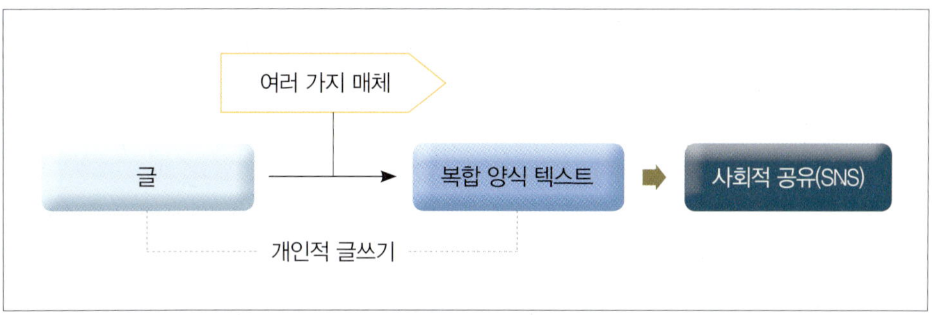

유아 역시 자신의 일상을 '표현하는 도구'로 카메라를 활용하는 일이 점차 많아지고 있어 유아기에도 사진 활용 교육에 대한 필요성이 강조되고 있다. '언어의 개념을 확장'한다는 관점에서 사진 활용 교육을 생각해 보면, 글을 쓰는 사람의 생각과 관점에 따라 글이 달라지는 것처럼 이미지도 마찬가지라는 점에 기초한다. 즉, 매체(카메라)를 사용하는 사람의 생각에 따라 다른 이미지가 만들어진다는 것이다. 따라서 자신을 표현하기 위해 이미지를 만들고, 서로가 만든 이미지의 의미를 이해하기 위한 소통과 교육이 반드시 필요하다(정현선, 2009).

2) 유아교육에서 사진 활용 교육의 기대효과

이미지를 본질로 하는 사진은 감각적이고 직관적으로 대상을 인식하는 유아에게 흥미를 부여하므로 자신을 표현하는 데 의미 있게 사용될 수 있다. 사진은 기술을 기반으로 하지만 디지털카메라의 작동 원리는 비교적 간단하다. 또한, 유아가 일상에서 충분히 경험하는 매체이기 때문에 대상을 관찰하고 탐색 · 표현하며, 자신의 감정이나 느낌을 표현하는 좋은 도구가 될 수 있다. 무엇보다 사진은 텍스트와는 달리 해석의 가능성이 열려 있고, 뚜렷한 문법의 규칙이나 글자의 습득 없이 누구에게나 접근이 쉬우므로 유아교육현장에서 활용하기에 적합하다(이은적, 2003). 유아가 사진을 경험할 때의 기대효과는 다음과 같다.

기대효과

1. 이미지 언어 능력의 향상
2. 인지적 능력의 향상
3. 정서발달
4. 테크놀로지 활용 능력 향상

(1) 이미지 언어 능력의 향상

우리가 사진을 볼 때 그 의미를 직관적으로 받아들이는 것처럼 이미지에 기초한 의사소통은 보다 자유롭게 자신의 생각을 표현할 수 있는 특징이 있다. 이미지를 읽는 데에도 규칙이 필요한 부분이 있지만, 문법규칙이 있는 텍스트보다 쉽게 이해하고 표현하는 것이 가능하다. 따라서 사진을 활용하는 경험은 이미지를 이해하는 유아의 능력을 함양하는 데 도움이 될 수 있다.

(2) 인지적 능력의 향상

사진을 찍는 사람은 몸을 움직여 매체를 작동시켜야 하며, 사진에는 찍히는 '어떤 대상'이 있다. 사진에 있어 표현의 질은 사진을 찍는 사람과 사진 속에 담기는 대상이 어떤 관계를 맺느냐에 따라 달라진다. 이는 카메라가 관찰과 기록, 그리고 기억의 도구가 될 수 있음을 의미한다. 따라서 사진 찍기를 통해 유아는 대상에 대해 관찰하고 기록할 기회를 가질 수 있어 주변 사물과 현상에 대한 개념과 인식을 형성하고 확장하는 데 도움이 된다.

(3) 정서발달

사진을 찍는 과정에서 유아는 어떤 대상을 포착할 뿐만 아니라 대상에 대한 자신의 감정과 느낌을 담게 된다. 한편, 다른 사람이 찍은 사진을 볼 때에는 다른 사람이 표현한 느낌과 정서를 인식하게 된다. 따라서 사진에 대한 경험은 감성적으로 대상을 인식하는 유아들이 주변에 대한 정서적 이해를 확장시키는 기회가 된다.

(4) 테크놀로지 활용 능력 향상

사진은 접근 가능성이 크고 사용이 편리하여 유아가 테크놀로지에 대한 부담 없이 쉽게 표현할 수 있다. 따라서 유아의 테크놀로지에 대한 감수성 발달에 도움이 된다.

사진을 경험하는 과정에서 얻게 되는 이와 같은 기대효과는 사진이 유아기의 특성에 부합하는 매체임을 보여 주는 것이다. 따라서 자신과 세상을 인식하고 표현하는 매체인 사진에 대한 교육이 필요하다.

02 표현매체로서 사진의 특성

미국의 다큐멘터리 사진가이자 사진교육자인 웬디 이왈드(Wendy Ewald)는 20여 년 전부터 사진을 이용한 리터러시 교육(LTP: Literacy Through Photography)의 중요성을 주장해 왔다. 이왈드는 글로 표현하는 것이 아직 완벽하지 않은 아동이나 청소년에게 이미지에 기초한 소통 방법을 가르치는 것이 중요하다고 하였다. 사진을 통해 소통과 표현의 가능성을 확장할 수 있다고 본 것이다. 그런데 사진은 고유한 표현특성을 가지고 있으므로 사진을 의사소통의 한 방법으로 사용하기 위해서는 사진의 특성을 이해하고 표현하도록 교육할 필요가 있다(김경철 · 박현진, 2006; 이경민, 2008). 사진의 특성을 정리하면 다음과 같다.

1) 현실성

사진은 현실을 바탕으로 한다. 여기에는 현실의 상황을 찍는다는 의미만이 아니라 사진을 찍는 사람이 그 현장에 함께 있으면서 그 상황을 찍어 보여 준다는 것을 포함한다.

2) 우연성

의도적으로 상황을 고안하여 사진을 찍는 경우도 있지만, 우연히 발견한 어떤 장면을 찍게 되는 경우가 많다. 따라서 사진의 특성에는 우연성이 포함된다. 이러한 의미에서 사진을 찍는 어떤 순간을 '결정적 순간' 혹은 '포착'이라는 의미로 표현하기도 한다.

3) 복사성

현상을 재현하는 특성을 가지고 있다. 사진은 현실을 기반으로 하므로 복사성은 사진의 중요한 특성이며, 이러한 특성으로 인해 기록의 도구로 충분한 가치가 있다.

4) 자동성

사진의 자동성과 복사성은 상호 관련된다. 사진은 과학적 기술과 원리에 따라 자동으로 어떤 장면을 찍는 과정 속에서 만들어지는데, 이것이 곧 상황을 복사하는 것이 된다. 최근에 주로 사용되는 디지털 사진은 이미지를 비트로 전환하는데, 이러한 기술로 인해 이전에 비해 현상, 인화, 전송, 수정, 조작 등의 작업 속도가 놀라울 정도로 빨라지게 되었다. 또한, 인터넷 기술과 결합되어 다자간에 손쉽게 사진을 주고받을 수 있고, 여러 사람들이 각기 다른 방식으로 변형하는 것도 가능해졌다.

5) 고립성

현실을 보여 주지만, 전체가 아니라 시공간의 일부를 찍게 되므로 현실이 있는 그대로 재현되지는 않는다. 사진은 어떤 부분을 찍는 것이고, 그 과정에서 3차원의 입체가 2차원의 평면으로 바뀐다. 또한, 사진을 찍는 사람의 의도가 포함되며, 사진을 찍는 사람과 찍히는 대상 사이의 관계성을 기반으로 하고 있다는 점에서 완전하게 있는 그대로를 보여 주는 것은 아니라는 의미이다.

6) 의도성

사진은 찍는 사람의 의도를 기반으로 하고 있다. '왜', '무엇을', 그리고 '어떻게' 찍을 것인가에 대한 생각이 사진을 찍는 행위에 앞서게 되므로, 사진은 찍는 사람의 의도와 감정을 담게 된다. 따라서 오늘날 사진은 자신을 표현하는 도구이며, 의사소통의 매개체가 될 수 있는 것이다.

사진의 특성

〈*The Steerage*〉 by Alfred Stieglitz. This version was published in 291 magazine in 1915.

미국의 유명한 사진작가 알프레드 스티글리츠(Alfred Stieglitz)가 찍은 「삼등선실」이라는 사진 작품이다. 미국에서 독일로 돌아가는 배에서 갑판 아래와 난간 위에 위치한 삼등선실에 승객들이 기대어 있는 것을 보고 찍은 사진이다. 이 사진에는 현실을 바탕으로 하는 사진의 '현실성'과 우연히 포착한 것으로서의 '우연성'이 잘 드러난다. 한편, 사진 프레임 밖에서 일어나는 일에 대해서는 알 수 없다는 사실, 즉 사진이 가진 '고립성'을 보여 주기도 한다.

활동

5분 이내에 자신을 나타낼 수 있는 사진을 찍고 다음의 질문에 답을 해 봅시다.

1. 자신이 찍은 사진에 대한 설명을 써 봅시다.

2. 자신을 나타내는 사진을 찍으면서 느낀 점은 무엇인가요?

3. 강의실을 돌아다니며(개인 혹은 그룹으로) 동료들이 찍은 사진을 보고, 자신이 찍은 사진과 비슷하다고 느끼는 사진을 모아 봅시다. 사진에 제목을 붙인다면 무엇이라고 하면 좋을지 의논한 후, 제목을 붙여 봅시다.

4. 가장 잘 찍었다고 생각하는 사진을 골라 봅시다. 왜 잘 찍은 사진이라고 생각하는지에 대해 이야기해 봅시다.

03 유아교육 현장 적용 방법

유아기에 이루어지는 사진 활용 교육은 테크놀로지 이해, 탐색, 창작, 소통의 4가지 요소에 기초하여 활용하는 것이 가능하다(허현주 · 유기상 · 현혜현, 2011). 유아교육에 활용할 수 있는 구체적인 내용을 살펴보면 다음과 같다.

테크놀로지 이해
기술의 숙련을 통한 자기표현

탐색
내적 탐색과 외적 탐색

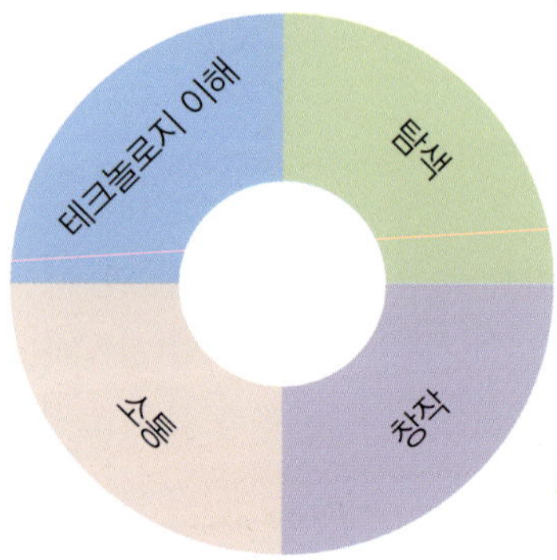

소통
자신의 고유성 인식/타인에 대한 이해

창작
자신의 생각과 의도 표현

1) 테크놀로지 이해(Understanding Technology)

	디지털카메라의 기초적인 작동법을 이해한다. 카메라의 기본적인 사용법을 알고 사진을 촬영할 수 있다.
테크놀로지	• 사진을 찍어 본 경험에 대하여 이야기를 나눈다. • 디지털카메라의 On/Off, LCD Screen, 줌 작동, 접사, 플래시 On/Off 등 각 부분의 명칭을 알아본다. • 초점 맞추기, 셔터 누르기와 같은 기본 기능을 익힌다. • 카메라의 기호 중 꽃 그림(접사) 버튼을 활용하여 사진을 촬영한 후 접사 버튼 없이 찍은 사진과 비교해 본다.

사진은 '카메라'를 매개로 만들어지는 것이므로 매체에 대한 이해와 활용기술을 필요로 한다. 그러나 활용기술을 익히기만 하는 것이 아니라 수용자에게 미디어에 대한 자유로운 접근성을 요구하는 오늘날의 미디어 환경의 특성을 반영해야 한다. 즉, 과거의 매체교육처럼 기술을 익히는 데에만 초점을 두지 않도록 유의하여 카메라의 기능에 대한 이해가 자기표현으로 연결될 수 있도록 한다.

◀ 카메라를 사용해 본 경험이 있니?
◀ 어떤 모습으로 사진을 찍었니?
◀ 카메라에 표시된 꽃 그림 모양을 누르니 어떻게 보이니?
◀ 가까이서 보니 어떤 점이 다르게 보이니?

2) 탐색(Exploring)

	자신과 주변을 탐색한다.
탐색	• 유아 자신에 대해 탐색한다. • 주변 사물과 자연환경(가족, 친구, 학교, 나무와 동물 등)을 탐색한다. • 주변의 아름다움과 문화에 대해 미적 탐색(선, 형, 색과 같은 기본 미적 요소)을 한다.

사진 활용 교육에서의 탐색은 자신의 내면과 주변 세계에 대한 탐색을 모두 의미한다. 내적 탐색은 자기 자신에 대한 이해에 기초한 것이며, 외적 탐색이란 자신을 둘러싼 인적 · 물적 · 환경적 세계에 대해 관심을 갖고 탐색하고, 이해하는 것이다. 즉, 자신을 이해하고, 자신의 시각으로 세계를 보고, 사고하고, 문제를 해결하려는 것이다. 이 과정에는 주변의 예술과 문화에 대한 미적 탐색도 포함된다. 따라서 유아가 사진을 통해 내적 · 외적 세계를 탐색하고, 발견하고, 인식할 수 있는 기회를 제공한다.

◀ 카메라로 무엇을 찍어 보고 싶니?
◀ 우리 모습을 카메라로 찍는다면 어떤 모습을 찍어 보고 싶니? 기쁜 마음은 어떻게 찍으면 좋을까?
◀ 우리가 찍은 이 사진에는 몇 가지 색이 보이니?
◀ 사진에서 선 모양을 찾아볼까?

3) 창작(Creating)

	사진의 기본적인 표현 방식을 이해하고 표현한다.
창작	• 카메라 렌즈를 통해 보는 것과 눈으로 보는 것의 차이를 비교 · 인식한다. • 사진의 프레이밍[2]을 연습하고 사진 속 이야기에 대해 생각해 본다. • 대상과 배경의 공간적 관계에 관심을 갖고 다양한 각도와 방향에서 찍어 표현해 본다(대상과의 거리, 초점).

창작은 자신의 생각과 의도를 표현하는 것으로 기존에 알고 있던 것을 재구성하여 시각화하는 과정이라고 볼 수 있다. 따라서 자신과 주변 세계에 대해 충분히 탐색한 후에 사진을 찍도록 안내한다. 또한, 사진이라는 시각매체를 통해 자신이 표현하고자 하는 것을 어떻게 표현할 수 있을지 충분히 생각할 기회를 제공한다.

2) 프레이밍: 프레이밍은 사진을 찍을 때에 피사체(찍으려는 대상)를 파인더의 테두리 안에 적절히 배치하여 화면을 구성하는 것이다. 즉, 화면의 구도와 구성을 정하는 것이다.

▲ 틀을 친구 얼굴 가까이에 대 보자. 친구 얼굴이 어떻게 보이니? 이번에는 멀리서 찍어 볼까?

▲ 틀을 통해 눈으로 볼 때와 카메라 렌즈로 볼 때 어떻게 다르게 보이니?

◀ 친구들이 어디에 올라가 있는 것처럼 보이니? 왜 그렇게 보일까?

4) 소통(Communicating)

	사진을 매개로 다른 사람과 상호작용한다.
소통	• 사진으로 자신이 표현하고 싶은 것을 찍고 말이나 글로 설명할 수 있다. • 사진을 보고 느낀 것을 말할 수 있다. • 사진을 전시하고 공유한다.

사진 읽기, 감상, 공유 등 사진을 통해 의사소통하는 모든 과정을 포함한다. 특히, 이 과정은 자신의 독특함과 소중함을 인식할 수 있는 과정일 뿐만 아니라, 사람마다 서로 다른 생각과 감정을 가지고 있음을 이해함으로써 타인에 대한 이해와 배려를 배우는 것이다. 사진을 감상하는 것은 전문작가의 사진을 감상하는 것과 유아들이 직접 촬영한 사진을 읽어 내는 것으로 나눌 수 있다. 교사는 유아들에게 적절한 질문을 함으로써 이미지에 담겨 있는 이야기를 발견하도록 도울 수 있다. 교사는 유아들이 사진에 나타난 주제나 내용뿐만 아니라 사진이 불러일으키는 감

정을 충분히 인식할 수 있도록 하고, 유아들의 다양한 의견과 관점을 모두 존중하도록 한다.

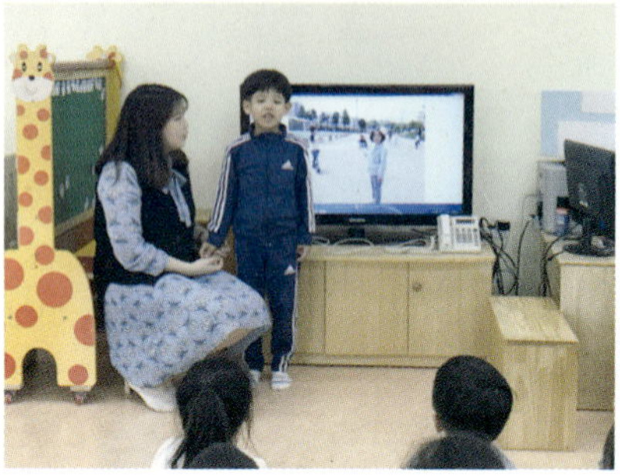

◀ 이 사진은 어떤 이야기를 나타낸 거니? 친구들에게 이야기해 볼까?
◀ 친구의 이 사진에는 어떤 제목을 붙이면 좋을까? 왜 그렇게 생각했니?
◀ 서로 비슷한 느낌의 사진을 모아 보자. 어떤 점이 비슷하니?

04 사진의 유아교육 현장 적용 시 유의점

유아들과 사진을 활용한 활동을 할 때에는 사진의 기술적 측면과 함께 사진에 담을 내용을 충분히 생각해 보도록 하는 것이 중요하다. 유의할 점은 다음과 같다.

첫째, 유아들은 사진 프레임을 통해 세상을 발견하고, 자기 나름의 방식으로 장면을 구성하게 된다. 따라서 무엇을 표현할 것인지, 어떻게 담을 것인지 등에 대해 생각하는 과정을 통해 유아들은 일상에 펼쳐진 대상을 이미지로 구현하고 의미를 부여하는 경험을 하게 된다. 따라서 어떤 것을 담아 표현할지 충분히 생각할 기회를 제공한다.

둘째, 사진은 다양한 상황 속의 한순간을 기록하는 타이밍이 중요하므로, 교사는 유아가 언제 찍을지를 결정할 수 있도록 안내한다.

셋째, 사진 촬영에서는 '어떻게 보는가?', '어디서 보는가?'와 같이 카메라의 시점을 이해하는 것이 중요하다. 이를 위해 카메라를 들고 다양한 뷰포인트에서 대상을 관찰할 수 있는 기회를 제공한다.

넷째, 사진과 말하고 쓰는 것이 연결되면 논리적으로 생각하게 될 뿐만 아니라 다양한 양식의 표현력이 증진될 수 있다. 따라서 무엇을 찍을지 미리 이야기하고 써 본 후, 찍고 싶은 것의 리스트를 만들고, 카메라로 촬영을 하도록 한다. 사진을 출력하여 보고 난 후 느낀 점을 말하고 글로 써 보며, 함께 공유하는 기회를 갖는 것도 중요하다. 이와 같은 과정은 보고 느끼는 것에서 끝나지 않고 현상에 대해 한 번 더 사고하도록 도와주는 역할을 한다.

마무리 활동

1. 교실 상황을 기록하는 매체로서의 사진에 대해 생각해 봅시다. 유치원의 어떤 상황을 기록할 수 있을까요?
2. 조별로 사진을 활용한 교육활동을 계획해 봅시다.

Chapter 05 컴퓨터·모바일 미디어 활용

예전엔 엄마가
"그만 들어와서 밥 먹어야지."

지금은 엄마가
"제발 좀 나가 놀자!"

학습목표

1. 유아교육에서 컴퓨터와 모바일 미디어의 활용 유형과 사례에 대해 설명할 수 있다.
2. 효과적인 유아교육을 위한 컴퓨터와 모바일 미디어 활용 교육 방안을 구안하고 이를 실제 학습 상황에 적용할 수 있다.

생각해 봅시다

"컴퓨터나 모바일 미디어를 유아들의 교수 · 학습에 활용해 본 적이 있나요?"

컴퓨터와 모바일 미디어는 유아들에게 이미 익숙한 놀이와 학습의 도구로 자리 잡고 있습니다. 컴퓨터와 모바일 미디어를 활용한 학습에는 어떤 변별되는 차이점이나 특성이 있을지 생각해 보고, 유아교육현장에서 컴퓨터와 모바일 미디어를 활용해 할 수 있는 학습 활동 사례를 적어 봅시다.

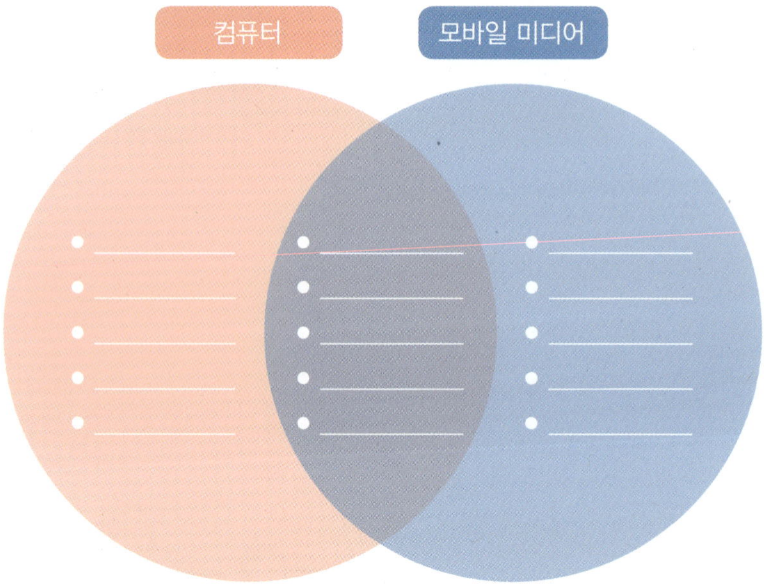

01 컴퓨터와 모바일 미디어의 개념

교육에 컴퓨터가 도입된 것은 1950년대 후반으로 수백 명의 학생이 대형 컴퓨터에 저장된 자료를 동시에 사용할 수 있는 방식으로 시범적으로 활용되기 시작하였으나, 1990년대 컴퓨터 기술이 발전하면서 '컴퓨터라는 하나의 플랫폼(platform)을 통해서 텍스트, 그래픽, 오디오, 애니메이션, 비디오 등이 디지털 형태로 통합되어 구현되는 동시에 사용자와의 상호작용이 가능한 복합 다중 매체'를 의미하게 되었다(백영균 외, 2012; Park & Hannafin, 1993).

반면, 휴대폰으로 대표되는 모바일 미디어는 이동 중에도 무선통신을 통해 다양한 정보통신 및 처리가 가능하도록 고안된 디지털 미디어로, 모바일 미디어를 이용해 언제 어디서나 자유롭게 네트워크에 접속해 학습을 할 수 있는 교육의 형태를 모바일 학습이라고 한다. 모바일 미디어의 보편화와 함께 모바일 학습은 일반적으로 스마트폰이나 소형 태블릿과 같이 작고, 한 손에 들어오는 테크놀로지 기기를 활용하여 학습하는 것을 지칭하는 용어로 폭넓게 쓰이고 있다.

02 교수 · 학습매체로서 컴퓨터와 모바일 미디어의 특성

1) 컴퓨터

컴퓨터는 텍스트, 그래픽, 영상, 사운드를 통합한 멀티미디어 정보를 제공해 주며, 이를 통해 학습자에게 관심과 흥미를 불러일으킨다. 또한, 대부분의 자료가 하이퍼링크 방식으로 조직되어 학습자의 선택에 따라 원하는 정보를 제공해 주는 특성을 지니고 있다. TV와 같은 매체가 일방향적 정보를 제공하는 데 비해 컴퓨터는 학습자에게 다양한 선택권을 제공해 주며, 프로그램과 학습자 간의 활발한 상호작용이 가능한 인터페이스를 제공하고 있다. 또한, 많은 정보를 저장하고 검색하고 공유할 수 있는 저장소의 역할을 하며, 네트워크를 통한 정보의 생산, 소비, 유통 등이 광범위하게 이루어질 수 있도록 지원한다.

타일러(Tylor, 1980)는 컴퓨터의 역할을 도구(tool)로서의 컴퓨터, 교사(tutor)로서의 컴퓨터, 학습자(tutee)로서의 컴퓨터로 구분하여 제시한 바 있으며, 알레시와 트로립(Alessi & Trollip, 1985)은 컴퓨터에 관한(about computer) 교육, 컴퓨터를 이용한(with computer) 활용 교육, 행정적인 활용(administrative use)으로 나누어 분류한 바 있다. 이를 바탕으로 컴퓨터의 세 가지 활용 유형을 도구적 · 교수적 · 행정적 활용으로 구분하여 좀 더 자세히 살펴보면 다음과 같다.

(1) 도구적 활용

컴퓨터의 도구적 활용은 기본적인 윈도우 운영체제, 워드 프로세서, 한글과 같은 문서 작성 도구, 스프레드시트, 엑셀과 같은 데이터 베이스 도구, 파워포인트, 프레지와 같은 프레젠테이션 도구, 이메일, 인터넷 등 일반적인 응용 프로그램을 모든 교과 영역의 보조도구로 활용하는 형태를 말한다. 예를 들어, 엑셀로 그래프를 그리거나 파워포인트 자료를 활용해 발표를 하는 등의 사례가 그것이다.

(2) 교수적 활용

컴퓨터의 교수적 활용은 교수 도구로 다양한 교수 · 학습용 콘텐츠와 프로그램을 활용하는 형태로, 반복연습형, 개인교수형, 게임형, 시뮬레이션, 문제해결형 등 다양한 방식의 교육 콘텐츠 및 프로그램이 활용되고 있다.

(3) 행정적 활용

컴퓨터의 행정적 활용은 교사가 교육행정 업무를 처리하기 위해 컴퓨터를 활용하는 형태로, 업무 처리를 위해 일반 사무용 소프트웨어를 활용하거나 NEIS

(National Education Information System, 교육행정정보시스템)와 같이 학생의 출석 관리, 생활기록부 관리 등의 목적으로 개발된 프로그램을 예로 들 수 있다.

한편, 컴퓨터에 대한 기초 소양과 활용 능력을 길러 정보화 시대를 주도할 창의적 능력을 발휘하는 바람직한 인간 양성을 목적으로 유아의 기본적인 컴퓨터 활용 역량을 기르기 위한 컴퓨터 교육도 유아교육기관에 도입되어 이루어지고 있는데 (황해익 외, 2015), 유아 컴퓨터 교육은 크게 컴퓨터 기초 소양 교육, 컴퓨터 활용 능력 교육, 정보윤리 교육 차원에서 이루어지고 있다.

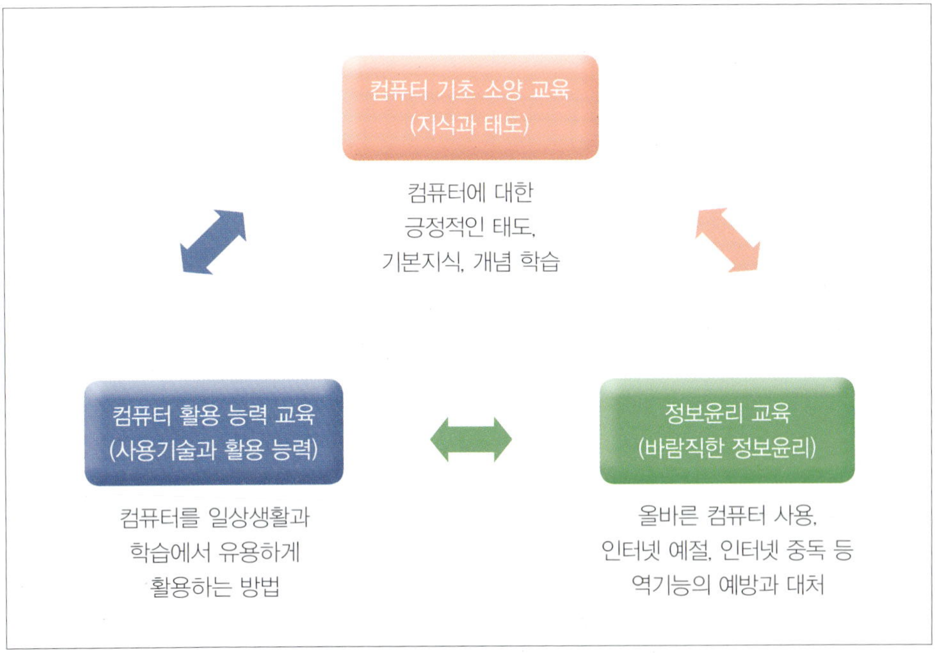

[그림 5-1] 유아 컴퓨터 교육의 내용

출처: 황해익 외(2015).

2) 모바일 미디어

모바일 미디어는 편리한 접근성과 휴대성, 상시적 연결을 지원하는 무선 네트워크 기능, 이동성에서 기인하는 높은 맥락성과 맞춤화된 기기로서의 강점을 지니고 있다. 이러한 모바일 미디어의 특성은 학습자가 학습을 필요로 하는 순간, 효과적인 학습이 일어날 수 있도록 해 주는 적시학습(Just-in-time learning)을 가능하게 해 주며, 일상에서의 비형식학습과 형식학습을 연계해 주는 고유한 큰 장점을 제공해 준다. 모바일 미디어가 갖는 교수 · 학습매체로서의 특성을 살펴보면 다음과 같다(김영수 외, 2016).

(1) 휴대성

일반적인 컴퓨터와 달리 간편한 휴대성을 지닌 모바일 미디어는 언제, 어디에서나 학습 자원을 활용하고 접할 수 있는 기회를 주는 장점을 지니고 있다. 반면, 작은 화면 크기와 처리 용량 등으로 글자를 읽거나 쓰거나 입력하는 등의 상호작용에 불편함이 있으며, 다양한 기능을 실행하는 데에도 일반적인 컴퓨터에 비해 상대적인 한계를 지니고 있다.

(2) 이동성

모바일 미디어는 휴대가 가능한 특성을 지니고 있어 학습자가 현재 놓여 있는 상황에 대한 맥락(context)을 활용한 위치 기반의 다양한 학습 활동을 가능하게 해 준다. 반면, 모바일 미디어를 활용한 학습 맥락이 잘못 설계될 경우 학습의 배경이 되는 환경과 디지털 콘텐츠와의 불일치로 원하는 학습 효과를 가져오지 못할 수도 있다.

(3) 접근성

부팅이나 구동에 시간이 거의 소요되지 않는 모바일 미디어는 기기에의 쉬운 접근성을 보장해 줌으로써 학습에 대한 접근성도 함께 높여 준다. 그러나 이러한 모바일 미디어의 특성은 상황에 따라 쉽게 학습을 그만두도록 만드는 요인이 되기도 한다.

(4) 연결성

와이파이(Wi-Fi) 등을 활용한 무선 네트워크 지원 기능은 상시적인 인적 · 물적 학습 자원과의 연계를 가능하게 하는 높은 연결성을 제공해 주지만, 상황에 따라 학습에 대한 목적의식을 잃고, 가상 공간 내의 여기저기를 옮겨 다니는 유목 성향을 증대시킬 수 있다는 점에서 세심한 고려가 필요하다.

(5) 맞춤화

개인화된 기기의 성격을 띠고 있는 모바일 미디어는 학습자에 대한 맞춤화된 학습 환경을 제공하고 학습에 대한 주도성과 오너십(ownership)을 강화해 줄 수 있는 장점을 지니고 있다. 반면, 이러한 개인화된 환경이 때에 따라서는 기기의 공동 활용을 어렵게 하는 등의 제약 요소로 작용할 수도 있다.

앞서 살펴본 컴퓨터와 모바일 미디어의 특성을 바탕으로 컴퓨터와 모바일 미디어 활용에 대한 교육적 장점과 위험성을 살펴보면 다음과 같다.

교육적 장점	위험 요소
• 능동적이고 스스로 사고하는 학습이 가능함 • 생생하고 흥미로운 체험을 제공함 • 인터넷을 통해 다양한 정보를 제한 없이 접근하여 이용함 • 지역사회 및 다양한 문화와의 교류 학습이 가능함 • 정보화시대에 맞춘 미디어 리터러시 습득 지원을 통해 유아발달을 촉진함	• 직접적인 감각활동이 부족해짐 • 실세계에 대한 비현실적 이미지나 자극적인 영상물로 인한 피해가 발생할 수 있음 • 사회 정서적으로 유아를 고립시킬 수 있음 • 정서 표현과 창의성의 결여, 컴퓨터 및 모바일 미디어의 과의존을 가져올 수 있음 • 컴퓨터/모바일 장비의 사용 및 관리와 관련한 부담이 발생할 수 있음

출처: 유구종(2014) 수정.

03 컴퓨터와 모바일 미디어의 유아교육 활용 사례

1) 컴퓨터와 모바일 미디어의 도구적 활용 사례

(1) 꽃 검색을 통한 식물 관찰하기

컴퓨터나 모바일 미디어는 유아가 자신이 가지고 있는 현재 및 과거의 지식을 바탕으로 새로운 아이디어나 개념을 구성해 내는 능동적인 지식의 구성자(constructor)로서 역할을 할 수 있도록 지원할 수 있다. 대부분의 모바일 미디어는 유아가 생활하면서 흔히 접할 수 있는 현실적 맥락(realistic context) 속에서 풍부한 지원 도구들을 활용할 수 있도록 돕는다. 일례로 '다음(DAUM)'의 꽃 검색 앱은 실제 꽃 사진을 찍으면 해당하는 꽃의 이름을 알려 주는 앱으로 숲 체험, 식물 기르기 등의 교육 활동을 지원해 준다. 교수자는 현실과 학습 내용을 이어 주는 매개체로 모바일 미디어의 간단한 스마트폰 사진 촬영 기능을 활용해 흔히 보고 지나치는 꽃의 이름을 실제 유아들의 생활 맥락 속에서 알려 주고 관련한 풍부한 설명을 제공해 줄 수 있다.

'다음(DAUM)' 앱 검색창에서 특수 검색을 선택하고 꽃 검색을 선택한 후, 꽃 장면을 프레임에 맞춰서 촬영하면 꽃 모양 인식 후 검색 결과가 사전과 함께 제시된다. 아울러 꽃의 이름을 알아보는 활동과 연계해 식물 탐험 애플리케이션을 활용해 컴퓨터와 모바일 미디어를 교수적으로 활용함으로써 잎이 어떻게 양분을 만들고, 뿌리가 어떻게 물을 흡수하는지, 작은 세포 속에서는 어떠한 놀라운 일들이 벌어지는지를 손으로 만지며 관찰해 볼 수도 있다. 'NAMOO' 앱은 줄기와 줄기, 잎과 해부학, 뿌리와 뿌리 끝과 같은 주제를 다루는 9개의 학습 챕터를 제공하고 있다. 각 챕터에는 고유한 유형의 상호작용이 있는데, 예를 들어, 낮을 밤으로 바꾸거나 뿌리에 물을 주거나 꽃가루를 공기 중에 보낼 수 있다. 상호작용을 하다 보면 주제를 둘러싼 세부 사항이 나타나는데, 계속해서 꽃가루가 퍼지면, 그것이 어떻게 수정을 돕는지에 대해 배울 수 있으며, 다양한 주제의 식물 탐험을 3D 시뮬레이션으로 학습할 수도 있다.

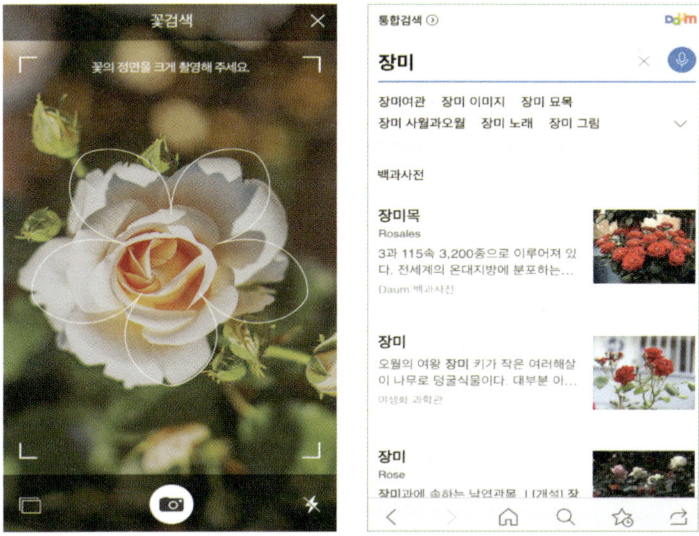

[그림 5-2] '다음(DAUM)'의 꽃 검색 화면

출처: 다음(DAUM).

[그림 5-3] 'NAMOO' 앱의 학습 화면

출처: CRAYON BOX Inc.

(2) 구글 어스(Google Earth)를 활용한 우주 공간 탐험하기

유아들은 태양계의 행성과 별자리에 관심이 많이 있지만, 교실에서의 활동에는 한계가 있다. 또 별자리 관찰과 같은 활동은 야간에만 가능한 활동이라 등원 시간 중에는 진행이 불가능하다. 현실에서는 불가능하지만, 구글 어스를 활용하면 지구뿐만 아니라 우주 공간까지 탐험할 수 있다. 별도의 프로그램을 설치할 필요 없이, 구글 어스에서 하늘, 화성, 달, 바다 도구를 활성화시켜 사용하면 된다. 3차원 입체 영상으로 해당 지역의 모습을 생동감 넘치게 보여 주어 유아들의 흥미를 유발시켜 효과적인 수업이 이루어질 수 있도록 도와준다.

• TIP

- 구글 어스를 적용해 자신이 사는 동네를 살펴보거나, 유명한 역사적 유적지를 찾아보거나, 세계의 유명한 도시나 명소를 찾아볼 수 있다.
- 구글 어스에서 바다 도구를 활성화하면 바다 속으로 들어가 여러 가지 해양 지형을 탐색할 수 있다.
- 천체의 움직임을 보여 주는 '스텔라리움(http://www.stellarium.org)'이라는 천문 관측 프로그램을 설치해 함께 살펴볼 수도 있다.
- 기타 구글 스카이, 구글 마르스, 구글 문 등을 활용하면 각각 하늘, 화성, 달을 탐색해 볼 수 있다.

2) 컴퓨터와 모바일 미디어의 교수적 활용 사례

스스로 과제를 해결하고 탐구해 나가는 과정과 필요한 정보를 찾고 의미 있는 형태로 조작하여 저장하고 후에 활용할 수 있는 기술과 전략을 배우는 것은 유아들이 새로운 미래역량을 키워나가는 데 매우 중요한 요소이다. MIT 미디어랩에서 개발한 'Scratch. Jr'는 5~7세 유아의 인지, 개인, 사회 및 정서 발달을 고려해 개발된 프로그래밍 애플리케이션으로, 그래픽 프로그래밍 블록을 결합하는 활동을 통해 유아들이 캐릭터를 움직이거나, 점프하게 하거나, 춤추거나, 노래하게 만들 수 있도록 하는 학습 활동을 지원하고 있다. 이러한 활동을 통해 유아들은 문제를 해결하고 프로젝트를 디자인하며, 컴퓨터에서 창의적으로 자신을 표현하는 법을 배우게 된다. 또한, 수학 및 언어를 의미 있고 실용성 있는 실제 맥락에서 활용함으로써 기초 수학 능력과 읽고 쓰기 학습 능력을 향상시키는 데도 도움을 받을 수 있다.

[그림 5-4] 'Scratch. Jr' 학습 화면

출처: Scratch. Jr (http://www.scratchjr.org).

3) 컴퓨터와 모바일 미디어의 행정적 활용 사례

컴퓨터와 모바일 미디어는 학급을 관리할 수 있는 행정 지원 도구와 유아들의 긍정적 행동을 이끌어 낼 수 있는 다양한 방식의 소통 도구로도 활용될 수 있다. 작은 행동이라 하더라도 유아의 바람직한 행동에 대한 긍정적인 피드백을 통해 목표하는 활동을 강화할 수 있도록 하는 칭찬카드, 타이머, 학생 뽑기 등 교사를 지원해 주는 수업 도구를 제공하는 'Class 123'과 같은 학급 운영 지원 애플리케이션이 그 예이다. 대부분의 학급 운영 지원 도구들은 학부모가 열람할 수 있는 알림장, 1:1 메시지, 유아의 강점을 보여 주는 리포트 제공 등을 통해 교사의 반복되는 일상 업무를 효율화하고 학부모와의 보다 긴밀하고 원활한 소통을 도와준다.

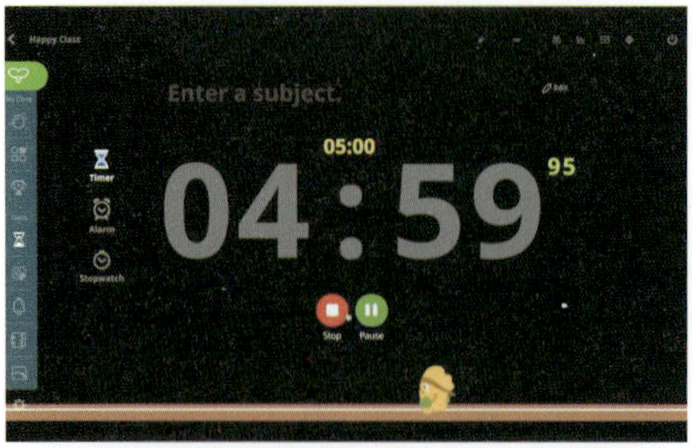

[그림 5-5] 타이머로 효율적인 수업 시간 배분하기

[그림 5-6] 데이터 기반의 칭찬 리포트 제공하기

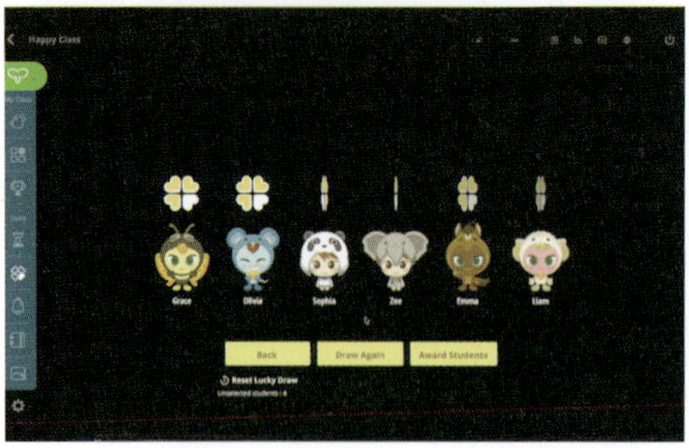

[그림 5-7] 행운의 뽑기로 우리 반 발표왕 만들기

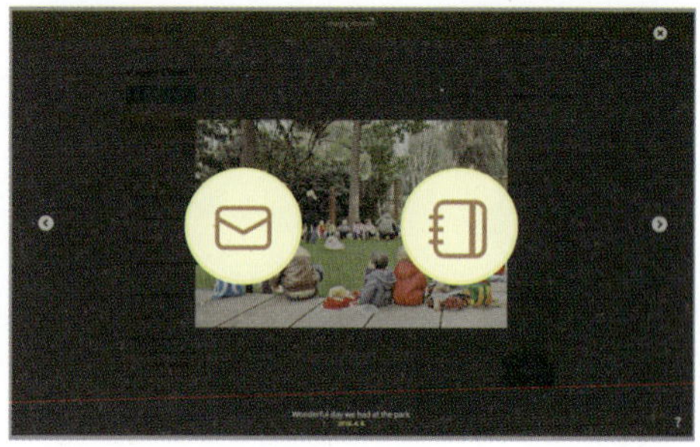

[그림 5-8] 1:1 편지와 알림장, 사진 공유하기

출처: Class123(https://class123.ac).

04 컴퓨터와 모바일 미디어의 유아교육 현장 적용 시 유의점

컴퓨터와 모바일 미디어는 다양한 기술과 접목해 활용될 수 있는 기반이 되는 매체로 유아교육기관에서의 원활한 활용을 위해서는 원활한 네트워크 환경 조성 및 컴퓨터와 모바일 미디어 활용을 위한 교육기관의 정책 수립이 먼저 이루어져야 한다. 또한, 유아의 컴퓨터 및 모바일 미디어 활용에 대한 규칙 마련과 사전 교육, 교육과정과 유아의 연령대를 고려한 적합한 학습 콘텐츠 확보 등 다양한 요소를 복합적으로 고려할 필요가 있다. 이외에도 기기 활용 시간과 방법 등에 대한 지속적인 모니터링이 필수적으로 이루어져야 하며, 종이, 실물 등 다양한 매체와의 결합을 통해 보다 폭넓은 학습 경험을 제공해 주는 다양한 활용을 고려할 필요가 있다.

1) 컴퓨터 및 모바일 미디어 영역을 설치할 때 고려 사항

- 컴퓨터 및 프린터 등 컴퓨터 관련 기기의 배선과 코드들이 정돈되어야 한다.
- 컴퓨터를 직접적인 열이나 물 있는 곳과 떨어진 위치에 배치하며, 모니터가 조명이나 햇빛에 반사되지 않도록 한다.
- 인터넷 연결을 위해 유선 LAN을 설치하거나 무선 인터넷 환경 구성을 고려해야 한다.
- 모바일 미디어 활용 시에는 충전을 할 수 있는 장소를 미리 마련해 둘 필요가 있으며, 만약의 경우를 대비하여 예비용 모바일 미디어를 충전해 두는 것이 좋다.

2) 컴퓨터 및 모바일 미디어 활용을 위한 사전 준비

- 컴퓨터 및 모바일 미디어 사용을 위해 유아가 지켜야 할 규칙이나 약속 등을 게시판에 부착한다.
  예) 컴퓨터를 사용할 때는 유아들이 순서대로 사용할 수 있도록 한다.
- 소프트웨어나 인터넷 사이트의 접속 방법과 사용 방법에 대해 그림으로 설명을 제시하고 순서를 표시해 준다.
- 유아가 직접 사용할 콘텐츠의 경우 윈도우 화면에 바로가기 아이콘이나 즐겨찾기를 미리 등록하여 유아가 쉽게 접속할 수 있도록 한다.

■ 유아용 콘텐츠 선정을 위한 체크리스트

평가영역	문항	예	아니오
사용 용이성	1. 전체 그림이 유아의 흥미 수준에 맞게 제시되는가?	V	
	2. 하나하나의 지시가 그림 메뉴 또는 말로서 제시되는가?		
	3. 하위활동이나 메뉴 표시가 내용을 알기 쉽게 아이콘 모양 등으로 내용을 잘 나타내고 있는가?		
	4. 문자를 읽을 수 없어도 사용할 수 있는가?		
	5. 유아가 어른의 도움을 적게 받고도 시작하기 쉽고 원할 때 끝낼 수 있는가?		
	6. 초기 메뉴에 빠르고 쉽게 도달할 수 있는가?		
	7. 유아가 실수한 것을 스스로 알 수 있으며 교정하도록 유도하는가?		
	8. 유아의 조작에 따라 쉽게 통제 가능한가?		
	9. 내용이나 설계에 있어서 일관성 있게 작동하는가?		
흥미성	1. 내용이 성별에 따른 유아의 흥미를 고려한 내용인가?		
	2. 주제가 유아에게 의미를 제공하여 흥미를 느낄 수 있는가?		
	3. 유아가 계속해서 사용하는가?		
	4. 유아가 다양하게 도전할 수 있고, 자신의 수준을 선택할 수 있는가?		
	5. 효과음이 시끄럽거나 거슬리지 않고 재미있고 사실적인가?		
	6. 사물이 실제처럼 구체적으로 표상되는가?		
	7. 그래픽이 유아가 분명히 지각할 수 있도록 내용과 관련이 깊은가?		
교육성	1. 학습목표가 교육적 가치를 지니고 있는가?		
	2. 유아의 상상력과 호기심을 자극하는가?		
	3. 유아가 이해하기 쉬운 다양한 예를 제공하는가?		
	4. 한 개념이 다양한 방법으로 경험할 수 있도록 조직되었는가?		
	5. 내용이 유용하고 정확하고 최신의 것인가?		
	6. 시행착오를 통한 학습이 가능하며, 발견하고 탐색하는 과정을 결과보다 중시하는가?		
	7. 또래 간의 협동심을 조장하는가?		
	8. 음성 언어를 사용하는가?		
	9. 퀴즈나 게임 같은 상호작용적 구성을 활용하고 있는가?		
	10. 의미 있는 그림이 음향과 함께 피드백으로 주어지는가?		

평가영역	문항	예	아니오
내용의 적합성	1. 활동들이 유아의 연령별 수준으로 제시되어 다양하게 나타나 있는가?		
	2. 내용이 유아의 직접적인 경험과 연결되는가?		
	3. 유아의 아이디어를 내용에 반영시킬 수 있는가?		
	4. 내용에 인종과 성에 대한 편견이 없는가?		
	5. 내용에 폭력적인 인물과 행동이 제시되지 않는가?		
기술성	1. 실행이 지연되지 않고 순조롭게 이루어지는가?		
	2. 사이트 내용 목록이 전체적으로 알 수 있게 제시되며, 하이퍼텍스트 기법을 사용하였는가?		
	3. 일러스트레이션, 동영상, 애니메이션, 사운드 등의 멀티미디어적 요소가 적절히 제공되는가?		

출처: 유구종(2006).

추가적으로 모바일 미디어는 컴퓨터와 달리 휴대와 이동이 간편한 대신 디스플레이가 이루어지는 화면의 크기가 작고 컴퓨터에 비해 입력장치를 사용하기 어렵다는 단점이 있다. 따라서 유아들의 입력이 많은 활동은 지양하고 메뉴나 인터페이스가 직관적인 프로그램을 선택할 필요가 있다.

3) 컴퓨터 및 모바일 미디어를 교실에서 유아와 처음 사용하고 활용할 때의 고려 사항

- 초기에 컴퓨터 및 모바일 미디어를 교실에서 사용할 때 교사가 개입하여 컴퓨터나 모바일 미디어를 생활도구로 소개하고 시연을 통해 사용 방법을 알려준다.
- 유아가 차츰 실제로 경험하면서 컴퓨터 및 모바일 미디어에 대한 개념을 이해하고 유아용 콘텐츠를 사용할 수 있도록 자료를 제공한다.
- 컴퓨터 및 모바일 미디어 활용 활동은 유아가 혼자 활동하기보다는 또래 유아들과 협력학습을 하도록 수업을 진행하는 것이 좋다.

- 유아가 컴퓨터 및 모바일 미디어를 활용하는 데 있어 적절한 지도가 이루어지지 않을 경우 과의존 증상이 나타날 수 있으므로 교사의 세심한 관찰과 지도가 필요하다.

■ 스마트폰 과의존 관찰표

번호	항목	전혀 그렇지 않다	그렇지 않다	그렇다	매우 그렇다
1	스마트폰 이용에 대한 보호자의 지도를 잘 따른다.				
2	정해진 이용 시간에 맞춰 스마트폰 이용을 잘 마무리한다.				
3	이용 중인 스마트폰을 빼앗지 않아도 스스로 그만둔다.				
4	항상 스마트폰을 가지고 놀고 싶어 한다.				
5	다른 어떤 것보다 스마트폰을 갖고 노는 것을 좋아한다.				
6	하루에도 수시로 스마트폰을 이용하려 한다.				
7	스마트폰 이용 때문에 아이와 자주 싸운다.				
8	스마트폰을 하느라 다른 놀이나 학습에 지장이 있다.				
9	스마트폰 이용으로 인해 시력이나 자세가 안 좋아진다.				

진단결과에 따라 일반 사용자군, 잠재적 위험 사용자군, 고위험 사용자군으로 분류되며, 잠재적 위험 사용자군과 고위험 사용자군은 과의존 위험군으로 볼 수 있으므로 이에 대한 지도 및 조치가 필요하다.

구분		내용
일반 사용자군	진단결과	부모의 통제에 따라 스마트폰 사용 시간이 조절되고 있어서 갈등이 발생하지 않고 일상생활의 주요 활동이 스마트폰으로 인해 훼손되는 문제가 발생하지 않는 상태로 ICT 역량 발달을 위한 기본 조건을 충족시키고 있는 상태
	지도 및 조치방법	스마트폰을 건전하게 활용하기 위한 보호자의 지속적인 점검이 요구된다.
잠재적 위험 사용자군	진단결과	스마트폰 사용에 대한 부모의 통제를 따르지 않는 양상이 종종 관찰되며, 그로 인해 부모-자녀 갈등이나 일상의 놀이/학습 문제가 발생하기 시작한 단계로 ICT 역량 발달에 부정적 영향을 미칠 위험성이 존재하는 상태
	지도 및 조치방법	스마트폰 과의존 위험을 깨닫고 스스로 조절하고 계획적으로 사용하도록 노력하며, 이를 위한 보호자의 지원이 요구된다. 스마트폰 과의존에 대한 주의가 요망되며, 학교 및 유치원 등 관련 기관에서 제공하는 건전한 스마트폰 활용 지침을 따른다.

구분		내용
고위험 사용자군	진단결과	스마트폰 사용에 대한 부모의 통제에 저항하며 일상생활의 상당 시간을 스마트폰 사용에 소비하고자 하며 그로 인해 부모–자녀 갈등이나 일상의 놀이/학습 문제, 신체 건강 문제 등이 심각하게 발생한 상태로 ICT 역량 발달을 지체시킬 위험성이 높은 상태
	지도 및 조치방법	스마트폰 과의존 경향성이 매우 높으므로 관련 기관의 전문적인 지원과 도움이 요청된다.

출처: 한국정보화진흥원 스마트쉼센터(https://www.iapc.or.kr).

온라인 검사 바로 하기

https://www.iapc.or.kr/dia/survey/addDiaSurveyNew.do?c_type=new&dia_type_cd=PBBS

마무리 활동

1. 유아용 모바일 애플리케이션을 하나 이상 골라 실제 활용해 보고 장단점을 토론해 봅시다.
2. 유아용 모바일 콘텐츠 선정을 위한 체크리스트를 활용하여 콘텐츠를 평가해 봅시다.
3. 스마트폰 과의존인 유아가 있을 경우, 과의존의 원인은 무엇이며, 교사와 부모가 과의존 예방을 위해 어떻게 지도하면 좋을지 이야기해 봅시다.

Chapter 06

IPTV·영상 콘텐츠 활용

"텔레비전은 더 이상 바보상자가 아니랍니다."

유아의 두뇌는 새로운 자극을 찾아다닌다.
유아들이 항상 TV로 향하는 것은 그럴만한 이유가 있다.
TV만큼 놀라운 자극을 제시하는 것이 없기 때문이다.

학습목표

1. 교수매체로서 TV의 교육적 기능과 변화를 이해한다.
2. IPTV의 개념과 교육적 활용의 특성을 설명할 수 있다.
3. IPTV와 영상 콘텐츠를 활용하여 수업을 설계할 수 있다.
4. IPTV와 영상 콘텐츠를 활용한 현장 적용 사례를 이해하고 적용할 수 있다.
5. IPTV와 영상 콘텐츠 활용 수업 시 주의점을 이해한다.

생각해 봅시다

"텔레비전에 내가 나왔으면 정말 좋겠네, 정말 좋겠네. ~~" ♬

유아들이 좋아하는 동요이다.

TV는 유아들에게 현실에 대한 이해와 상상력을 높이는 친근한 대중매체로 오랫동안 교육에 활용되어 왔다. 최근 TV는 다양한 채널, 사용자 중심의 쉬운 활용 방법, 다양한 영상 콘텐츠를 제공함으로써 수업을 더 즐겁게 할 뿐만 아니라 인공지능이나 증강현실 등을 결합하여 실제로 유아들이 TV 속 캐릭터와 함께하는 경험을 할 수 있을 만큼 변화하고 있다.

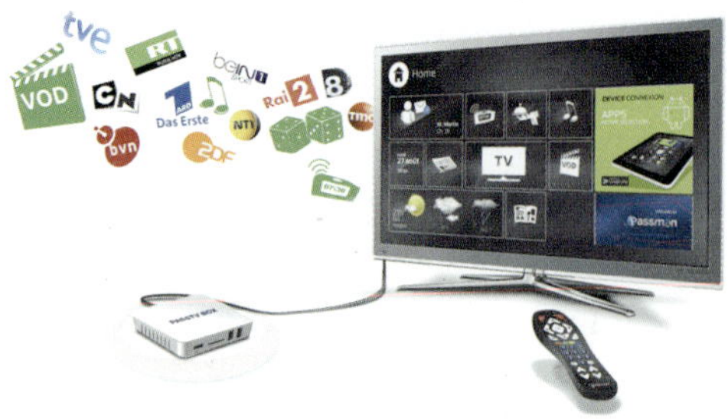

TV를 유아교육현장에서 보다 효과적으로 활용할 수 있는 방법을 생각해 보자.

-
-
-

01 교수매체로서 TV의 교육적 기능과 변화

1) TV의 교육적 기능

텔레비전(TV : Television)은 영상으로 제작된 시청각 정보를 TV 수상기를 통해 전달하는 매체이다. 1920년대 후반에 처음 등장한 TV는 신문, 라디오 등 기존의 매체와는 달리 문자, 소리, 영상의 복합적 정보를 다수의 사람에게 짧은 시간에 함축적으로 제공함으로써 획기적인 사회 변화를 가져 왔다. 특히, 텍스트가 아닌 영상을 통해 정보가 제공되기 때문에 문자해독이라는 물리적 장애를 극복하고 시청자의 지역, 연령, 지식과 경험의 수준에 구애받지 않는 본격적인 대중미디어의 시대를 열었다.

TV가 보편화되면서 'Television Child', 'Television Age'라는 용어가 등장할 만큼 TV는 어린이에게 막대한 영향력을 갖게 되었고, 중요한 성장 변인 및 교육적 환경 변인으로서 주목되었다. 1950년대부터 TV와 TV를 통해 전달되는 영상매체의 교육적 효과 탐색 및 활용 가능성에 대한 논의가 이루어졌고, 1960년대에는 TV의 교육적 활용을 위한 본격적인 연구가 시작되었다. 초기의 연구들은 반두라(Bandura, 1965)의 사회학습이론을 기초로 어린이가 TV와 시청각미디어를 통해서 새로운 지식과 행동을 학습한다는 것을 제시하였다(Almond, 1963). 이후 최근에 이르기까지 TV를 둘러싼 다양한 논의가 이루어지고 있으나 어린이의 학습에 대한 흥미와 상상력을 기르고 관찰과 행동 모방을 통해 친사회적인 행동을 학습하며, 긍정적 행동의 강화가 이루어진다는 연구결과가 다수 소개되고 있다(Anderson, Hutson, Schumitt, Linebarger, & Wright, 2001; Dorr, Graves, & Phelps, 1980; Forge & Phemister, 1987; Kirkorian, Wartella, & Anderson, 2008; 남명자, 1995; 홍연택, 1995). 그간 정보의 일방향성으로 인한 수동적 사고, 미디어 몰입 등에 대한 비판으로 TV는 '바보상자'라고 불리기도 하였으나 최근 인터넷과 같은 뉴 테크놀로지의 발전에 힘입어 가장 효과적이고 활용성이 높은 대표적인 에듀테인먼트(edutainment)[1] 교육매체로 교육의 여러 분야에서 활용되고 있다.

---

1) 에듀테인먼트(edutainment): 교육을 의미하는 에듀케이션(education)과 오락을 의미하는 엔터테인먼트(entertainment)의 합성어로 게임을 하듯 즐기면서 학습할 수 있도록 하는 교육 형태이다.

(1) TV의 교수매체적 특성

TV가 다른 교수매체와 구별되는 특성은 다음과 같다.

첫째, 다양한 시청각 자료, 즉 영화, 사진, 음악, 음향, 물체, 표본 등을 제한 없이 화면에 영상으로 제시함으로써 효과적인 정보 전달이 가능하다.

둘째, 방송을 통하여 세계 여러 나라에서 일어나는 사건과 현상을 교실에서 즉시 보고 들을 수 있는 현실성, 즉시성, 정확성을 갖고 있다.

셋째, 지역적으로 거리가 먼 지역의 불특정 다수에게 교육 프로그램을 전송할 수 있다.

넷째, 방송 내용은 인터넷에서 제공되는 UCC(User Created Contents)와는 달리 사전에 검토 · 검증되기 때문에 보다 객관적이고 정확하며, 공정성이 높다.

다섯째, 교육적이면서도 오락적인 기능을 갖고 있다.

유아교육에 있어서 주목되는 점은 TV를 통해 제공되는 시청각 영상들은 추상적인 언어 정보가 영상 이미지와 함께 제시되기 때문에 내용에 대한 이해가 높고, 유아가 의식적으로 노력을 하지 않아도 자연스러운 학습이 이루어지기 때문에 심리적으로 저항감 없이 주의와 호기심을 불러일으켜 학습에 대한 흥미를 유발할 수 있다(Range, Layton, & Roubinet, 1980)는 것이다. 이외에도 유아는 태어나면서부터 자연스럽게 TV를 접하고, 생활의 필수적인 도구로 받아들일 만큼 가정 및 교육기관에서 가장 쉽게 접할 수 있기 때문에 무엇보다 편리한 사용성으로 인하여 유아가 자발적으로 활용할 수 있는 매체라는 점도 주요한 특성이다.

방송매체 이용행태조사(방송통신위원회, 2020)에 따르면 우리나라의 취학 전(0~만 6세) 어린이가 TV 수상기를 이용하여 스스로 채널을 선택해 방송을 시청하는 비율은 88.1%로 전체 10명 중 9명에 해당한다. 또한, [그림 6-1]을 참고하면 방송을 시청하는 비율은 만 1~3세가 52.9%로 가장 많으며, 만 1세 미만의 유아도 5.3%에 해당한다. 이와 같이, 유아는 1~3세에 이미 의도적으로 TV를 시청하고, 선호하는 프로그램을 선정하며, 시청 경험과 시청 습관을 형성한다고 볼 수 있다.

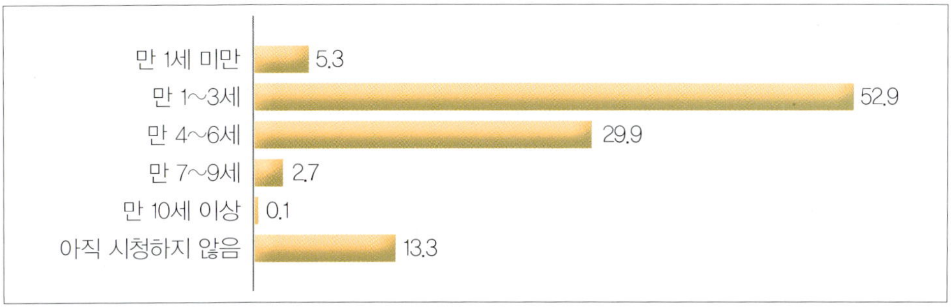

[그림 6-1] 유아의 TV 수상기 이용 시청 시작 시기 (단위: %)

출처: 정용찬 · 김윤화(2020).

(2) TV 유아 프로그램의 교육적 기능

TV 유아 프로그램이란 시청 대상의 연령특성과 성장 단계를 고려한 다양한 구성을 통해 취학 전 어린이들에게 필요한 교육적 내용을 다루는 프로그램이다. 사회과학자인 리버트, 닐과 데이비슨(Liebert, Neale, & Davidson, 1975)이 "유아는 TV의 출연자를 모델링하며 학습하는 학생이고 TV 프로그램은 교육"이라고 언급한 것과 같이 TV가 유아에게 미치는 영향은 TV의 하드웨어적인 특성과는 별개로 어떠한 프로그램을 유아에게 제공하느냐에 따라 효과가 달라질 수 있다. TV 프로그램의 질은 TV를 통한 교육의 질을 결정하는 핵심요소라 할 수 있다. 유아 프로그램이 유아교육 전반에 미치는 영향을 살펴보면 다음과 같다(권성호, 1990; 이선경, 1995; 정원식, 1988; Sander, Anderson, & Lorch, 1981).

첫째, 모방과 동일시를 통해 유아의 가치관과 문제해결 능력, 표현 방식의 습득에 큰 영향을 주는 사회화 기관의 역할을 한다.

둘째, 풍부하고 균형 잡힌 교육을 제공하는 유아교육기관의 역할을 한다.

셋째, 유아의 긍정적 행동을 자극하여 강화하는 기능을 한다.

넷째, 유아교육현장에서 유아교육의 질을 높이는 보완재로서의 역할을 한다.

이와 같은 기능을 갖는 TV 유아 프로그램(pre-schooler's program)은 문화적으로 소외되고 지역적으로 격리된 유아에게도 질 높은 교육을 받을 수 있는 기회를 제공하고 교육의 연계성을 유지하며, 지역별 특성의 차이에서 오는 편파성을 극복하는 데 많은 기여를 하고 있다.

우리나라의 유아 TV 프로그램은 1981년 EBS의 「TV 유치원」(딩동댕 유치원의 전신)으로부터 시작되었다. 이후 TV 유아 프로그램에 대한 사회적 요구에 따라 EBS Kids, KBS Kids뿐만 아니라 신기한 한글나라 TV, 재능방송 등 유아 전문 TV 채널이 등장하였고, 최근에는 대상, 연령, 내용, 컨셉트를 고려하여 애니메이션, 리얼리티, 생방송, 인형극 등 다양한 방식의 우수한 프로그램이 보급되고 있으므로 유치원의 연간 수업계획에 따라 적절하게 활용할 수 있게 되었다.

• TIP

유아 TV 프로그램의 효과성에 대한 관심은 1969년 미국 PBS에서 방영된 〈Sesame Street〉가 유아의 언어발달 및 사회적 기술을 배우는 데 긍정적이라는 것이 확인되면서 확대되었다. 이후 다양한 연구를 통해 유아가 접하는 최초의 학습으로서 TV 프로그램의 가치가 인식됨에 따라 본격적으로 교육전문가들이 유아 프로그램 개발에 참여하고 있으며, 〈Mr. Roger's Neighberhood〉, 〈Electronic Company〉, 〈Teletubbies〉 등과 같은 우수한 유아 프로그램이 개발 · 보급되고 있다.

해외의 웹 기반 & IPTV 어린이 교육콘텐츠의 동향

	영국 BBC가 제작하는 어린이 교육 방송 CBeebies 이 방송은 만 6세 이하 어린이를 위해 BBC가 제작하는 교육 전문 TV 채널이다. 2002년 2월에 개국했으며, 영국에서 지상파, 케이블 TV, IPTV, 디지털 위성 TV 등을 통해 방송되고 있다. Grown-ups, All CBeebies Characters, Fun and Games 등 아동과 부모가 가정에서 직접 수행할 수 있는 다양한 활동 프로그램, 교육자료, 상담을 제공하고 있다. (https://asia.cbeebies.com/)
	미국의 PBS Kids PBS Kids는 공영방송국에서 제작한 40여 개의 어린이 교육 방송 프로그램을 제공하고 있다. 각 프로그램마다 공식 웹사이트를 두고 애니메이션, 게임 등 다양한 유아 프로그램을 제공한다. 특히, 교사와 학부모를 위한 별도의 메뉴를 두어 유아를 위한 방송 프로그램이 교육적으로 활용될 수 있도록 지원하고 있다. (https://www.pbs.org/)

2) TV의 변화: 새로운 TV의 등장과 T-Learning

ICT 기술의 발달은 컴퓨터, 인터넷, 멀티미디어와 같은 새로운 미디어를 등장시켰고, TV 또한 새로운 변화를 맞게 되었다. TV기기는 고음질, 고화질, 대형화하였고, 학습자의 창의성 및 능동성을 향상하는 교육수단으로 TV와 영상매체를 적극적으로 활용하면서 TV는 단순히 교육내용을 전달하는 수단(learning from TV)이 아니라 학습도구(learning with TV)로 인식되고 있다. 특히, 인터넷 기술과 결합한 상호작용 TV(interactive TV)가 등장하면서 뉴미디어로서 TV의 교육적 가능성은 더욱 커졌으며, 이에 2000년대 초반부터 T-learning(Television Learning) 개념의 등장과 함께 디지털 TV를 어떻게 교육적으로 활용할 것인가에 대한 논의가 확대되고 있다(Kennard, 2000; Paivi Aarreniemi-Jokipelto, 2005; Pannee Suanpang, 2012). 이제 TV는 인터넷과 결합하면서 기존의 일방성, 일회성 등의 제한을 극복하고 디지털 TV, 인터넷 TV 등으로 불리며, 이전과 다른 기능과 역할로 전환하게 된 것이다. 특히, IPTV라는 새로운 TV의 등장으로 손쉬운 사용성과 유아에게 친숙한 캐릭터와 동영상을 통해 학습과 놀이를 동시에 해결할 수 있다는 점에서 기존의 TV와 다른 새로운 교육 서비스가 가능해졌다.

02 IPTV의 개념과 유아교육적 활용의 특성

1) IPTV의 개념과 기능

(1) IPTV의 개념: TV와 인터넷의 융합

IPTV(Internet Protocol Television)는 그 명칭 자체가 의미하는 바와 같이 인터넷 프로토콜을 사용하는 TV, 즉 TV 수상기를 사용하는 인터넷 서비스라 할 수 있다.

"IPTV란 IP망, 즉 초고속 인터넷을 통해 정보 서비스, 동영상 서비스 및 방송 등을 TV로 제공하는 서비스를 지칭하며, '시청'과 '편안함'이라는 TV의 사용자 경험을 그대로 유지하면서도 다양한 서비스와 접목할 수 있는 인터넷 기반의 서비스를 의미한다." (신재경, 2008)

"IPTV는 방송과 통신이 융합된 대표적인 디지털 컨버전스 매체로서 인터넷 프로토콜, 즉 초고속 인터넷망을 이용하여 일정한 서비스 품질이 보장된 각종 데이터, 텍스트, 그래픽, 비디오 및 오디오 같은 멀티미디어 콘텐츠를 방송 형태로 제공하는 상호작용적 텔레비전이다." (임정훈 외, 2009)

이와 같이, IPTV는 텍스트, 영상, 음성과 같은 각종 정보의 융합, 방송망과 통신망 같은 네트워크의 융합 그리고 TV라는 가전제품과 컴퓨터 통신 같은 기기의 융합을 종합적으로 상징하는 매체라 할 수 있다. IPTV와 인터넷 방송과의 차이점은 인터넷 방송의 경우는 컴퓨터 모니터로 방송을 시청하지만, IPTV는 TV 화면을 통해서 시청하고, 인터넷 방송이 키보드나 마우스를 이용하는 반면에 IPTV는 리모컨으로 이용을 한다는 점이다. 이와 같이, IPTV는 유아나 컴퓨터에 익숙하지 않은 사용자도 별도의 노력 없이 쉽게 이용할 수 있다는 것이 다른 매체와 구별되는 장점이다.

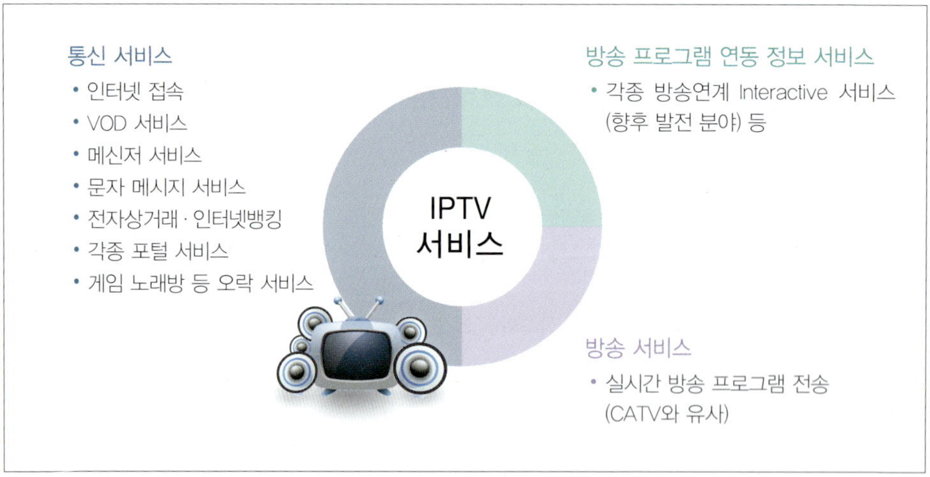

[그림 6-2] 대표적인 융합매체로서 IPTV

(2) IPTV의 기능

IPTV는 인터넷과 TV의 장점을 결합한 것으로 기존의 지상파 방송이나 유선 방송을 실시간으로 시청하던 것과 달리 방송 시간대에 얽매이지 않고 언제든 원하는 프로그램을 시청할 수 있는 주문형 비디오(VOD : Video on Demand) 및 양방향 서비스를 말한다. IPTV는 다채널, 고화질, 편리한 사용성, 보안성 외에 인터넷의 다양한 정보를 TV에 적합하게 재가공하여 방송 형식으로 제공하는 Walled Garden 서비스를 통해 기존 교육매체에 비해 콘텐츠의 품질이 보장 가능하고 유해 콘텐츠 차단 기능이 있어서 폭력물이나 음란물같이 유아와 청소년에게 해로운 콘텐츠 서비스를 차단할 수 있는 장점이 있다.

IPTV의 핵심 기능은 다음과 같이 3가지로 요약할 수 있다(Kennard, 2000).

첫째, 'Internet Protocol TV'로서의 IPTV이다. IPTV는 인터넷망을 통해 서비스가 제공되기 때문에 채널의 수를 무한대로 확장할 수 있으며, 기존의 인터넷을 통해 제공되는 모든 서비스는 TV를 통해 고화질로 시청할 수 있다.

둘째, 'Interactive Personal TV'로서의 IPTV이다. IPTV는 상호작용활동, 양방향 서비스 및 개별화된 맞춤형 서비스가 가능하다. 사용자는 리모컨, 키보드 및 다양한 입력장치를 이용하여 실시간 방송 중 검색 및 의견 입력, 양방향 화상회의, 채팅 서비스 등 다양한 상호작용을 할 수 있다.

셋째, 'Intelligent Program TV'로서의 IPTV이다. IPTV는 사용자의 선호도, 취향, 스타일 등에 맞춘 지능화된 서비스가 가능하다. 즉, 사용자의 요구에 따라 콘텐츠를 지능적으로 찾아서 보여 주거나 개개인의 이력 관리 및 학습 진행 과정의 체계적 분석 등을 통해 개개인의 요구에 부응하는 최적화된 프로그램을 제공할 수 있다.

〈표 6-1〉 TV 방송 서비스 유형 및 기능 비교

구분	TV	케이블/위성 TV	인터넷 TV	IPTV
단말기	TV	TV	컴퓨터	TV+셋톱박스
사용도구	리모컨	리모컨	키보드, 마우스	리모컨, 키보드, 모션 인식 리모컨(Wii)
서비스 유형	채널	채널	VOD, 양방향	채널, VOD, 양방향
화질	고화질/일반 화질	고화질/일반 화질	일반 화질	고화질/일반 화질
채널	채널 한계 (6~7개)	채널 한계	없음	다채널
교류방법	일방향	양방향	즉각적, 실시간 양방향	즉각적, 실시간 양방향
활용방법	보조자료	보조자료/직접수업	구성주의적 수업 개별학습 프로그램 학습	구성주의적 수업 개별학습 프로그램 학습
정보 보안성	강	강	약	강
유해 콘텐츠 차단	강	강	약	강

출처: 이성흠 외(2013) 재구성.

2) IPTV의 교육매체적 특징

IPTV의 특성은 교육적으로 활용될 때 더욱 다양한 유용성이 발휘되는데 이는 다음과 같이 정리할 수 있다.

(1) 다채널, 세분화된 방송용 동영상 콘텐츠의 풍부한 학습자료 제공

교육적 목적으로 채널을 무한대로 확장할 수 있으며, 학습자에 따라 다양하면서도 세분화된 동영상 콘텐츠를 제공할 수 있다.

- 실시간 방송 프로그램(채널)
  - 지상파(EBS 등), 케이블 TV 등에서 제공하고 있는 비디오/오디오 채널을 실시간으로 시청할 수 있다.

- VOD(Video on Demand, 다시보기)
  - 방송, 영화 및 애니메이션, 다큐멘터리, 교육 등의 콘텐츠를 원하는 시간에 선택하여 시청할 수 있다.
  - 수업목표에 맞게 제작된 2~5분 분량의 클립영상을 활용할 수 있다.
  - 방과 후 학습 및 가정 연계 콘텐츠를 활용할 수 있다.

EBS의 〈딩동댕 유치원〉 화면

BBC의 〈CBeebies〉 화면

PBS의 〈Sesame Street〉 화면

(2) 고화질 · 고선명성 · 고음질 기반의 멀티미디어 콘텐츠 활용 가능

- 멀티미디어 콘텐츠의 교육적 장점은 실제와 유사한 생생한 현장감, 생동감이다. 이러한 요소들은 학습자의 흥미와 동기를 유발시킴으로써 교육목표 달성에 긍정적 영향을 미친다.
- IPTV는 컴퓨터가 제공해 온 기존 콘텐츠들에 비해 훨씬 더 선명하고 생동감 넘치는 화면과 음향을 제공함으로써 학습에 대한 몰입감을 높일 수 있다.

(3) 수준별 · 맞춤형 교육 서비스 제공

- 다양한 채널을 통한 학습자 개개인에게 적합한 여러 가지 유형의 콘텐츠를 제공할 수 있다.

(4) 상호작용성과 양방향 서비스 제공

- IPTV는 기존의 TV가 갖지 못한 다양한 형태의 상호작용과 커뮤니케이션이 가능하며, 영상 시청 중 관련 사항을 검색할 수 있다.
- IPTV의 상호작용적 특성은 유아가 수동적 정보 수용의 위치에서 벗어나 스스로 적극적으로 참여하는 활동을 제공한다는 장점이 있다.

(5) 지능형 · 실감형 · 이동형 서비스 제공

- 학습이력 추적을 통한 개별화된 학습관리가 가능하다.
- 인공지능 기술 또는 증강현실 기술을 접목한 쌍방향 서비스를 통해 학습자가 실제와 유사한 경험을 할 수 있도록 한다.
- 인터넷에서 제공하는 교육용 앱을 사용할 수 있다.

[그림 6-3] 가상현실(VR) 기술을 IPTV에 접목한 쌍방향 놀이학습 서비스의 예

(6) 교수매체와의 연동성

- IPTV와 컴퓨터, 전자칠판 등 학습기자재와 연동해서 사용할 수 있다.

(7) 편리한 수업 운영

- 제공되는 콘텐츠뿐만 아니라 교사가 보유하고 있는 동영상, 이미지, 문서 등 다양한 형식의 파일 활용이 가능하다.
- 활동 주제와 관련된 현장감 있고 흥미 있는 동영상을 제공함으로써 동기 유발 및 흥미를 유발하는 데 효과적이다.
- 설명 중인 영상의 중요한 장면은 순간 멈춤 기능을 이용할 수 있고, 불필요하거나 지루한 영상은 뛰어넘기를 할 수 있다.
- 필요한 경우 북마킹[2] 기능이나 반복 시청 기능을 통해 내용의 심화나 중요한 내용을 반복하여 시청할 수 있다.

이상에서 살펴본 바와 같이 IPTV는 교육현장에서 유아 개개인의 발달 수준에 적합한 개별화된 콘텐츠를 제공하고 유아의 흥미와 동기를 유발함으로써 학습에 대한 몰입과 참여도를 증진시키는 것과 동시에 교사와 유아, 유아와 유아 간의 다양한 형태의 상호작용 활동을 촉진시킬 수 있기 때문에 기존의 컴퓨터 기반 ICT 도구들과는 다른 방법으로 유용하게 활용될 수 있다.

---

2) 북마킹: 동영상 콘텐츠 중 필요한 부분만을 구간 선택하여 사용하는 기능

03 IPTV와 영상 콘텐츠를 활용한 수업 설계

1) 수업을 위한 준비

교실에서 IPTV를 활용하기 위해서는 TV 수상기, 리모컨, 셋톱박스를 마련해야 하며, IPTV 서비스 신청 후 TV와 셋톱박스를 연결하면 쉽게 활용할 수 있다.

(1) TV 수상기

- 기존의 TV를 이용할 수 있다.
- 교육현장의 상황을 고려하여 프로젝션 TV나 PDP(벽걸이 TV) 등이 사용된다.

(2) 리모컨

- TV는 비교적 작동이 쉬운 버튼 배치를 하고 있으므로 기존 TV와 동일한 방법으로 사용하면 된다.

(3) 셋톱박스(Set-Top Box)

- TV에 연결되어, 외부에서 들어오는 신호를 받아 적절히 변환하여 TV로 그 내용을 표시해 주는 장치로 교실에 보급된 PC에 연결하여 IPTV를 직접 이용할 수 있다(서비스 가입 후 간단한 인증을 거치면 사용 가능).

TV 수상기 리모컨 셋톱박스

[그림 6-4] IPTV의 구성

2) 수업을 위한 IPTV의 주요 기능

수업을 보다 효과적으로 운영하기 위해서는 IPTV의 특성 및 기능을 명확하게 이해하고 수업 시간에 능숙하게 사용할 수 있도록 사전에 기능을 충분히 연습해야 한다. IPTV의 기능을 살펴보면 다음과 같다.

(1) 영상 콘텐츠 검색 기능

- IPTV의 검색창과 메뉴를 활용한 콘텐츠 검색
- PC와 연결된 콘텐츠 검색
- 음성인식 활용 콘텐츠 semantic 검색

(2) 편의 기능

- 화면/동영상 캡처 및 저장
- 영어/우리말 자막 선택
- 미세배속 기능
- 구간 반복
- 분류 및 즐겨찾기
- 수업용 애플리케이션의 다양한 도구 기능

(3) 양방향 기능

- 화면 속 인물과 대화하기 및 화면 속 활동에 참여하기
- 웹 카메라를 이용한 화상회의
- 인터넷 커뮤니티(전문가 교류)

(4) 학습관리 기능

- 사용이력 관리
- 맞춤형 콘텐츠 제공

3) IPTV 교육용 영상 콘텐츠

(1) IPTV 교육용 영상 콘텐츠의 개념

IPTV 교육용 영상 콘텐츠란 IPTV를 통해 제공되는 영화, 애니메이션, 다큐멘터리, TV 방송 프로그램, 비디오, 광고, 게임 등과 같이 영상을 통해 문자와 소리, 이미지의 복합적 메시지를 전달하는 도구를 의미한다. 영상 콘텐츠는 오락적 기능뿐만 아니라 지식이나 정보를 전달하는 교육매체로서 유아의 지적 · 정서적 · 사고력 계발에 효과적인 교수매체가 될 수 있다. 현재 EBS Kids를 비롯한 여러 유아 전문 TV를 통해 제공되는 영상 콘텐츠들은 유아교육과정과 연계한 학습 프로그램을 비롯하여 책 읽어 주는 TV, 국내외 애니메이션, 소리동화, 곤충 및 동물을 3D로 보여 주거나 증강현실을 활용한 참여형 프로그램 등 디지털 학습 환경에 적합한 콘텐츠가 개발되어 보급되고 있다.

(2) 영상 콘텐츠의 교육적 활용 효과성

유아교육에서 영상 콘텐츠의 활용은 교사의 입장에서 교육적으로 전달하고자 하는 정보를 쉽고 빠르게 전달할 수 있으며, 시공간의 제약에서 벗어난 활발한 수업 운영과 교사 자신의 배경지식이나 새로운 아이디어 습득을 위한 도움자료의 기능을 한다. 또한, 시각적 · 청각적 정보를 동시에 제공할 수 있는 매체적 특성은 문자나 문장을 활용하기 어려운 유아에게 복잡한 개념을 시각적 정보로 바꾸어 전달할 수 있고 현실에서 직접 경험하지 못하는 것과 궁금해하는 것을 자세한 시청각 자료를 통해 체험할 수 있게 해 준다는 면에서 긍정적인 측면이 많다. 교수 · 학습매체로서 영상 콘텐츠 활용의 효과성을 살펴보면 다음과 같다.

① 기억의 지속

- 영상매체의 시청각적 자극은 학습 내용을 오랫동안 기억하게 하는 효과가 있다.

② 이해의 용이성

– 시각적 언어와 청각적 언어, 문자적 언어가 결합되어 유아에게 전하려는 메시지를 보다 쉽게 전달해 준다.

③ 사고력 증진

– 사실이나 원리, 개념을 발견하고 스스로 의문점을 찾으며, 문제해결을 위한 사고 과정을 통해 사고력을 향상할 수 있다.

④ 가치판단 능력 향상

– 영상 콘텐츠에 포함된 문제 상황에 감정을 이입하고 동일시함으로써 가치 판단의 기회를 경험할 수 있다.

⑤ 경험의 확대

– 영화, 비디오, TV 프로그램 등의 영상 콘텐츠는 유아가 일상에서 체험하기 어렵거나 다른 방법으로는 배울 수 없는 지식과 사회적 개념을 학습할 수 있도록 돕는다.

– 추상적이고 직접 경험하기 어려운 상황을 간접적으로 경험함으로써 경험의 폭을 넓힐 수 있다.

(3) 영상 콘텐츠의 활용 방법

IPTV를 통해 제공되는 영상 콘텐츠는 영화나 기존 TV 프로그램이 갖는 일회성 및 동시성과 달리 반복적 재생과 속도의 조절을 통해 효과적인 학습을 진행할 수 있다는 장점이 있다. 영상 콘텐츠를 수업에 활용하는 방법은 다음과 같다.

❶ 활용 방법에 따른 분류

- 수업 활용: 수업 시간 중에 활용
- 수업 외 활용: 아침, 점심, 방과 후 활용, 가정 연계 활동에 활용

❷ 접근 방법에 따른 분류

- 경험 확대적 접근: 교사가 일정 수업을 제공한 후 더 많은 정보와 지식을 제

공하거나 이미 학습한 내용을 심화하기 위해 활용
- 학습자료로 이용: 교사 중심의 학습 활동 중 학습 보조자료로 이용하는 것으로 학습 내용 전달뿐만 아니라 호기심 유발을 위해 활용
- 직접 교수에 이용: 방송 프로그램을 수업과정의 일부로 활용

❸ 활용 시기에 따른 분류

- 수업 전반부: 주의 집중, 동기 유발, 학습목표 인식에 활용
- 수업 중반부: 내용 전달 및 이해 정도 확인에 활용
- 수업 후반부: 학습목표 달성 확인, 결론 도출, 학습심화에 활용

(4) 교육과정과 연계 가능한 EBS 콘텐츠

EBS의 유아교육 콘텐츠는 각 콘텐츠별 대상 연령, 내용, 콘셉트를 고려하여 애니메이션, 리얼리티, 생방송, 뮤지컬, 인형극 등 다양한 방식으로 제작되고 있다. 이들 콘텐츠는 실생활중심, 놀이중심 등의 특성과 유아의 신체 · 인지 · 언어 · 정서 · 사회성 등 다양한 발달영역을 고려하는 한편 유아의 흥미를 유발할 수 있는 요소를 반영한다. 또한, 최근 EBS에서 제공하는 일부 콘텐츠는 누리과정을 반영하여 제작하고 있으므로 유아교육기관의 연간 교육과정과 연계하여 활용할 수 있다.

교육영역	EBS 콘텐츠
종합	딩동댕 유치원 / 모여라 딩동댕 / 방귀대장 뿡뿡이 / 곰디와 친구들
언어	한글이 야호 / 한글 친구 아라차 / 속담이 야호 / 마법 천자문
수학	수학이 야호
사회관계	뽀롱뽀롱 뽀로로 / 두다다쿵 / 로보카 폴리 / 토닥토닥 마음아
자연탐구	통통가족 / 최고다! 호기심 딱지 / 숲속 수사대 명탐정 피트
예술경험	요술 상자 / 코코코 다코 / 원더볼즈 / 와글와글 미술관
신체건강	튼튼 쑥쑥 얄라차 / 춤추는 곰 콩야
역사	역사가 술술
안전한 놀이와 생활	번개맨 안전 캠페인 / 우당탕탕 아이쿠
방과 후 과정	꼬마 요리사 / 빵빵 요리 버스

출처: EBS Kids(http://www.ebs.co.kr/kids).

수업에 활용하기 좋은 영상 콘텐츠

- EBS 클립뱅크(https://www.youtube.com/c/EBSClipbank)
  - EBS에서 제작 및 서비스, 운영하고 있는 교육용 디지털 콘텐츠로 다큐멘터리, 다문화, 음악 등에 대한 방대한 자료를 교육적으로 활용할 수 있도록 짧은 영상클립을 제공
  - 누리과정의 5개 영역인 신체운동-건강, 의사소통, 사회관계, 예술경험, 자연탐구 등을 반영하여 구성되어 있음
- EBS 누리샘(https://www.ebsnurisam.com/main)
  - EBS 유아교육 교수 · 학습 지원 서비스
  - 유아교육과정에 맞춘 교육계획안, 멀티미디어 자료, 교육 프로그램을 제공
- EBS English(http://www.ebse.co.kr)
  - 유아에서부터 성인에 이르기까지 영어 학습에 도움이 되는 다양한 영어 콘텐츠를 제공
- 국립중앙박물관의 어린이박물관 인터넷 사이트(http://www.museum.go.kr)
  - 국립중앙박물관의 보유 자원을 이용한 다양한 클립자료가 서비스되고 있으므로 견학 시 사전/사후학습을 위한 자료로 활용할 수 있음

(5) 영상 콘텐츠 활용 수업 모형

영상 콘텐츠 활용 수업이란 수업을 진행해 나갈 때 유아의 사고 촉진 및 동기 유발, 유아의 다양한 사고의 원동력이 될 수 있도록 영상을 활용하는 것으로 생각 나누기와 같은 언어 활동, 그림, 동극, 토론, 창작 활동, 만들기, 브레인스토밍 등의 다양한 사후 활동을 통해 유아의 사고 확장에 도움을 주는 수업을 말한다. 영상 콘텐츠를 활용한 수업 모형은 다음과 같이 3가지 유형으로 나누어 볼 수 있다(교육과학기술부, 2010).

- 모형 1: 사전활동으로 영상 콘텐츠 활용

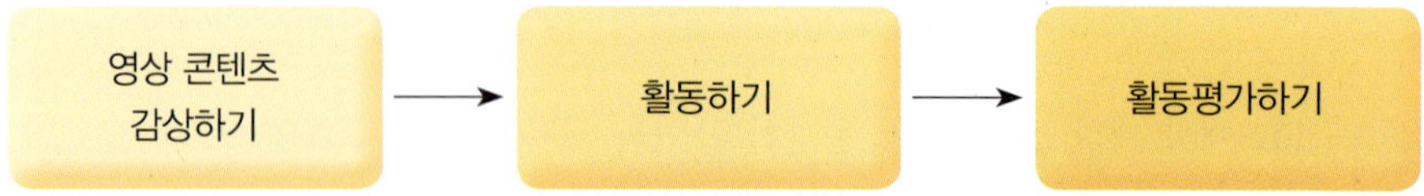

영상 콘텐츠를 먼저 감상하고 차시 활동과 관련된 주제에 대해 언어, 신체, 조형 활동, 글쓰기, 이야기 나누기, 토론 및 토의 활동, 창의, 동작활동, 음악활동을 전개할 수 있다.

- 모형 2: 본 활동에서 영상 콘텐츠 활용

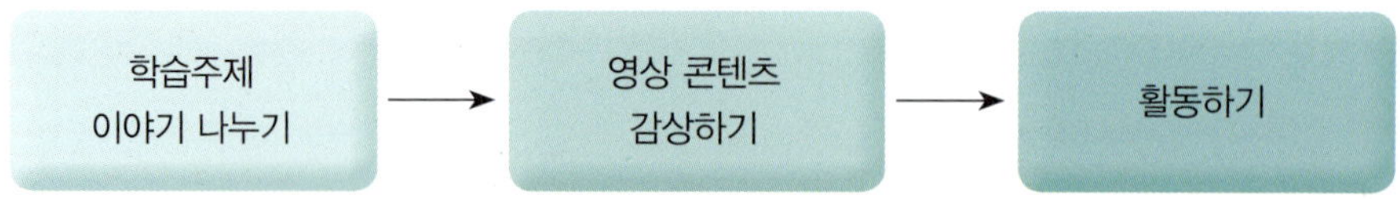

활동을 전개하는 데 있어서 보다 생생한 정보와 내용을 영상 콘텐츠를 통해 얻을 수 있다. 학습 활동 중 교사는 활발한 토론이나 체험, 탐구과정에서 표출되는 다양한 아이디어를 수용하고 적극적인 활동 분위기를 이끌도록 해야 한다.

- 모형 3: 활동 후 심화를 위한 확장 활동으로 영상 콘텐츠 활용

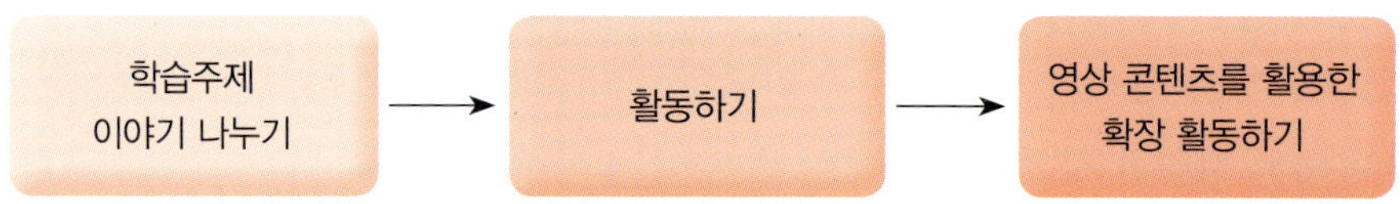

본 학습을 수행한 후 습득된 개념과 내용을 더 확장시키고 심도 깊은 통합적 활동으로의 연계를 위해 영상 콘텐츠를 활용할 수 있다.

04 IPTV와 영상 콘텐츠의 현장 적용 사례

1) 다큐멘터리를 활용한 환경 수업

활동주제	북극에 사는 친구가 얼음이 녹아 힘들대요.
활동목표	• 환경오염과 북극의 얼음이 녹는 이유를 말할 수 있다. • 환경오염으로 인한 북극 동물의 생활을 말할 수 있다. • 새로운 매체를 사용하여 자신의 생각을 표현할 수 있다.
영상자료	1. 방송 VOD EBS 〈딩동댕 유치원〉 : 자꾸만 얼음이 녹아서 힘들다는 "북극곰"에 대해 생각해 볼까? 2. 방송 VOD 다큐멘터리 : 북극 환경 영상 다큐멘터리 〈위기의 북극곰〉
영상내용	• EBS 〈딩동댕 유치원〉 : 빙산이 녹아 북극곰의 먹이 활동이 곤란한 이유가 환경오염과 자원의 낭비에서 비롯됨을 소개하는 내용 • 다큐멘터리 〈위기의 북극곰〉 : 북극 환경오염과 북극곰의 먹이 활동을 사실적으로 제시  
사전활동	• 북극곰의 모습과 움직임을 다큐멘터리 영상을 통해 보여 준다. T: 여기가 어디일까? T: 여기에는 누가 살고 있을까? T: 북극곰에게 무슨 일이 생긴걸까? (IPTV의 영상 정지 기능을 사용하여 영상 제시와 설명을 함께 진행하여 유아의 주의 집중과 흥미를 유발한다.)
영상매체 감상	• 방송 VOD EBS 〈딩동댕 유치원〉 다시보기

<table>
<tr><td>본활동</td><td>• 영상의 내용을 회상하고 이야기 나누기
T: 북극곰이 왜 배가 고프게 되었을까?
T: 북극의 얼음이 왜 녹게 되었을까?
T: 영상에 나온 친구들은 북극곰을 위해 어떤 약속을 했지?
T: 북극 동물들을 위해 우리가 어떤 약속을 할 수 있을까?
(영상에서 소개된 것과 같이 환경을 보호하는 활동을 회상하게 한다.)</td></tr>
<tr><td>확장활동</td><td>• 약속하기 캠페인 영상 만들기
: 유아들이 북극의 동물을 돕기 위한 생각을 그림이나 글로 표현할 수 있도록 한다.
T: 북극에 사는 동물들의 마음은 어떨까?
T: 북극에 사는 동물들에게 어떤 말을 해 주고 싶니?
: 유아들이 작성한 글이나 그림을 발표하게 하고 촬영하여 〈약속하기 캠페인〉 영상 비디오를 제작하고 함께 감상한다.</td></tr>
<tr><td>활동의 유의점</td><td>• 유아에게 직접적인 메시지를 전달할 수 있는 영상을 선정한다.
• 유아가 자신의 느낌과 생각을 표현할 수 있도록 충분한 시간을 제공하고 격려한다.</td></tr>
<tr><td>가정연계활동</td><td>• 환경오염에 관한 영상 콘텐츠 목록을 가정에 안내하여 학부모와 함께 TV를 시청하여 환경문제를 인식하고 일상생활에서 개선하도록 지도한다.</td></tr>
</table>

2) 영상동화와 연주 영상을 활용한 예술경험 수업

활동주제	쉿, 귀를 기울여 보자!
활동목표	• 프로코피예프의 「피터와 늑대」를 듣고 감상하여 표현해 볼 수 있다. – 여러 악기의 음색과 음높이를 탐색하고 비교한다. – 악기의 음색과 어울리는 동물을 생각해 본다. – 동화에 등장하는 동물의 특징에 어울리는 동작을 만들어 본다.
영상자료	• 프로코피예프의 「피터와 늑대」 – Youtube 영상동화 – Youtube 연주 실황 영상  
영상내용	• 등장인물의 성격이나 이야기의 장면을 특정한 악기의 음색과 빠르기 등을 이용해 묘사하였다. – 명랑한 피터: 바이올린 – 무서운 늑대: 호른 – 사냥꾼: 팀파니 – 새의 소리: 플루트 등 – 위엄 있는 할아버지: 바순 – 뒤뚱거리는 오리: 오보에 – 총소리: 큰북
사전활동	• 동물의 다양한 소리를 흉내 내게 한다. • 상황에 따른 이미지를 소리로 흉내 내게 한다(즐거움, 무서움, 놀라움 등).
영상매체 감상	• 영상매체 감상하기
본활동	• 영상 감상에 대한 이야기 나누기 • 영상에 등장한 상황과 소리에 대한 이야기 나누기 • 다양한 소리 표현해 보기 • 다양한 소리에 따른 동물의 동작을 표현해 보기
확장활동	• 「피터와 늑대」 줄거리를 이용하여 음악극을 해 본다. • 여러 가지 악기 소리를 생활의 소리로 인식해 본다.
활동의 유의점	• 음악의 배경지식보다 감상에 초점을 두어 음악적 감수성을 키우는 데 목표를 두어 지도한다. • 유아가 일상생활 속에서 들어 본 경험을 발표할 수 있도록 한다. • 영상에 집중하도록 지도한다.
활동지	• 「피터와 늑대」를 듣고 가장 인상적인 장면 그려 보기

3) 뉴스와 영상클립을 활용한 안전교육

활동주제	길에서는 조심해야 해!
활동목표	• 교통사고의 위험에 대해 안다. • 안전한 보행 방법을 안다. • 차도와 인접한 도로에서 안전하게 보행하는 습관을 기른다.
영상자료	• 방송 VOD: EBS 교육 뉴스 '학교 주변 교통사고 발생' • 방송 VOD: EBS 〈우당탕탕 아이쿠〉 – '횡단보도 건널 때의 안전수칙' • EBS 영상클립: 학교 주변에서 일어날 수 있는 안전사고의 종류와 예방법  
사전활동	• 방송 VOD EBS 〈우당탕탕 아이쿠〉와 영상클립을 제시 • 학교 주변에서 발생할 수 있는 사고에 대해 문제 상황으로 구성하여 편집된 영상을 보여 준다. • 안전수칙을 지키지 않으면 어떤 일이 일어나는지 이야기 나눈다.
영상매체 감상	• 교통사고 관련 뉴스를 시청한다(유아가 뉴스 내용을 이해하도록 IPTV의 반복 기능을 이용하여 영상을 제시한다).
본 활동	• 뉴스에서 제시된 내용을 회상한다. T: 뉴스에서 어떤 일이 일어났니? T: 왜 그런 일이 발생했다고 생각하니? • 일상에서 발생할 수 있는 위험한 상황에 대해 이야기 나눈다. T: 길을 다닐 때 위험했던 경험을 이야기해 볼까? T: 위험한 일을 보거나 경험했을 때 기분이 어땠니? T: 위험한 일을 겪지 않으려면 어떻게 해야 할까? • 횡단보도나 골목길 안전 수칙을 영상클립 화면을 제시하며 설명한다.
확장활동	• 조별로 도로에서 발생할 수 있는 위험 상황에 대한 뉴스를 작성한다. • 유아가 기자가 되어 뉴스를 전달하는 역할극을 한다.
활동의 유의점	• 유아들에게 경각심을 줄 수 있는 뉴스와 애니메이션을 선정하고 안전 수칙을 일상생활에서 적용할 수 있도록 지도한다.
가정연계활동	• 교통안전에 관한 영상 콘텐츠 목록을 가정에 안내하여 학부모와 함께 TV를 시청하고 이야기 나누도록 하여 보행 일상생활에서 개선하도록 지도한다.

■ IPTV와 영상 콘텐츠 활용 수업 후 활동지 양식

<table>
<tr><th colspan="2">○○○를 보고</th></tr>
<tr><td colspan="2">○○ 유치원 ○○ 반 이름:</td></tr>
<tr><td>제목</td><td></td></tr>
<tr><td>시청 일시</td><td></td></tr>
<tr><td>장소</td><td></td></tr>
<tr><td>함께 본 사람</td><td>선생님( ), 친구( ), 가족( ), 그 밖의 사람( )</td></tr>
<tr><td>내용</td><td></td></tr>
<tr><td>느낀점</td><td></td></tr>
<tr><td>나의 각오</td><td></td></tr>
</table>

05 IPTV와 영상 콘텐츠 활용 수업 시 유의점

영상 콘텐츠를 수업에 활용하고자 한다면 교사는 자료의 선택에서부터 효과적인 프로그램 사용에 이르기까지 전 과정에 신중해야 하며, 지도방법 또한 사전에 세심한 주의를 기울여야 한다. 특히, 영상 콘텐츠 활용 교육은 설명 위주의 주입식 교육방법이 아니라 유아가 흥미를 가지고 학습 활동에 참여할 수 있도록 유아의 수준에 적합한 다양한 활동이 이루어져야 한다.

1) 수업 전

(1) IPTV 측면

- IPTV의 매체적 특성을 이해하고 교수학습의 목표에 따라 적절하게 사용하는 것이 중요하다.
- IPTV에서 제공하는 리모콘의 기본 조작 방법을 충분히 익힌다.
- 기계에 결함이 없는지 점검한다.

(2) 콘텐츠 측면

- 수업목표에 따라 신중히 콘텐츠를 결정한다.
- 학습 내용과 관련하여 사전에 내용의 정확성, 적절성, 윤리성 등을 점검하고 유아들이 주의 깊게 보아야 할 부분을 확인한다.
- 국외에서 제작된 영화나 애니메이션, 영상 콘텐츠는 우리나라와 다른 사회 문화적 배경과 특수성을 반영하므로 유아에게 편견이나 잘못된 가치관을 심어줄 수 있다. 교사는 자료를 신중히 선정하고 유아가 혼돈을 일으키지 않도록 학습 활동의 사전 또는 사후에 적절한 안내를 제공해야 한다.

(3) 학습 환경 측면

- TV는 유아의 눈높이에 맞게 설치되어야 한다.
- 유아의 안전을 고려한 영상기기의 설치 장소는 유아교육기관별로 다소 차이는 있으나 대체로 전기 이용, 빛 반사, 자기장, 물과 먼지, 소음 등을 고려해야 한다.

2) 수업 중

- 영상 콘텐츠를 시청할 때의 바른 자세에 대해 유아와 이야기 나눈다.
- 영상 콘텐츠를 시청하는 중에 교사는 유아가 내용에 집중할 수 있도록 하고, 내용 이해 정도를 파악하기 위한 질문을 하거나 주제와 관련된 경험을 유아가 자유롭게 이야기할 수 있는 허용적인 분위기를 만든다.
- 영상 콘텐츠를 통해 제시되는 메시지에 대해 유아들이 수동적인 입장에서 받아들이지 않고 자신의 입장에서 다시 생각하며 선별적으로 받아들일 수 있도록 해야 한다.
- 영상자료의 내용을 확장할 수 있는 활동을 연계하여 계획한다.
- 설명 중인 영상을 순간 멈춤, 뛰어 넘기, 반복 시청 기능을 이용하여 효과적으로 수업이 진행될 수 있도록 한다.

3) 수업 후

- 교수 · 학습과정 평가, 교수매체 평가를 실시한다.
- 학습 활동과 함께 체크 리스트를 활용하여 교수목표에 적합하였는지, 제시방법이 적절하였는지를 점검한다.

TV는 유아에게 매우 매력적인 매체이다. 따라서 유아가 잘못된 시청 습관을 들이거나 매체에 과몰입하지 않도록 지도해야 한다.

〈표 6-2〉 3~6세를 대상으로 한 영화, 비디오, TV 프로그램의 적절성 평가 기준

범주	평가항목
주제의 적절성	1. 타인에 대한 배려하기
	2. 긍정적 문제해결하기
	3. 연령에 적절하고 흥미를 주는 주제
	4. 유아가 최소한 75% 정도 내용 이해
제작의 우수성	1. 시각적 아름다움 주기
	2. 음악적 아름다움 주기
	3. 양질의 애니메이션이 갖는 특수효과
	4. 전체적 조화로 인한 긍정적 영향
비폭력성	1. 폭력을 사용한 문제해결 여부
	2. 약한 친구 놀리기
	3. 우연한 사고 장면을 농담의 뜻으로 사용하기
	4. 조롱/비난하기
언어-역할 모델의 적절성	1. 등장인물이 욕이나 악담하기
	2. 바람직하지 않은 역할모델 제시하기
	3. 빈정대거나 경멸하는 대화 사용하기
	4. 유아에게 적절치 못한 문법 사용하기
반편견에 대한 적절성	1. 성별에 대한 편견
	2. 장애인에 대한 편견
	3. 인종에 대한 편견
	4. 노인에 대한 편견

출처: Truxal(1994).

마무리 활동

1. IPTV와 영상 콘텐츠 교육 현장에서 활용할 때 발생할 수 있는 어려움은 무엇이 있는지 토의해 봅시다.
2. IPTV와 영상 콘텐츠를 효과적으로 활용하기 위해 유아교사가 갖추어야 하는 역량은 무엇이 있는지 토의해 봅시다.

Chapter 07 e-book 활용

쉿~! 이건 그냥 그림책이 아니야.

그럼?

움직이는 그림책이지~!

정말?

그림이 움직여?

「해리포터」 예언자 신문

출처: 네이버 영화.

「해리포터」를 본 사람이라면 신문 속에서 사람이나 동물들이 움직이는 것을 보고 신기해 했던 경험이 있을 것이다. 이제 움직이는 신문은 더 이상 「해리포터」의 마법 속에만 머물지 않을 것으로 보인다. 전자책 기술의 발달로 인하여 이미 움직이는 신문은 개발되었고 곧 상용화 될 것으로 기대된다.

학습목표

1. e-book의 출현 배경 및 개념을 이해한다.
2. 교수 · 학습매체로서 e-book의 특성을 이해한다.
3. e-book을 유아교육현장에 활용할 수 있다.
4. e-book을 유아교육현장에 적용 시 유의점을 파악한다.

생각해 봅시다

우리 머리 속에 책을 떠올려 보자. 책을 연상했을 때 떠오르는 재료는 종이일 것이다. 역사 속에서 책의 재료로 파피루스, 양피지 등과 같이 다양한 재료가 사용되어 왔으나 종이 가격의 문제 해결, 휴대의 용이성으로 인해 종이가 최종적으로 선택되어 사용되었다. 또 책의 인쇄도 개인적인 필사 작업에서 목판 인쇄술, 그리고 금속활자의 발명으로 이어지며 책의 대중화에 기여하게 되었다. 요약해 보면, 이제까지 책은 휴대의 용이함과 대중화의 방향으로 발전되어 왔음을 알 수 있다. 그렇다면 앞으로의 책의 발전 방향은 무엇에 중점을 두고 발전할 것 같은지 생각해 보자.

1. 먼저 책의 발전 방향을 제시할 수 있는 키워드 2개를 생각해 보고 그 이유를 이야기해 보자.

[발전 방향의 키워드]

예 커스터마이징(customizing): 대중화보다는 개인의 요구와 관심사에 맞는 책으로 발전할 것 같다.

1)

2)

2. 미래사회 책의 모습은 현재의 책의 모습과 같을까? 자신이 생각하는 미래 책의 모습을 그려 보자.

01 e-book의 배경 및 개념

1) e-book의 출현 배경

e-book은 문자나 화상과 같은 정보를 전자매체에 기록하여 서적처럼 이용할 수 있는 디지털 도서를 총칭하는 것이다. 일반적으로 전자책(digital book)이라고 부르며, 파피루스, 중세의 필사본 그리고 종이책 이후의 제4의 매체라고 할 수 있다(Bolter, 1992).

책의 혁명을 위해 문자를 디지털 형태로 저장하여 열람하는 기술에 대한 연구가 꾸준하게 이루어져 왔으며, 1980년대에는 브리태니커 백과사전 등이 씨디롬(CD-ROM)의 형태로 만들어지기도 하였으나 실질적으로 대중화가 된 것은 PDA(Personal Digital Assistant)부터이다. e-book은 컴퓨터의 보급, 정보통신 기술의 발전으로 인해 더욱 확산되어 보급되었으며, 온라인상에서의 정보기술의 발달은 디지털 출판 부문의 시장 형성을 위한 토대를 제공하였다.

PDA(Personal Digital Assistant)란?

세계 최초의 PDA, 뉴턴

무선통신과 정보 처리 기능을 결합한 휴대 단말기로 개인정보 처리기 또는 개인 휴대 통신 단말기라고도 한다. 최초의 PDA 제품은 애플사에서 개발한 뉴턴(Newton)이며, 국내에서도 1996년 하반기부터 발매되었다.

e-book의 확산은 출판사 입장에서는 제작비와 유통비를 절약하고, 업데이트를 쉽게 할 수 있는 장점이 있으며, 소비자 입장에서는 비용이 경제적이고 선택적 소비가 가능하다는 점을 고려할 때 당연한 결과라고 할 수 있다.

이러한 추세에 따라 유아를 대상으로 하는 동화책도 e-book의 형태가 증가하게 되었다. 유아용 e-book의 경우 가정에 컴퓨터가 급속하게 보급되고 동화를 볼 수 있는 인터넷 사이트 개발이 늘어가며 더욱 증가할 추세이다.

한편, 유아교육계에서는 유아에게 e-book을 사용하는 것에 대해 찬반양론이 첨예하게 대립하고 있다. 유아에게 e-book 사용을 반대하는 입장으로는 유아가 e-book에 익숙해지면 인쇄매체로부터 멀어질 수 있을 뿐만 아니라 미디어 중독 현상도 야기될 수 있다는 것에 대한 우려가 가장 큰 것으로 나타났다(서정숙 · 남규, 2016). 또한, 유아 전자 동화 등 유아 대상 콘텐츠의 교육성에 대한 기준이 없으며, 이로 인해 검증되지 않은 유아 대상 콘텐츠에 유아가 무방비로 노출되는 것에 대한 우려의 목소리도 많이 제기되고 있다(유구종, 2006). 반면, 전자 동화책을 찬성하는 입장에서는 e-book이 유아의 어휘력과 이야기 능력의 신장에 긍정적으로 작용한다(김민정, 1995; Wilkinson & Moore, 2002)고 보고 있다.

이러한 논란에도 불구하고 현재 유아를 위한 e-book은 급속하게 증가하고 있으며, 점차 더 많은 e-book에 노출될 것으로 예상된다. 따라서 본 장에서는 유아를 위한 e-book의 정의 및 그 활용도에 대해 알아보고 유아에게 e-book을 활용하여 교육하는 방법에 대해 알아보기로 하겠다.

2) e-book의 종류

다음에서는 e-book의 개념을 소개하고 이와 더불어 현장에서 e-book과 같은 개념으로 사용되는 전자 동화책과 앱북(app-book)을 소개해 보고자 한다. 이를 통해 일반적으로 전자책이라는 이름으로 혼용해서 사용하고 있는 e-book, 전자 동화, 앱북의 개념에 대해 보다 정확한 이해가 가능할 것이다.

(1) e-book

e-book(electronic book)은 전자책이라고도 부르며, 도서로 간행되거나 간행될 수 있는 내용을 디지털 정보로 가공하여 전달하는 출판물의 통칭이다. e-book에 대한 정의는 학자마다 다양하지만, 일반적으로 종이책과 같은 내용을 가지면서 이미지, 텍스트, 음성, 영상 등이 상호 연결된 책으로 정의할 수 있다(진하숙, 2009).

e-book의 경우 하이퍼링크를 통해 다른 텍스트와 연계가 가능하다는 점에서 텍스트에만 집중하던 종이책과 다른 특성을 가지고 있다. 또한, 페이지의 개념을 가지고 있던 기존의 종이책과 달리 e-book은 콘텐츠와 단말기가 분리되는 특성을 지님으로써 텍스트를 스크린으로 전달하는 매체적 특성이 있다. 이러한 e-book의 특성으로 인해 읽기 형태는 기존의 텍스트를 '독서'하는 읽기에서 '관람'하는 읽기 형태로 변화되어 가고 있다(Snyder, 1998).

종이책

전자책

[그림 7-1] 종이책과 전자책

(2) 전자 동화책

전자 동화책이란 어린이 대상 동화를 개인용 컴퓨터나 휴대용 전용 단말기를 통하여 볼 수 있도록 전자책의 형태로 제공하는 것을 의미한다. 일반적으로 전자 동화책은 텍스트, 이미지, 음성, 영상 및 음향 효과 등을 사용하여 제작되며, 인터넷 동화, 플래시 동화, 인터넷 애니메이션 동화 등이 모두 전자 동화책에 포함된다.

[그림 7-2] 전자 동화 '별주부전'

출처: 지니키즈(http://www.genikids.com/).

(3) 앱북

앱북(app-book)이란 응용 프로그램을 뜻하는 'Application(이하 앱)'과 책을 뜻하는 'Book'의 합성어로, 일반적으로는 전자책 혹은 전자책 앱으로 통칭되고 있으며, 학계에서는 앱북이라는 용어를 사용하고 있다. 앱북은 전자책이라는 면에서 볼 때 e-book과 같으나, 기존의 e-book이 종이책의 내용을 전자책 리더기(digital reader)나 PC 및 스마트기기에서 영상, 이미지, 사운드와 같은 멀티미디어적 요소를 가미하여 읽는 형식이라면 앱북은 e-book의 내용에 터치, 드래그 등과 같은 상호작용(interactive) 기능을 추가하여 스마트 디바이스(스마트폰, 스마트패드)에서 구현이 가능한 책을 말한다. 즉, 앱북은 e-book에 상호작용적 요소를 더 강화하여 발전시킨 것으로 이해할 수 있다. 유아교육현장에서는 e-book보다는 앱북의 상품화가 매우 빠르게 확산되고 있는 추세이다.

유아를 위해 제작된 앱북 중 동화의 내용을 바탕으로 상호작용 기능이 추가된 형태를 동화 앱북이라고 부르며, 동화 앱북이 가진 상호작용 기능은 음성(읽어 주는 기능), 화면을 눌러 색칠하기, 퍼즐 맞추기, 동화의 내용에 맞춰 그림이 바뀌거나 적당한 효과음 들려주기 등과 같이 다양하다.

[그림 7-3] 앱북(app-book) '구름빵'

출처: 한글과 컴퓨터.

02 교수 · 학습매체로서 e-book의 특성

1) e-book의 매체적 특성

e-book을 구동시키기 위해서는 '전자책 리더기(digital reader)'를 이용하거나 e-book 전용 단말기를 이용해야 한다. 전자책 리더기는 PC나 스마트기기 등에서 전자책을 구동해 주는 소프트웨어로 책의 내용을 읽을 수 있도록 해 주는 전자책 애플리케이션을 말한다. e-book 전용 단말기는 다른 기능은 배제한 채 전자책만을 볼 수 있는 기기로 개발된 단말기를 말한다.

현재 전자책은 인터넷 서점 아마존(Amazon)의 전자책 서비스 단말기인 킨들(Kindle)이나 우리나라 아이리버사의 스토리(Story)와 같은 전용 단말기 형태, 애플(Apple)의 아이북스2(iBooks2)와 같은 소프트웨어 형식의 전자책 등이 유통되고 있으나, 개인 단말기의 발전과 확산에 따라 전용 단말기 형식의 전자책 비중은 점차 줄어들고 있다.

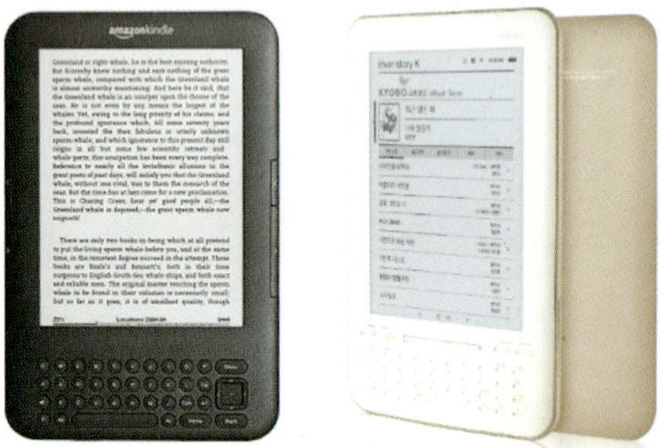

[그림 7-4] 아마존의 킨들과 아이리버의 스토리

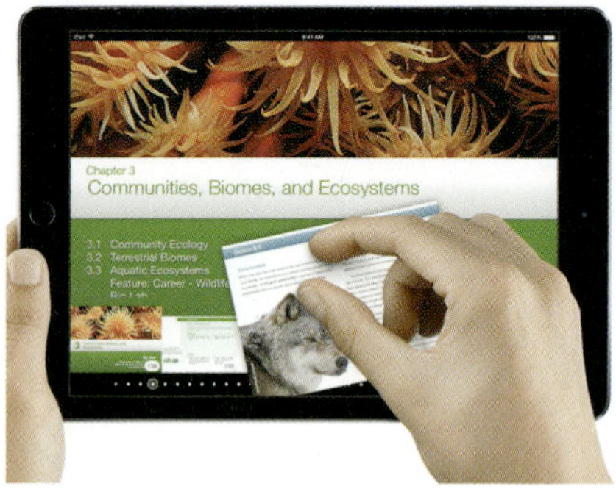

[그림 7-5] 애플 아이북스2

[그림 7-6] 유아 전용 단말기 스토리패드

유아교육에서는 유아를 대상으로 한 전용 단말기인 스토리패드가 개발되어 유통되고 있다. 스토리패드는 유아 전용 단말기를 제공하는 하드웨어 방식의 전자책으로, 다양한 멀티미디어 기능을 지원하며, 메모리카드나 파일 다운로드와 같은 방식으로 서점에 가지 않고 새 책을 실시간으로 구매할 수 있다. 유아의 특성을 고려해 전자책 활용 시간을 지정해 알려 주는 알람 기능을 보유하고 있다.

e-book은 매체의 특성으로 인해 읽기 방식의 변화를 가져왔다. e-book은 다중적 읽기(multitude reading), 사교적 읽기(social reading), 상호적 읽기(interactive reading)가 가능하다. 이를 각각 살펴보면 다음과 같다.

① **다중적 읽기(multitude reading)**: 선형적인 방식의 읽기만 가능했던 종이책과 달리 e-book은 하이퍼링크 및 인터페이스 조작 등을 통해 다른 텍스트로 이동하는 것이 가능하므로 다중적 읽기로의 전환이 이루어질 수 있다.

② **사교적 읽기(social reading)**: e-book은 책의 주석을 공유하는 소셜 어노테이션(social annotation) 등과 같은 기능을 통해 책에 대한 다른 사람들의 반응을 볼 수 있으므로 책을 읽으면서 타인의 생각을 자연스럽게 공유하게 되는 사교적 읽기가 가능하게 해 준다.

③ **상호적 읽기(interactive reading)**: 스마트기기의 터치 기능이나 스마트기기를 흔드는 기능, 음성인식 등을 이용하여 동화책과 유아 간에 상호작용이 가능하다.

한편, e-book은 그 상호작용의 수준에 따라 정지된 책, 움직이는 책, 멀티미디어 책으로 구분할 수 있다(Woody, Daniel, & Baker, 2010). 정지된 책은 정보 전달을 목적으로 하는 책으로 독자와의 상호작용이 없는 e-book을 의미하며, 움직이는 그림책이란 정보 전달을 목적으로 하는 면에서는 정지된 그림책과 같으나 독자와의 상호작용을 할 수 있는 기능을 구현한 e-book을 뜻한다. 마지막으로 멀티미디어 책이란 상호작용적 학습 환경 제공을 목적으로 하며, 서로 조합할 수 있는 문장이나 소리, 이미지, 그리고 동영상 효과 등의 기능을 포함하고 있는 e-book을 포함한다.

2) e-book의 교육적 효과 및 제한점

유아를 대상으로 하는 e-book에 대한 연구가 다양하게 진행되어 왔으나 그 교육적 효과에 대해서는 상반된 입장을 보이고 있다. 먼저, e-book의 효과에 대해 긍정적인 입장에서는 e-book이 유아의 주의 집중과 호기심을 자극하며, 이로 인해 유아의 어휘력과 이야기 신장에 긍정적으로 작용한다(김민정, 1995; Wilkinson & Moore, 2002)고 보고 있다. 그러나 e-book의 교육적 효과에 대해 회의적인 입장에

의하면, e-book의 사용이 번거로우며, 종이책에 비해 친숙함과 정서적인 편안함이 부족할 뿐만 아니라 실제로 e-book으로 인한 효과에 대해서도 확실하지 않다는 점을 지적하고 있다.

이와 같이, e-book은 매체가 가지는 본질적 특성으로 인해 그 효과에 대한 의견이 다양하다. 유아를 대상으로 하는 e-book의 교육적 효과와 제한점을 각각 살펴보면 다음과 같다.

(1) 교육적 효과

유아를 위한 e-book은 다음과 같은 교육적 효과가 있다.

① 개별화 수업이 가능하고 혼자서 즐길 수 있으므로 유아가 성인의 도움 없이 혼자서 볼 수 있다(Salmon, 2014).
② 학습의 동기 유발에 효과적이며, 학습 시간을 오래 유지할 수 있다.
③ 컴퓨터와 학습자 간의 상호작용이 가능하므로 능동적인 학습을 유도한다.
④ 계속적인 반복학습이 가능하다. 같은 이야기를 반복적으로 읽으면서 유아의 언어 능력이 향상될 수 있다(Salmon, 2014).
⑤ 즉각적인 피드백으로 강화를 주어 학습의 정확도를 높인다. 실제로 언어발달에 지연을 보이는 유아의 경우 어휘력 증가에 효과적인 것으로 나타났다(Shamir, Korat, & Fellah, 2012).
⑥ 문제해결력을 신장시키는 데 효과적이다.
⑦ 부모와의 대화가 증가한다. 일반적으로 부모와의 상호작용을 감소시킬 것이라는 생각과 달리 전통적인 종이책에 비해 전자책을 보면서 유아는 부모와 더 오래 대화하는 것으로 나타났다(Parish-Morris, Mahajan, Hirsh-Pasek, Michnick Golinkoff, & Fuller Collins, 2013).

(2) 제한점

그러나 e-book의 사용으로 인한 유아의 언어발달 및 교육적 효과에 대해 이의를 제기하는 입장도 있다. 이러한 입장에서는 유아에게 e-book을 사용하는 것이 들어가는 노력에 비하여 효과가 크지 않음을 지적한다. e-book의 사용을 반대하는 입장에 의하면 e-book은 다음과 같은 제한점을 가진다.

① 유아의 주의를 분산시킬 수 있다. e-book의 대화 기능 및 게임 기능이 유아의 주의를 분산시켜 유아가 이야기에 집중하는 것을 방해할 수 있다(de Jong & Bus, 2002). 실제로 종이책을 읽은 유아들이 e-book을 읽은 유아들에 비해 이야기에 대해 더 많은 내용을 알고 있는 것으로 나타났다.

② 종이책에 비해 친숙함과 정서적인 편안함이 부족하다.

③ 전자책 단말기 및 콘텐츠 가격의 부담이 있다.

④ e-book은 종이책보다 눈이 쉽게 피로해진다.

⑤ 부모의 독서 관련 상호작용을 감소시킨다. 부모들은 e-book을 읽을 때 종이책에 비하여 책의 내용에 대한 이야기보다는 e-book의 기능에 대해 더 많이 언급하는 것으로 나타났다(Parish-Morris, Mahajan, Hirsh-Pasek, Michnick Golinkoff, & Fuller Collins, 2013).

• TIP

유아에게 적합한 e-book 선정 방법

1) e-book에서 사용하는 그림, 음악, 애니메이션, 게임 기능이 책의 내용과 관련이 있는가?
   - 음악이나 애니메이션 혹은 게임 기능이 이야기와 관련이 없는 경우 유아가 이야기에 집중하는 것을 방해하게 된다.

2) 단어에 강조 표시 기능이 있는가?
   - 내레이터가 책을 읽을 때 단어에 강조 표시가 되면 유아가 단어를 습득하는 데 도움을 줄 수 있다.

3) '읽기 전용' 모드를 먼저 제공하는가?
- 유아에게 제공되는 e-book은 반드시 '읽기 전용' 모드가 먼저 시행되어야 한다. 만약, 내용을 읽는 동안 게임 및 대화 기능이 활성화되면 유아가 이야기에 집중하는 것을 방해하게 된다.

4) 사전 모드와 같이 유아의 지식을 확장하는 링크를 별도로 제공하는가?
- 유아가 어려운 단어나 관심 있는 단어를 알고 싶을 때 별도로 탐색할 수 있는 링크를 제공함으로써 유아의 어휘력을 키울 수 있다.

5) '앞으로' 및 '뒤로' 가기 기능이 있는가?
- 유아가 책의 페이지를 넘기는 방법과 왼쪽에서 오른쪽으로 읽는 방법을 습득하는 데 도움이 된다.

6) 반복 읽기 옵션이 있는가?
- 유아는 문장 또는 특정 단어를 반복해서 듣거나 연습하며 언어 능력이 향상된다.

03 e-book의 유아교육 현장 적용 사례

e-book 중 인터랙티브 기능이 포함된 앱북은 음성, 동영상, 애니메이션, 터치 등과 같은 다양한 기능을 활용하여 유아와 상호작용이 가능하며, 유아의 독서 능력 향상에 효과가 있다. 또한, e-book은 책의 내용과 연결된 여러 기능을 활용하여 유아의 활동을 확장시키는 도구로 사용될 수도 있다. 다음에서는 e-book을 유아교육 현장에서 활용할 수 있는 활동의 예를 소개하고자 한다.

1) 생활주제에 맞는 e-book을 활용하는 방법

유아와 함께 생활주제에 맞는 전자 동화책이나 멀티미디어 책을 선정해서 읽으며 상호작용할 수 있는 방법을 소개해 보면 다음과 같다.

유아와 『괴물들이 사는 나라』 e-book을 읽으며 상호작용하는 방법

1) 『괴물들이 사는 나라』 e-book을 읽기 전용 모드로 읽게 한다.
   - 유아에게 『괴물들이 사는 나라』 e-book을 주고 읽게 한다.
   - 유아가 책의 내용에 익숙해질 때까지 읽기 전용 모드로 제공한다.
2) 책의 내용에 대해 이야기하기
   - 유아들이 관심 있어 하는 책의 내용에 대해 이야기한다.
     - 괴물들이 어떻게 했니?
     - 맥스가 엄마한테 뭐라고 소리쳤니?
   - 유아가 대화를 주도하게 한다.
3) 책에 대한 이해를 심화하고 유아의 경험과 연결하기
   - 이야기 속의 사건들을 유아의 삶에서 일어난 일들과 연결시키면 유아의 이해를 심화시키는 데 도움을 줄 수 있다.
     - 밤에 안 자고 장난친 경험이 있니? 그때 어떤 장난을 쳤니?
   - 유아와 책의 내용이 발생하게 된 이유 혹은 내용이 끝난 후에 어떤 일이 일어날 수 있는지에 대한 내용으로 이야기를 한다.
     - 맥스가 왜 혼자 여행을 하게 된 걸까? 만약, 네가 혼자 여행을 간다면 무엇을 타고 갈 거니?
     - 맥스에게 무슨 일이 생긴 걸까? 맥스는 진짜로 여행을 간 거니?
     - 맥스는 저녁을 굶은 걸까? 왜 그렇게 생각하니?
4) 단어에 대해 설명하기
   - 책의 내용 속에 새로운 단어가 있는 경우 그 의미를 설명해 준다. 특히, e-book에 사전 기능이 있으면 도움이 된다.
     - '항해'라는 말이 무슨 말이니?
     - '항해'라는 말은 배를 타고 바다 위를 다니는 것을 말한단다.

2) 도구적으로 활용하는 방법

앱북(app-book)을 읽고 다양한 기능을 이용하여 편지 쓰기, 책 만들기, 개작하기 등과 같이 활동을 확장할 수 있다.

생활주제	동식물과 자연
활용 앱북	곤충의 숲(카카오 키즈)
활동명	우리 동네 곤충사전 만들기
활동 목표	• 곤충사전에 대해 알 수 있다. • 곤충사전을 작성할 수 있다. • 곤충에 대한 호기심을 가지고 관찰하는 태도를 갖는다.
교사의 사전 준비	'곤충의 숲' 앱 다운받기 (그림 7-7, 그림 7-8)
도입	• 숲에서 본 곤충에 대해 이야기 나눈다. – 어떤 곤충을 보았니? – 곤충의 이름을 알고 있니? – 어디서 보았니? – 어떻게 생겼니? – 우리가 본 곤충이 이 책 속에 있는지 살펴볼까?
전개	• e-book에서 곤충을 살펴본다. (그림 7-9) – 우리가 산책에서 본 곤충이 이 책 속에 있니? – 곤충에 대해 어떤 것을 알게 되었니? • 곤충사전을 소개한다. (그림 7-10) – 우리가 찍어 온 사진으로 곤충사전을 만들어 볼까? – (곤충사전을 보여 주며) 이것이 무엇인지 알고 있니? – 곤충사전에는 어떤 내용이 있니? • 곤충사전을 만들어 본다. – 우리 동네에서 발견되는 곤충들을 다른 사람에게 소개하려면 어떤 내용을 소개해야 할까? – 우리가 찍은 사진이나 e-book에 있는 사진 중에서 어떤 사진을 곤충사전에 넣을까? 이 사진이 왜 필요하다고 생각했니?

전개	• 곤충사전의 제목을 지어 본다. – 우리가 만든 곤충사전에 제목을 지어 보자. – 제목을 어디에(무엇으로, 누가) 적을까?
마무리	• 곤충사전을 만들면서 무엇을 알게 되었니? • 어떤 곤충에 대한 내용이 재미있었니? • 곤충사전을 어디에 놓을까? 누가 가져다 놓을까?

[그림 7-7] '곤충의 숲' 앱 구매

[그림 7-8] '곤충의 숲' 첫 화면

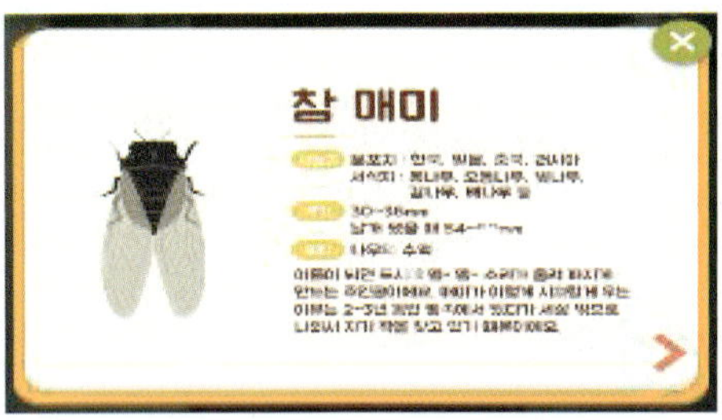

[그림 7-9] e-book에서 곤충 살펴보기

[그림 7-10] 곤충사전 소개하기
『우리 아이 첫 곤충사전』/ 최유성 지음/
남상호 감수/ 글송이(2009)

전자책에 관한 참고 사이트

다음의 링크에는 전자책과 디지털 교과서의 사용 현황에 관한 내용이 소개되어 있으며, 이를 통해 교육현장에서 변화하는 추이를 참고할 수 있다.

- https://blog.naver.com/moeblog/221212205745
- https://blog.naver.com/moeblog/221162759113

04 e-book의 유아교육 현장 적용 시 유의점

e-book에 대한 많은 논란에도 불구하고 유아교육현장에서 e-book의 확산은 이미 진행되고 있는 추세이다. 따라서 유아교육에서 e-book의 효과에 대한 논의보다는 유아에게 e-book을 효과적으로 제시 및 교육하는 방법을 찾기 위한 노력이 필요한 시점이라고 하겠다. 따라서 유아교육현장에서 e-book을 도입할 때 유의점을 살펴보면 다음과 같다.

1) 유아와 성인이 함께 보기

유아교육에서 e-book의 활용으로 가장 이상적인 방법은 유아가 성인과 e-book을 같이 읽는 것이다. e-book의 가장 큰 장점 중의 하나가 유아가 성인의 도움 없이 e-book을 활용할 수 있다는 것이라는 사실임을 감안할 때 역설적일 수 있으나 유아 혼자서 e-book을 사용하는 것으로는 유아에게 의미 있는 학습이 일어나지 않는다. 따라서 교사는 유아가 e-book을 읽을 경우 효과적인 상호작용을 제공해야 한다.

2) 읽기 전용 모드로 읽기

유아에게 동화를 소개할 때마다 처음에는 반드시 읽기 전용 모드로 읽게 한다. 유아가 동화에 익숙해지기 전까지 게임이나 대화 기능을 이용할 수 있게 하면 동화 내용보다는 부가 기능에 주의를 빼앗길 수 있기 때문이다. 따라서 유아가 동화 내용에 익숙해질 때까지는 게임이나 대화 기능을 제한하여 유아가 동화를 읽게 한 후 동화가 익숙해지면 다른 모드로 전환할 수 있다.

3) 장시간 보지 않기

e-book은 유아가 스크린을 통해 책을 읽어야 하므로 장시간 보는 것은 유아의 시력에 영향을 미칠 수 있다. 유아와 사전에 e-book을 사용하는 시간을 정하여 이용할 수 있게 지도하는 것이 필요하다.

4) 보고 난 후 충분한 상호작용하기

종이책과 마찬가지로 유아가 e-book을 읽고 나면 책의 내용에 관하여 유아와 충분한 상호작용을 해야 한다. 상호작용을 위해 유아에게 책의 내용을 이야기해 보게 하고 그 내용을 확장 심화하기 위한 질문과 같은 활동을 할 수 있다.

마무리 활동

1. 유아용 e-book을 하나 이상 골라 실제로 활용해 보고 장단점을 토론해 봅시다.
2. e-book을 적용하여 자신이 가르칠 개념이나 과제를 중심으로 사전학습과 본수업, 사후학습을 설계해 봅시다.

Chapter 08

로봇 활용과 코딩교육

난 유치원에 다녀요. 6살이고요.
우리 반에 있는 로봇은 3살이래요.
로봇은 노래도 잘하고 어려운 게임도 잘해요.
그런데, 로봇은 누가 만들었을까요?

학습목표

1. 로봇의 개념과 종류, 교수·학습매체로서 로봇의 특성을 설명할 수 있다.
2. 유아교육에서 로봇의 활용 유형과 사례에 대해 설명할 수 있다.
3. 유아교육에서의 코딩교육의 개념과 사례에 대해 설명할 수 있다.
4. 효과적인 유아교육을 위한 로봇 활용 교육 방안을 구안하고 이를 실제 학습 상황에 적용할 수 있다.

생각해 봅시다

인간과 로봇이 함께 사는 세상

만화나 영화에서 보았던 로봇은 이제 점차 우리 생활에서 가까이 볼 수 있다. 집 안에서는 청소 로봇, 비행장에서 길 안내 로봇, 인간이 가기에 위험한 화산이나 바닷속 탐사를 위해 탐사 로봇이 활용되고 있다. 최근에는 인간의 감정을 이해하고 반응하며, 어려운 문제를 해결하는 지능형 로봇이 등장하고 있다.

요리하는 로봇(가사 로봇)

출처: 일간환경연합.

극한작업 로봇

출처: 한국과학기술정보연구원.

얼마 전 세계적인 바둑 기사와 인공지능 알파고의 바둑 경기가 큰 뉴스로 다뤄진 적이 있었다. 인간과 기계의 경쟁에서 결국 인공지능 알파고가 승리를 거두었다. 향후 인간과 로봇이 함께 살아가게 된다면, 서로의 부족한 점을 돕는 관계가 될까? 아니면 로봇과 인간이 서로의 능력을 경쟁하는 관계가 될까?

유아들은 로봇에 대해 어떤 점을 궁금하게 생각할까?

Y사의 교육용 로봇에 대한 질문리스트

1. 로봇 속에는 무엇이 들어 있나요?
2 위험한 전기를 로봇의 밥으로 주는 이유가 뭔가요?
3. 로봇은 웃는 표정, 슬픈 표정은 있는데 왜 우는 표정은 없나요?
4. 로봇은 우리가 말할 때 왜 말을 잘 안 하나요?
5. 로봇은 왜 아기를 안 낳아요?
6. 로봇은 왜 대소변을 안 보나요?
7. 로봇이 왜 밖에 못 나갈까요?
8. 로봇의 얼굴에는 왜 코가 없나요?
9. 로봇은 남자같이 생겼는데 왜 여자 목소리로 말해요?
10. 로봇도 친구가 있나요?
11. 로봇은 왜 키가 작아요?
12. 로봇은 여자에요? 남자에요?
13. 로봇을 왜 만들었어요?

이 장에서는 교육용 로봇의 개념과 종류, 교수 · 학습매체로서의 로봇의 특성과 활용 사례를 살펴봄으로써 보다 효과적인 유아교육을 위한 로봇 활용 방안에 대해 학습한다.

01 로봇의 개념 및 유형

1) 지능형 로봇의 개념 및 종류

'로봇(Robot)'이라는 용어는 체코슬로바키아의 극작가 카렐 차펙(Karel Capek)이 1920년에 쓴 희곡 「로섬의 만능 로봇(*R.U.R: Rossum's Universal Robots*)」에서 처음 등장하였으며, 노동을 의미하는 체코어인 '로보타(robota)'에서 만들어졌다. 이후 러시아 출신의 과학자이자 미국 SF 소설가인 아이작 아시모프(Isaac Asimov)는 로봇에 관한 많은 소설을 출간하면서 '로보틱스(robotics)'라는 용어를 사용하였다.

'로봇'의 사전적 정의는 '인간과 비슷한 형태를 가지고 걷기도 하고 말도 하는 기계 장치' 또는 '어떤 작업이나 조작을 자동적으로 하는 기계 장치'로 설명할 수 있다. 현재에는 단순하게 정해진 작업을 수행할 수 있는 로봇이 아니라 주어진 상황에서 스스로 판단하여 목적을 달성할 수 있는 지능형 로봇(intelligent robot)에 대한 연구가 활성화되고 있다.

지능형 로봇은 외부 환경을 인식(perception)하고, 스스로 상황을 판단(cognition)하며, 자율적으로 동작(mobility & manipulation)하는 기능을 포함한다. 컴퓨터와 지능형 로봇의 차이를 살펴보면 컴퓨터는 고정된 위치에서 사람에 의해 제어가 되고 시각과 음성을 중심으로 작동되지만, 로봇의 경우에는 물리적으로 위치 이동이 가능하고 환경을 인식해 자율적으로 제어가 되며, 시각 · 청각 · 촉각의 감각을 이용하는 차이점을 보인다(이영준 외, 2007).

유아교육에서 활용되는 지능형 로봇의 기술을 다시 설명하면 자율이동기술, 조작제어기술, 물체인식기술, 위치인식기술 네 가지로 설명할 수 있다. 첫째, 자율이동기술은 로봇이 자유롭게 위치를 이동하는 기능을 말한다. 둘째, 조작제어기술은 물건을 잡고 자유롭게 움직이는 기능이다. 이 두 가지는 로봇이 컴퓨터와 차별화되는 가장 강력한 기능이다. 셋째, 물체인식기술은 미리 학습한 지식 정보를 바탕으로 물체의 영상을 보고 물체의 종류, 크기, 방향, 위치 등 3차원적 공간 정보를 실시간으로 알아내는 것이다. 넷째, 기계가 스스로 공간지각 능력을 갖는 위치인식기술은 높은 곳과 낮은 곳, 벽 등을 인식하여 위험을 감지하고 상황에 대처하는 데 유용하다(황해익 · 강민정 · 강신영 · 조준오, 2015).

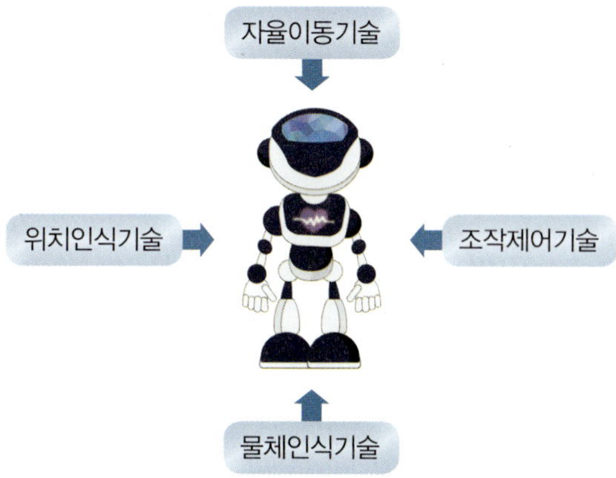

[그림 8-1] 지능형 로봇의 기술

국제로봇협회(IFR: International Federation of Robotics)에 의하면 지능형 로봇은 크게 서비스 로봇과 제조업 로봇으로 구분할 수 있다. 이 중 서비스 로봇은 다시 개인용 서비스 로봇(가사, 재활, 여가, 교육 지원), 전문 로봇(공공서비스, 극한 작업 로봇), 산업용 로봇으로 구분하여 설명할 수 있다.

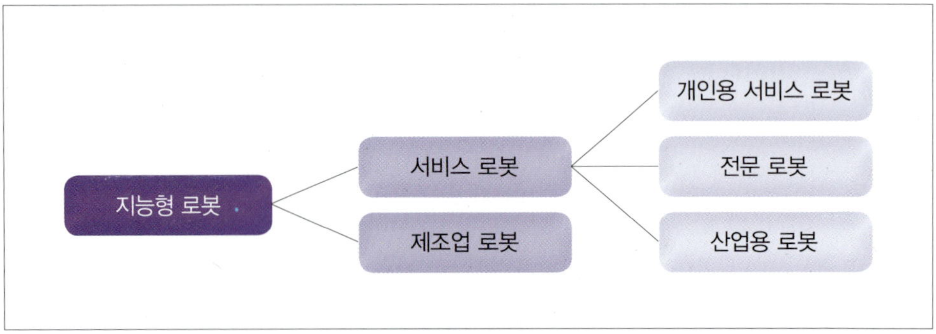

[그림 8-2] 지능형 로봇의 분류

개인용 서비스 로봇 중 가사 로봇은 청소, 세탁, 요리를 도와주는 로봇을 말하며, 재활 로봇은 병원이나 요양소에서 재활 훈련을 돕거나 일상생활을 보조해 주는 로봇을 말한다. 여가 로봇은 이야기를 들어 주고 대화하는 로봇, 애완용 감성 로봇, 장난감 로봇 등을 말한다. 이 외에도 사람이 다가갈 수 없는 재해 현장에서 사람을 구하고 복구 작업을 하거나 깊은 바닷속에서 해저 개발을 하는 극한작업 로봇, 자동차 제조 등 공장에서 사용하는 산업용 로봇이 있다.

예를 들어, 2014년 미국에서 개발한 '지보(JIBO)'의 경우 장애인 보조용, 가정용 로봇 및 생활을 돕는 다양한 로봇을 기술적으로 구현한 것으로 인간과 대화하며 스스로 사진을 찍고 명령에 따라 메신저, 전화, 이메일로 연결이 가능하며, 아이들에게 동화를 들려주고, 대화 상대가 되어 준다(한국일보, 2014).

2013년 일본 소프트뱅크사에서 개발한 인간을 닮은 휴머노이드 로봇 '페퍼(Pepper)'는 사람의 감정을 인식하고 감정에 맞게 말하고 행동할 수 있다. 인공지능 기술을 이용하여 계속 학습할 수 있으며, 클라우드를 이용하여 데이터를 네트워크로 공유할 수 있다. 키는 120cm 정도이며, 카메라, 마이크, 센서를 이용하여 사람의 표정, 음성, 제스처를 분석하여 감정을 인식하고 반응할 수 있다. 현재 페퍼는 백화점, 병원, 박물관, 관공서, 호텔, 은행 등에서 상품을 안내하거나 음식을 주문받거나 정보를 제공하는 등 다양한 역할을 수행하고 있다.

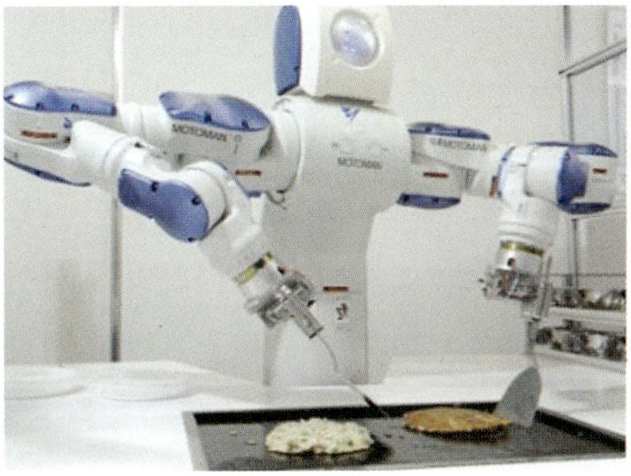

가사 로봇

출처: 일간환경연합.

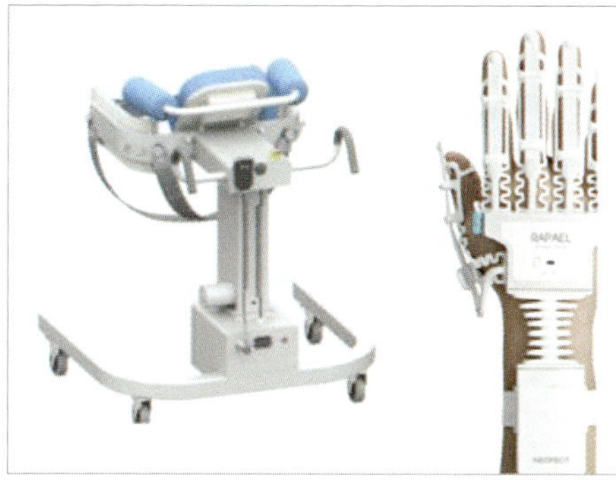

재활 로봇

출처: 보건복지부 국립재활원.

여가 로봇 – 지보(JIBO)

출처: http://www.myjibo.com.

공공서비스 로봇 – 페퍼(Pepper)

출처: https://www.ald.softbankrobotics.com.

극한작업 로봇

출처: 한국과학기술정보연구원.

산업용 로봇

출처: http://news.donga.com.

[그림 8-3] 지능형 로봇(서비스 로봇)의 종류

2) 교육용 로봇의 개념 및 종류

교육용 로봇은 교수 · 학습 현장에서 활용되는 로봇으로, 학교나 가정 등에서 교육의 보조 수단으로 활용되거나 로봇을 만드는 과정을 통해 학습하는 교구로 활용되고 있다. 교육용 로봇은 지능형 로봇의 한 형태이며, 로봇이 소형화되면서 활성화되었다. 지능형 로봇의 기본 기능에 교육용 콘텐츠를 추가하고 학습자와의 인간 친화적인 상호작용을 통해 학습의 효과를 높이는 특징을 가진다.

이와 같은 교육용 로봇은 크게 두 종류로 교육 보조 로봇과 교구 로봇으로 구분할 수 있다.[1] 먼저, 교육 보조 로봇이란 로봇에 장착된 LCD와 음성 기능을 이용하여 학생들에게 학습 콘텐츠를 효과적으로 전달하는 교육 미디어로서의 로봇을 말한다. 교구 로봇이란 학생들이 직접 로봇을 디자인하고 조립하여 작동함으로 인해 컴퓨터 과학의 원리와 지식을 습득할 수 있다. 교육 보조 로봇과 교구 로봇에 대하여 자세히 살펴보면 다음과 같다.

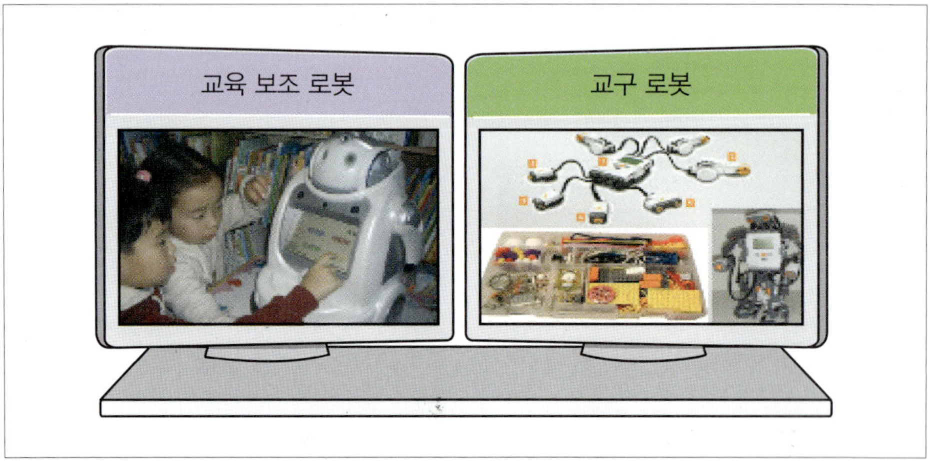

[그림 8-4] 교육용 로봇의 종류

출처: 한국교육학술정보원(2013).

1) 로봇을 '교육 보조 로봇'과 '교구 로봇'으로 구분하는 것 외에도 '로봇 소양 교육'과 '로봇 활용 교육'으로 구분하기도 하고, '교육 로봇'과 '로봇 교육'으로 구분하기도 한다.

(1) 교육 보조 로봇

지능형 로봇은 전통적인 컴퓨터와 달리 로봇의 이동성, 인간 친화적인 상호작용, 인지 기능 등의 특징을 이용하여 학습자가 원하는 위치에서, 원하는 시간에 학습이 이루어지도록 도와준다. 이런 지능형 로봇의 특징을 활용하여 교사 혹은 교육활동을 보조하기 위한 로봇의 유형을 교육 보조 로봇이라 하며, 예로는 학습보조 로봇, 가정교사용 로봇 등으로 말할 수 있다.

우리나라에서 개발된 교육 보조 로봇으로는 아이로비Q, 제니보, 아띠, 키봇, 큐보 등이 있다. 아이로비Q와 제니보는 유아교육현장에서 실제 수업에 사용하고 있으며, 키봇, 큐보는 가정에서 유아교육용으로 사용하고 있는 로봇이다. KT에서 개발한 키봇은 로봇 단말기에 교육 및 멀티미디어 콘텐츠가 결합된 에듀테인먼트 로봇으로, 교육 콘텐츠, 멀티미디어 기능, 빔프로젝터, 음성 및 터치 인식, 증강현실을 이용한 체험영어학습, 홈 모니터링 등 다양한 학습 기능을 제공한다. 이지로보틱스에서 개발한 큐보는 미취학 아동과 초등학교 저학년 대상의 가정교사형 완구로봇이다.

미국 사례를 보면 페블러스(PEBBLES) 로봇은 장기간 병원에 입원해 있는 아동에게 로봇을 이용하여 교실 수업에 원격으로 참여하면서 학업을 이어갈 수 있도록 도와주는 교육 보조 로봇 프로그램이다. 이 로봇은 캐나다의 텔보틱(Telbotics)사에 의해 만들어졌으며, 현재 미국의 병원들과 연계하여 운영되고 있다. 페블러스 로봇은 두 개의 로봇으로 구성되는데, 하나의 로봇은 병실에 다른 하나는 교실에 배치하여 서로 네트워크로 연결시킨 후 병실의 학생이 교실의 로봇을 조이스틱이나 버튼으로 조정하여 로봇의 머리를 움직이고 손을 들거나 하는 등의 움직임을 제어하면 교실에 있는 로봇이 같은 동작을 하여 교실에서 아동이 수업을 받는 것처럼 학습할 수 있다. 이러한 로봇은 아동이 있는 어느 곳에서든 유아교육기관이 연계하여 학습할 수 있는 방안으로 우리나라에서도 향후 도입하여 활용할 수 있다.

키봇2 큐보 페블러스

[그림 8-5] 교육 보조 로봇

현재 우리나라 유아교육기관에 보급되고 있는 로봇은 사전에 교사가 입력한 동화, 음악, 정보, 음성 등을 로봇의 출력 기능을 통해 재생하는 수준이며, 로봇의 안정성과 이동성 수준도 유아와 충돌하지 않는 수준의 제한적인 움직임만이 가능하므로 아직까지는 교육 보조 역할을 수행하기에 부족한 점이 있다.

유아의 경우 로봇을 친구처럼 여기며 유대감을 나누려는 인식을 갖는 것으로 연구결과가 나타나고 있다(유미연 외, 2012; 한정혜 · 김동호, 2006; 현은자 외, 2008). 지능형 로봇이 발전되면서 사회성과 공감 능력을 갖춘 로봇이 개발되고 교육 분야에도 보급될 전망이다. 교육용 로봇을 활용하여 유아의 사회성을 증진시키는 연구가 진행되고 있으며(이고은, 2011), 로봇이 유아의 정서발달에 어떠한 영향을 미칠 것인지에 대해서도 지속적인 연구와 관심을 가질 필요가 있다.

(2) 교구 로봇

교구 로봇은 학습자가 로봇을 직접 설계하고 만들고 조작하는 과정을 경험하면서 수학 · 과학의 원리와 로보틱스의 원리를 이해하고 창의적 문제해결력을 키울 수 있도록 하는 로봇을 말한다. 학습자 스스로가 오감을 활용한 만들기 체험(Hands-on experience)을 통해 새로운 것을 만들어 내고, 스스로 만든 로봇을 작동하도록 제어하는 과정을 통해 보다 논리적이고 역동적인 상호작용 경험을 제공해 줄 수 있다. 교구 로봇은 대부분 레고와 같은 형식의 블록 기반 인터페이스를 제공하므로 재사용과 재구성이 가능하고, 인지적 측면에서뿐만 아니라 정의적인 측면에서도 성취감, 자신감, 자기주도성, 학습에 대한 흥미 등을 제공해 줄 수 있다는 점에서 활용성이 높은 교육매체로 주목받고 있다. 교구 로봇은 〈표 8-1〉과 같이 완성형 교구 로봇과 조립형 교구 로봇으로도 나눌 수 있다.

〈표 8-1〉 교구 로봇의 종류와 역할

구분	완성형 교구 로봇	조립형 교구 로봇
형태	비봇(Bee-bot), 오조봇(Ozobot) 형태의 교구형 로봇	선, 도형, 모터, 센서(sensor), 바퀴 등 다양한 블록 형태와 센서, 모터를 이용하여 목적에 따라 창작이 가능한 로봇
기능 및 활용	• 단순한 공간 인식, 자율 이동, 간단한 표정, 의사소통 기능, 명령어 저장 및 실행 • 유아의 경우 숫자판이나 미로, 지도를 놓고 원하는 방향으로 규칙에 따라 로봇을 이동하는 활동을 통해 간단한 연산·문제해결력·사고력을 키울 수 있음	• 다양한 목적의 움직이는 로봇이나 생활용품 아이디어, 창작품을 표현할 수 있음 • 초등학교에서는 수학, 과학, 기술, 게임활동에 활용 • 유아의 경우 레고형 교구 로봇을 이용하여 교사의 지시에 따라 간단히 조립해 보거나, 움직이는 로봇을 이용하여 이야기 만들기를 통해 창작 능력과 사고력을 키울 수 있음
교사 및 유아의 역할	• 교사: 학습을 안내하거나 로봇을 이용해 가르치는 교수자 역할 • 유아: 로봇을 활용하는 실행자이며, 규칙에 따른 결과를 판단하는 평가자	• 교사: 로봇을 활용하도록 하는 안내자, 로봇 제작 제안자 역할 • 유아: 로봇을 제작하고 활용하는 실행자, 제작 및 활용 방법을 설명하는 안내자, 창작 결과를 판단하는 평가자
예시	 비봇(Bee-bot)  오조봇(Ozobot) 출처: (좌) https://www.bee-bot.us / (우) http://www.ozobot.co.kr	 레고부스트(LEGO Boost) 레고위두, 마인드스톰 등 출처: http://www.bloter.net/

❶ 완성형 교구 로봇: 비봇(Bee-bot)

영국 tts사가 개발한 비봇(Bee-bot)은 완성형 교구 로봇으로 유아가 사용할 수 있도록 자동차 장난감 모양의 친근한 디자인으로 제작되었다. 장난감 등 부분에 있는 버튼을 눌러 간단하게 앞, 뒤, 오른쪽, 왼쪽으로 장난감을 움직일 수 있으며, 버튼을 누른 횟수만큼 여러 칸을 이동할 수 있다. 교사와 유아가 함께 숫자에 대한 학습을 하며 사용할 수 있고, 지도를 이용하여 앞, 뒤, 옆의 방향과 거리를 학습할 때 활용할 수 있다. [그림 8-6]과 같이 다양한 소프트웨어 및 교구와 함께 프로그래밍 개념을 사용하여 교사 없이도 활동이 가능하다. 최근 스마트폰 앱과 연동하여 사용할 수 있게 되었다.

비봇

비봇을 활용한 숫자학습

비봇을 활용한 기초 코딩

[그림 8-6] 비봇(Bee-bot)

출처: TTS group(http://www.tts-group.co.uk/shops/tts/Products/PD1723538).

❷ 조립형 교구 로봇: 레고부스트(LEGO Boost)

조립형 교구 로봇 중 레고부스트(LEGO Boost)는 레고로 고양이, 로봇, 자동차 등을 만들어 간단히 프로그래밍을 할 수 있으며, 모터, 센서[2] 등을 이용하여 눈썹, 꼬리 부분을 움직일 수 있으며, 모바일 앱을 활용하여 코딩을 배울 수 있다. 현재는 조립형 교구 로봇을 초·중등 학교에서 코딩교육을 위해 활발히 사용하고 있는 상황이다. 초등학생용으로 레고위두, 중고등학생용으로 마인드스톰이 활용되고 있다. 로봇의 경우 유아가 직접 블록, 모터, 센서를 이용해 로봇을 조립하는 것은 어렵다. 따라서 유아를 대상으로 조립형 교구 로봇을 교실에서 활용하기 위해서는 교사가 유아와 로봇을 만드는 목적과 활용법에 대해 이야기를 나누는 활동, 교사나 전문가의 도움을 통해 로봇을 제작하는 활동, 유아가 로봇에 이름을 붙이거나 다양한 미술도구를 이용해 친근한 모습으로 꾸미는 활동, 로봇을 움직여 보는 활동, 로봇이 움직이는 규칙을 이해하는 활동 등이 이루어져야 한다.

[그림 8-7] 레고부스트 활용 단계

출처: http://www.bloter.net/

2) 센서(Sensor): 거리, 소리, 온도를 감지하는 장치를 말한다. 로봇이 주변 환경을 인식하기 위해 센서가 필요하며, 이동하면서 충돌하는 것을 방지하거나 높은 곳에서 떨어지지 않기 위한 목적이다.

02 교수 · 학습매체로서 유아 로봇의 특성

교수 · 학습매체로서 로봇의 특성을 살펴보면 첫째, 이동성을 가짐으로써 사용자가 원하는 위치와 장소라는 상황적 맥락을 고려한 학습이 이루어질 수 있도록 지원하고, 둘째, 감성적 교류를 느낄 수 있는 인간 친화적인 인터페이스를 제공하며, 셋째, 인공지능을 활용한 인지기능을 보유하고 있어 유아와 풍부한 상호작용을 할 수 있는 상황적 · 기술적 속성에서의 장점을 가진 매체이다.

우리나라 유아교육 분야에서 교육용 로봇의 활용 방향은 유아교육현장에서 교사의 업무를 돕는 보조자의 역할로 활용되었다. 교사를 보조하여 출석 체크, 부모와의 네트워킹, 유아발달 자료 저장 등의 역할을 수행하며, 동요, 동화, 교육계획안, 교육 콘텐츠, 활동자료 등을 제공한다. 또한, 유아와 간단한 상호작용을 할 수 있고 음성인식 및 화상 촬영이 가능하며, 머리, 팔, 다리를 움직여 여러 가지 동작이 가능하도록 개발되었다. 우리나라 유아교육현장에서 주로 사용되었던 아이로비Q와 제니보의 기능을 설명하면 다음과 같다.

1) 아이로비Q

아이로비Q는 유진로봇에서 개발한 것으로 사람의 모습처럼 얼굴과 팔이 있으며, 유아의 앉은키와 비슷한 45cm 정도이며, 무게는 7kg의 지능형 로봇이다. 아이로비 내부에는 컴퓨터가 내장되어 있으며, 네트워크 기반의 지능형 로봇으로 실시간으로 다양한 콘텐츠를 다운받거나 활동자료를 업로드 할 수 있다. 인터페이스로 마이크, 카메라, 터치센서와 터치스크린을 가지고 있으며, 음성인식과 영상인식, 자율주행, 자율충전 기능을 기반으로 인간-로봇 상호작용을 할 수 있다. 일상생활에서 발생 가능한 여러 상황을 기반으로 대화 기능, 사물인식 등의 인식 기능, 소리나 접촉을 감지하는 감지 기능, 목소리나 손짓을 통해 로봇을 호출하거나 미리 지정한 장소에 스스로 찾아가도록 하는 기능, 리모컨을 통해 제어하는 기능을 갖추고 있다(유진로봇, 2010). 아이로비의 터치스크린 화면에는 '주제학습', 'English', '놀이동산', '선생님'으로 구성된 콘텐츠가 있다. 이 큰 4개의 메뉴는 유아의 학습을 돕는 학습 콘텐츠, 로봇과 유아의 상호작용을 통해 놀이를 하는 놀이 콘텐츠, 교사의 수업 진행을 돕는 교사 보조 콘텐츠로 구성되어 있다.

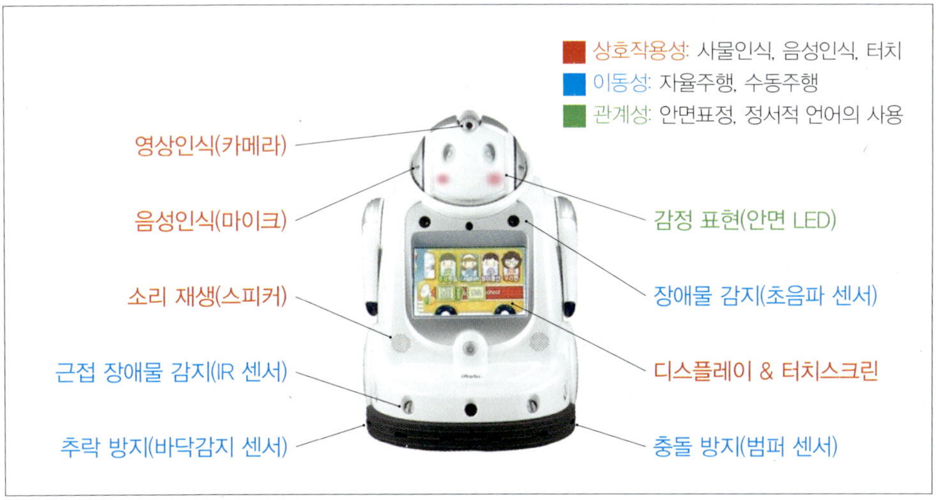

[그림 8-8] 아이로비Q의 주요 기능

출처: 유진로봇(2010). http://www.edurobot.net.

아이로비Q는 로봇의 이동성과 인간-로봇 상호작용 기술을 콘텐츠와 결합한 지능형 로봇으로 인간-로봇 상호작용의 예를 보면 다음과 같다. 먼저, '대화 기능'을 이용해서 "아이로비."라고 부른 후에 바로 인식할 단어를 말하면 유아의 말을 인식하고 응답한다. '사물인식 기능'을 통해 책이나 카드를 아이로비의 카메라에 비추면 사물을 인식하여 읽을 수 있다. '접촉감지 기능'으로는 머리 좌우와 양손, 바퀴에 6개의 터치센서를 갖고 있어 유아가 이 부분을 만지면 접촉에 반응하여 움직이거나 간단한 말로 응답할 수 있다. '출석 기능'은 일반적인 출석부를 대체하여 사용할 수 있는 출석 확인 기능으로 로봇이 등원하는 유아에게 감정 상태를 질문하면 유아가 감정 표현 그림을 터치하여 감정을 표현하면 이를 기록한다. 출석 기능은 유아의 출석자료와 상태를 데이터베이스화하여 관리함으로써 교사의 학급 관리 및 유아관찰 자료로 활용할 수 있다.

2) 제니보

제니보는 다사로봇이 개발한 것으로 30cm의 키에 1.5kg의 강아지 모양의 로봇이다. 제니보의 경우 15개의 관절을 가지고 있는 다관절 로봇으로 엎드리고, 머리와 꼬리를 흔들고, 앞발을 들고 서는 등 다양한 움직임이 가능하다.

[그림 8-9] 제니보의 다양한 동작

출처: 제니보(2010).

제니보는 사용 목적에 따라 '수업 보조 기능'과 '자율영역 기능'으로 나눌 수 있다. '수업 보조 기능'을 활용하여 교사용 프로그램을 통해 주제별 학습을 실행할 수 있으며, 본래 애완용 강아지 로봇의 기능을 활용한 '자율영역' 활동을 지원하고 있다. 제니보는 터치센서를 통해 쓰다듬거나 때리는 것을 구분하여 받아들이며, 이를 기쁨, 즐거움, 슬픔, 놀람, 화남 등의 감정으로 나타내고 움직임으로 표현할 수 있다. 또한, 리모컨과 PC를 이용해 제니보의 움직임을 제어할 수 있으며, 웹을 통해 소프트웨어를 업그레이드 할 수 있다. 제니보는 로봇 돌보기 프로그램, 터치 반응, 감정 표현, 음성인식, 녹음, 사진 찍기, 말하기 등의 기본 로봇의 프로그램에 교육 콘텐츠를 포함하여 놀이를 통한 학습을 지향하며, 교육계획안의 지원을 통해 교사 보조 역할을 지원한다(다사로봇, 2010) 수업 보조 콘텐츠는 주제 활동, 동화, 동요, 동시로 나눌 수 있으며, 교사 보조 콘텐츠는 TTS[3]를 활용한 말하기, 놀이 행사, 호명 기능을 지원하는 콘텐츠로 나눌 수 있다.

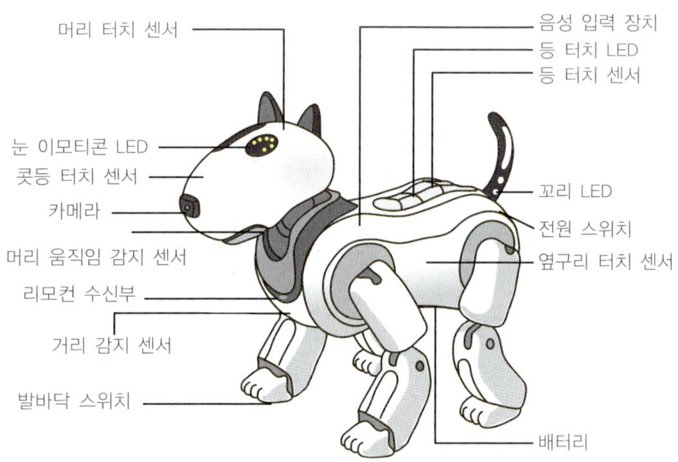

[그림 8-10] 제니보의 주요 기능

출처: 제니보(2010).

3) TTS(Text to Speech) 기능: 교사가 pc에서 교사용 로봇 프로그램에 접속하여 로봇이 말할 내용(예: 인사말, 동화 읽기)을 글씨(text)로 입력하면 로봇이 음성(speech)으로 재생

유아들이 생각하는 아이로비Q와 제니보의 이미지는?

유아들이 생각하는 아이로비Q와 제니보에 대한 이미지에 대한 연구(손혜인, 2011)에 의하면 아이로비Q에 대해서는 '컴퓨터'에 대한 이미지가 가장 높고 '로봇', '친구', '실수쟁이' 순서로 생각하는 것으로 나타났다. 강아지 형태의 제니보에 대해서는 '로봇'이란 이미지가 가장 높았고, '친구', '애완동물', '놀이감', '교구' 순의 이미지를 갖고 있는 것으로 나타났다. 아이로비의 경우 학습 보조 콘텐츠와 터치스크린 기능을 포함하여 '컴퓨터'의 이미지가 가장 높은 비중을 차지하였으며, 제니보의 경우에는 다관절을 이용한 활동적인 움직임, 살아 있는 강아지와 제니보의 다른 모습, 언어를 사용할 수 있다는 점에서 '로봇'의 이미지가 가장 높은 비중을 차지한 것으로 발표되었다.

출처: 손혜인(2011).

로봇은 교수 · 학습 활동에 새로운 혁신적 매체이며, 가장 결정적인 변화 중재자는 교사라고 할 수 있다. 교수 · 학습의 질 개선을 위해서는 로봇을 이용하여 교사의 전문성을 신장하고, 교사의 업무를 지원해야 한다. 로봇을 교실에 처음 도입하기 위해 교사는 로봇의 기능과 교수 · 학습매체의 특성을 배워야 한다. 로봇은 복잡한 기계라는 부담을 가질 수 있으나 디지털 컨버전스 시대를 살아갈 유아에게 로봇교육은 필수라는 적극적인 인식을 가지고 필요한 지식과 기능을 습득해야 한다. 로봇을 교수매체로 사용하여 교육과정에 통합하고 수업 보조와 수업 관리를 위한 교사의 도우미로서의 역할을 고안해 내야 한다(황해익 · 최혜진 · 손원경 · 강신영 · 조은래 · 김미진, 2011).

유아를 위한 교육용 로봇의 활용은 다른 흥미영역과 마찬가지로 모든 발달영역에서 유아의 발달과 학습을 조장한다. 로봇-유아, 유아-유아, 교사-유아 간 상호작용이 원활히 일어나도록 도와야 하며, 로봇은 흥미롭고 즐거운 학습도구로 운영되어야 한다. 교육용 로봇을 통한 유아의 발달적 효과를 정리하면 〈표 8-2〉와 같다(유미연 외, 2012; 한정혜, 2005; 한정혜 · 김동호, 2006; 현은자 · 김소연 · 장시경, 2008; 현은자 외, 2009; 이연승 외, 2013).

〈표 8-2〉 교육용 로봇 활용을 통한 유아발달적 효과

구분	교육용 로봇 활용의 효과
신체 발달	• 유아에게 기본 운동 자세를 배우게 하고, 움직임에 민감하게 반응하도록 하여 창의적 신체표현 활동을 하도록 자극하고 유도함 • 동작성이라는 요소를 통해 유아의 골격근육과 지각 및 감각기능을 발달시켜 운동기능을 향상시킴
언어 발달	• 로봇을 활용한 동화 읽기 활동 결과 다른 멀티미디어를 경험한 집단에 비해 이야기 구성력, 이해력, 단어 재인이 향상됨 • 로봇을 활용하여 의사소통, 자기표현의 일환으로 자신의 생각이나 로봇에 대하여 설명하거나 발표하고, 잘된 점과 잘못된 점을 이야기함으로써 유아의 사고력과 언어 능력을 강화, 유아의 발음, 어휘 발달, 의사소통 능력을 키움
인지 발달	• 로봇은 호기심과 상상력을 자극하여 탐구의 동기를 일으키고, 문제해결과정을 통해 창의력을 증진시킴. 비봇(Bee-bot)과 같은 프로그래밍 학습은 체계적이고 논리적인 능력을 향상시키고, 실패와 오류 수정의 반복을 통해 인지력을 향상시킴 • 로봇은 그 자체로 충분히 유아의 탐구 대상이기도 하며, 이를 이용하여 자연현상에 대한 탐구나 실험관찰이 가능함
사회성 발달	• 유아는 로봇을 좋아하고, 이를 사회적 동료이자 무언가 배울 수 있는 존재로 인식함. 다양한 로봇 활동 경험이 로봇에 대한 사회적 동료 의식을 높이는 것으로 해석됨 • 아동은 로봇에게 자신보다 우월하게 자신을 이끌어 줄 수 있는 역할을 기대함. 유아의 사회성 발달의 하위 영역인 기본생활습관, 사회적 기술, 사회 인지 및 놀이 참여 등에 긍정적 영향을 미침
정서 발달	• 유아는 로봇(아이로비Q, 제니보)을 살아 있는 친구로 인식하고 학습에 대한 흥미와 적극성이 높아짐 – 유아의 긍정적 자아 개념을 형성하도록 도움 – 집중력을 높여 학습의 효과를 증진시킴 – 학습의 흥미와 교육적 성취도에도 효과적임 • 로봇과의 잦은 접촉은 유아의 친밀감을 높여 정서발달에도 영향을 미치며, 학습동기를 유발시키는 데 특히 효과적임

출처: 황해익 외(2015).

03 유아 로봇의 유아교육 현장 적용 사례

1) 교육 보조 로봇 활용

교육 보조 로봇인 아이로비Q와 제니보를 활용한 유아교육 현장 적용 사례를 살펴보면 다음과 같다. 로봇을 활용한 수업을 계획할 때에는 로봇의 특징인 이동성과 상호작용성을 활용하는 것이 좋다. 유아와 로봇이 상호작용할 수 있는 대화 기능, TTS 기능, 동작 기능, 녹음 기능, 촬영 기능, 콘텐츠 제시 기능을 사전에 파악하여 이에 맞게 수업계획을 작성해야 한다.

유아교육기관에서 유아교육용 로봇을 활용하는 사례로, 로봇을 처음 본 유아들을 위한 활동으로 로봇을 소개하고 놀이규칙을 만드는 활동, 두 번째로는 로봇을 하루 일과 활동에서 활용하는 방법, 세 번째는 로봇의 대화 기능을 이용하여 상호작용하는 활동에 대해 소개하였다.

(1) 아이로비와 친해지기 및 놀이 규칙 만들기

로봇의 모습과 기능에 대해 알고, 로봇과의 놀이 규칙을 만드는 활동을 통해 로봇에 대한 관심을 갖도록 한다. 이 외에도 로봇의 이름을 짓거나 로봇의 집을 만들어 주는 활동을 통해 로봇에 대한 친근감을 높일 수 있다.

<table>
<tr><th colspan="2">활동명</th><td>아이로비를 소개해요</td></tr>
<tr><th colspan="2">활동목표</th><td>• 로봇에 관심을 가지고 아이로비와 친근감을 느낄 수 있다.
• 아이로비의 기능을 알 수 있다.</td></tr>
<tr><th>수업전개</th><th>아이로비 소개</th><td>• 아이로비 소개하기 및 아이로비 모습에 대해 이야기 나누기
– 아이로비에 들어 있는 '아이로비 소개하기' 프로그램을 실행시킨다.

아이로비 소개 멘트 : 안녕? 나는 아이로비야. 이제부터 나를 소개할게. 우리 반 친구와 함께 친하게 지내고 싶어. 나와 함께 친하게 지내고 싶은 친구는 나를 안아줘. 만나서 반가워.</td></tr>
</table>

수업 전개	아이로비 소개	• 아이로비 모습에 대한 이야기 나누기 – 아이로비는 어떻게 생겼나요? 아이로비의 몸에 어떤 것들이 있나요? 아이로비는 어떻게 움직일까요? • 머리: 고개를 돌릴 수 있어요. • 카메라: 사진을 찍을 수 있어요. • 팔: 앞과 뒤로 움직일 수 있어요. • 귀: 불이 들어오면 우리의 소리를 들을 수 있어요. • 바퀴: 앞, 뒤, 옆으로 움직일 수 있어요.
	아이로비 기능 및 활동	• 아이로비의 기능과 활동에 대한 이야기 나누기 – 아이로비에는 아이로비와 함께 할 수 있는 활동이 있어요. 아이로비 배에 있는 화면을 손가락으로 누르면 하고 싶은 활동을 할 수 있어요. – 아침에 유치원에 왔을 때 유치원에 왔다는 출석 체크를 아이로비와 함께 해 볼 수 있어요. • 아이로비 출석 체크에 대한 이야기 나누기 – 아침에 유치원에 와서 아이로비 화면에서 우리 반을 누르고 출석을 누르면 아이로비와 함께 출석 체크를 해 볼 수 있어요. 아이로비 출석을 누르면 우리 반 친구들의 사진이 나오는데 여기서 자기 얼굴을 누르고 아이로비와 출석 체크를 하고 오늘 아침에 기분이 어땠는지 눌러 주면 돼요. – 유아가 나와 아이로비 출석 체크 직접 시범 보이기 – 한 명만 나와서 출석 체크를 어떻게 하는지 친구들에게 보여 줄 수 있는 친구 있나요?
	아이로비와 놀이약속	• 아이로비와 함께 놀이를 할 때 지켜야 할 약속 만들기 – 이제 두 달 동안 아이로비와 함께 활동을 해 볼 건데, 두 달 동안 아이로비와 활동하기 위해서는 어떻게 해야 할까요? 아이로비와 함께 생활할 때 무엇을 조심해야 할까요? • 아이로비를 때리지 않아요. • 아이로비를 끌고 다니지 않아요. • 아이로비와 함께 활동할 때 아이로비를 조심히 다뤄요. (배에 있는 창을 살짝만 누르거나 살짝 쓰다듬어 주고 만져 준다.) • 아침에 등원해서 출석 체크를 할 때 자신의 출석 체크만 하고 다른 친구의 출석 체크까지 하지 않아요. • 자기 혼자만 활동하지 않고 친구에게 서로 양보하고 배려하며 함께 활동해요. – 약속판에 함께 이야기한 약속을 적으면서 이야기를 나누기

출처: 이고은(2011).

(2) 로봇을 하루 일과 활동에서 활용하기

유아교육현장에서의 로봇의 활용은 출석 확인, 단위수업의 도입-전개-마무리 단계, 하원 준비에서 다양하게 활용할 수 있다.

먼저, 유아들이 등원할 때 로봇과 인사하면서 출석을 확인하고 개별 유아의 감정 상태를 파악하여 교사가 참고할 수 있다.

단위수업에서는 활동 목적에 따라 로봇을 도입 단계, 전개 단계, 마무리 단계에서 사용할 수 있다. 도입 단계에서는 로봇을 이용하여 학습 내용에 대한 흥미를 유발할 수 있다. 전개 단계에서는 아이로비Q나 제니보의 음성 기능을 이용하여 이야기 나누기, 동시 듣기, 동화 듣기 등이 가능하다. 수업 준비 과정에서 교사용 로봇 프로그램에 접속하여 TTS(Tex to Speech) 기능을 활용한 동시나 동화, 퀴즈를 입력해 놓으면 수업 시간에 로봇의 음성으로 재생되어 로봇이 읽어 주는 효과를 볼 수 있다. 또한, 유아와 로봇이 함께 동화를 읽고 동화에 알맞은 동작을 만들어 볼 수 있다. 로봇과 유아가 함께 노래를 배우고 부를 수 있도록 녹음 기능을 이용할 수도 있다. 이외에도 동극을 수행할 때 로봇의 촬영 기능을 통해 연습 장면을 녹화하고 로봇의 녹음 기능을 이용해 대사를 녹음하여 재생하며 연습할 수 있다. 마무리 단계에서는 로봇과 함께 수업과 관련된 동요나 율동을 하거나 다음 학습 내용을 안내하면서 로봇을 활용하여 다음 수업에 대한 기대감을 높일 수도 있다.

하원 전에는 로봇을 이용해 알림장 내용과 준비물을 제시하여 유아의 관심과 흥미를 높일 수 있다.

〈표 8-3〉 아이로비Q와 제니보를 활용한 일과에서의 활용 방법

활동 구분	활동 내용	로봇 기능	유의점
출석 확인	• 등교 시 유아들이 로봇과 인사하며 출석 확인하기	출석 기능	– 사전에 반 유아 명단을 로봇 프로그램 출석 기능에 입력함
동시	• 로봇이 들려주는 동시 듣기 • 로봇과 함께 동시 읽어 보기 • 로봇과 함께 동시에 맞는 동작 만들어 보기	TTS 기능 녹음 기능 로봇동작 설정	– 미리 TTS 기능을 활용하여 동시를 저장 – 유아의 읽는 속도와 로봇의 읽는 속도를 맞추어 설정
동요	• 로봇이 들려주는 멜로디 듣고 따라 부르기 • 노래에 맞춰 로봇의 동작을 만들어 보기 • 유아와 로봇이 함께 율동하며 노래 부르기	TTS 기능 녹음 기능 로봇동작 설정	– 사전에 로봇의 녹음 기능을 이용하여 동요를 녹음해야 함
동극	• 로봇이 들려주는 멀티미디어 동화 듣기 • 동화 내용 회상하기(퀴즈) • 동극에 대해 이야기 나누기 • 역할을 분담하고 연습하기 • 동극 장면을 로봇 촬영 기능을 이용해 녹화하기 • 동극 내용을 보며 이야기 나누기	TTS 기능 촬영 기능 녹음 기능	– 동화에 대한 퀴즈를 사전에 TTS 기능을 이용해 저장
하원 준비	• 알림장 내용과 준비물을 로봇을 이용해 제시	TTS 기능 녹음 기능 로봇동작 설정	– 안내할 내용을 사전에 TTS 기능으로 저장

출처: 황해익 외(2015) 발췌, 수정.

(3) 로봇과 상호작용 기능을 활용하여 게임하기

로봇의 '대화 기능'을 이용해서 다음의 내용과 같이 단어전달 게임을 할 수 있다. 유아가 "아이로비."라고 부른 후 로봇에게 "돌고래."라고 단어를 말하면 유아의 말을 인식하고 똑같이 응답하도록 미리 설정하여 사용할 수 있다. 이 외에도 로봇의 터치센서 기능을 이용하여 유아가 로봇을 만지면 상황에 따라 '좋아요', '고마워요.' '미안해요' 등의 인사말과 동작을 설정하여 예절을 배우는 활동을 할 수 있으며, 로봇의 이동 기능을 이용하여 교실 내에서 신호등을 보고 유아와 로봇이 함께 횡단보도를 건너는 연습을 할 수 있다.

구분	활동 설명
활동명	단어전달 게임 (만 5세)
활동목표	• 바다 생물의 종류와 목소리의 필요성에 대해 안다. • 협동하며 약속을 지켜 게임하고 게임하는 과정을 통해 배려하는 행동을 경험한다.
로봇기능	대화 기능 (아이로비Q)
수업전개	• 바다 생물의 종류에 대해 이야기 나눈다. – 원으로 모여 앉는다. – 로봇의 콘텐츠 자료실인 배움터를 활용하여 바다 생물의 그림자료를 보여 주며 바다 생물에 대해 이야기 나눈다. • 게임에 대한 소개 – 원 대형에서 유아 수대로 반원으로 편을 나눈다. 이때 유아들이 서로 숫자를 세어 가면서 양쪽 팀의 인원수를 맞추면서 자연스럽게 수학활동도 접할 수 있게 한다. – 게임방법: 아이로비를 시작으로 하여 양 팀이 옆으로 앉는다. 아이로비 옆에 앉은 유아에게 각각 다른 바다 생물의 이름을 들려주면 옆 유아는 다른 유아에게 귓속말로 전달하여 마지막 유아까지 정확하게 단어를 전달하는 릴레이 게임이다. 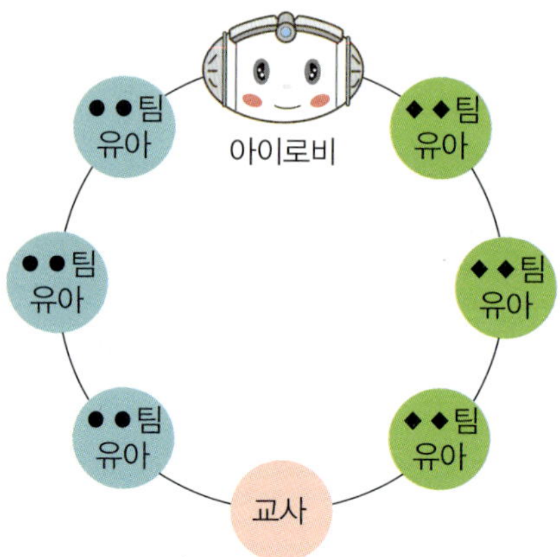 • 게임이 끝나면 적당하고 정확한 목소리의 필요성에 대해 이야기 나눈다. – 적당한 크기의 목소리에 대해 이야기 나눈다. – 정확하게 자신의 의견을 전달하기 위해 어떻게 해야 하는지 이야기 나눈다. • 게임 평가하기 – 단어전달 게임을 하고 난 후 느낌에 대해 이야기 나눈다. – 게임을 할 때 어려운 점에 대해 이야기 나눈다. – 재미있었던 점에 대해 이야기 나눈다.

출처: 이고은(2011).

2) 교구 로봇 활용

교구 로봇 중 완성형 교구 로봇인 오조봇(Ozobot)을 활용한 유아교육 현장 적용 사례를 살펴보면 다음과 같다. 오조봇은 문제해결을 위해 명령어를 이용해 로봇을 움직이면서 사고력을 높이는 코딩(또는 프로그래밍)교육 도구로 활용되고 있다. 먼저 오조봇의 구성을 살펴보자.

오조봇 구성		관련 그림
① 오조봇 본체	유아가 손에 쥘 수 있는 작은 로봇으로 바닥에 센서가 있어서 선과 색을 인식하고 명령어 스티커를 인식하여 명령을 수행한다. 인식한 색이 머리 부분에 나타난다.	
② 전원 버튼	본체 오른쪽에 위치한 전원 버튼을 누르면 전원이 켜진다.	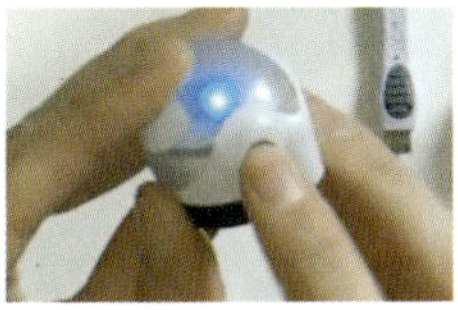
③ 센서	오조봇 바닥 부분에 색깔과 방향을 인식하는 센서가 있다.	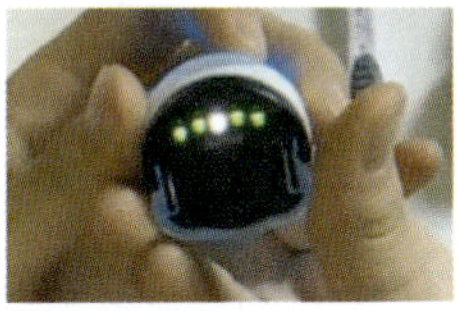
④ 전용 4색 마커펜	파란색, 초록색, 빨간색, 검은색 4가지 색상으로 구성된 5mm 두께의 펜으로, 색깔에 따라 다른 명령을 할 수 있다.	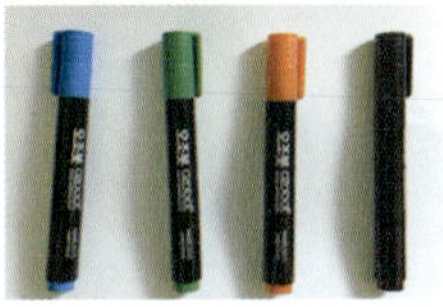
⑤ 명령어 스티커	유턴, 직진, 선을 무시하고 우회전, 터보, 지그재그, 달팽이, 회전, 뒤로 가기 등 다양한 명령어가 있는 스티커이다.	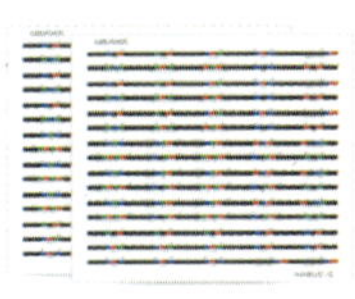
⑥ 충전 단자	오조봇의 뒷면에 충전단자가 있어 케이블을 이용하여 충전할 수 있다.	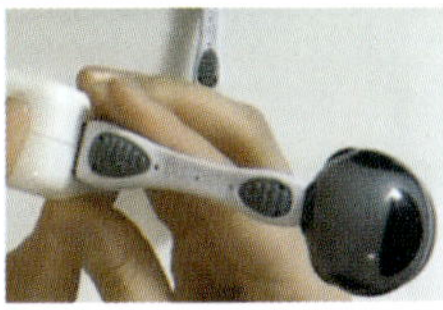

다음에는 오조봇을 활용하기 위한 두 가지 교육방법을 제시하고 있다. 먼저 로봇을 처음 사용할 때 작동 방법을 익힐 수 있는 '로봇과 친해지기' 활동과 로봇을 이용한 미션 수행 활동을 상세히 설명하고자 한다.

(1) 도입 활동: 로봇과 친해지기

오조봇의 기능과 작동 방법을 익힐 수 있는 도입 활동으로, 전용 4색 마커펜을 이용하여 종이에 유아가 원하는 그림을 그리도록 한다. 오조봇이 움직일 수 있도록 길을 그려도 좋고 좋아하는 동물 그림이나 자신의 이름을 써도 좋다. 로봇이 유아가 그린 그림의 선을 따라 움직이도록 하며, 활동에 대한 유아의 흥미를 유발할 수 있다. 명령어 스티커의 종류를 익히는 활동을 포함하여 전개할 수 있다.

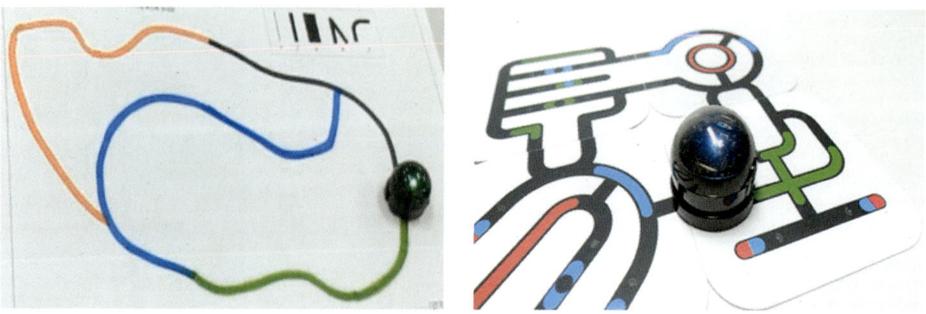

[그림 8-11] 오조봇의 기능과 작동 방법 익히기 활동

(2) 문제해결 활동: 로봇을 목적지로 이동하는 미션 수행하기

명령어를 이용해서 로봇을 움직이게 할 수 있고, 명령어 체계들을 연결하면서 문제해결 방법을 찾고 프로그래밍을 배우는 활동이다. 단순형 문제로는 출발점에서 목적지까지 앞, 뒤, 좌, 우 방향에 대한 명령을 통해 도착하는 활동을 할 수 있다. 예를 들어, 출발점에서 박물관까지 찾아가기, 박물관에서 놀이터까지 찾아가기 등 유아의 생활과 밀접한 장소를 찾아가게 하는 활동을 할 수 있다. 복잡형 문제로는 달팽이(천천히 가기), 뒤로 가기, 선 무시하고 가기 등 다양한 명령어 스티

커를 활용하여 로봇을 움직이거나, 오조봇 활용이 익숙해진 이후에는 좀 더 어려운 문제로 선이 끊어진 경우를 제시하여 끊어진 길을 넘어서 로봇이 목적지에 도착하도록 하는 미션을 주고 함께 해결하는 경험을 갖게 할 수 있다.

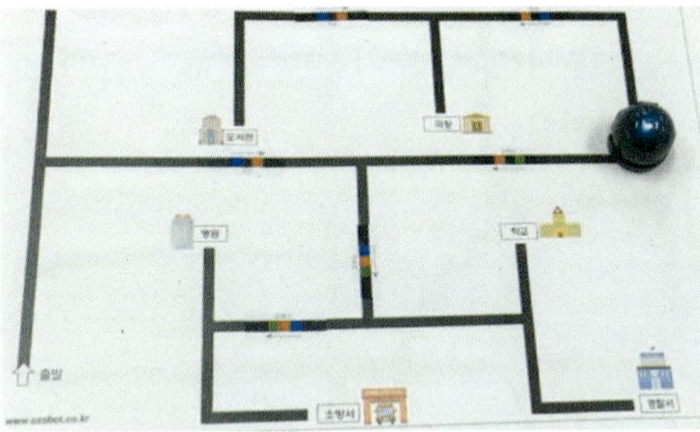

단순형 문제

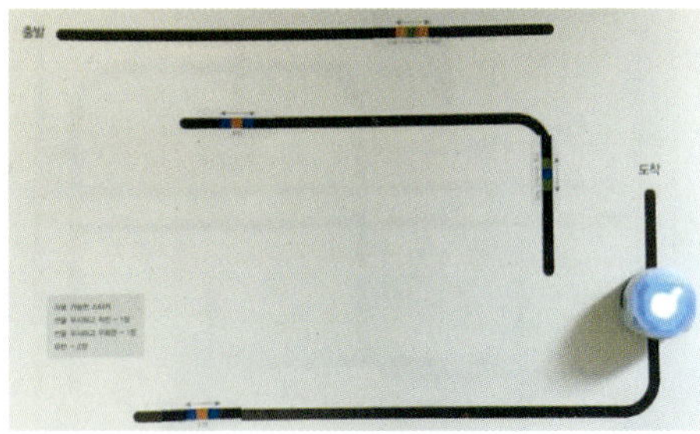

복잡형 문제

[그림 8-12] 명령어 스티커를 활용한 로봇 조작 활동

04 유아교육에서의 코딩교육

1) 코딩교육의 배경 및 정의

교육에서 중요한 화두 중 하나는 생각하는 법을 배우는 것이다. 특히, 21세기에는 빠른 속도로 정보가 증가하고 정보통신 기술 발달이 가속화되면서 문제를 해결하고 창의적인 아이디어로 대안을 마련하는 능력이 매우 중요해지고 있다. 문제해결력과 창의적으로 생각하는 방법을 가르치는 대안으로 코딩교육에 대한 관심이 높아지고 있으며, 정보사회의 모든 사람이 갖추어야 할 기본 소양으로 인식되고 있다(Wing, 2006).

우리는 일상생활에서 컴퓨터 프로그램에 둘러싸여 있다. 스마트폰에서 앱을 다운받고 필요한 자료를 검색할 때에도, 메시지를 보낼 때에도 컴퓨터 프로그램이 있어야 가능하다. PC를 이용해 음악을 듣거나 영화를 볼 때, 파워포인트로 자료를 만들 때에도 음악과 영상을 재생시켜 주는 컴퓨터 프로그램이나 문서를 작성하는 프로그램을 이용해야 한다. 냉장고와 세탁기에도 컴퓨터 프로그램이 내장되어 온도를 조정하거나 기계를 켜거나 끄는 작동 과정을 제어한다. 자동차에도 교통 상황 등에 대한 정보나 자동차 장치에 대한 정보가 컴퓨터 프로그래밍을 통해 제어되고 있다. 이와 같이, 디지털 기술의 발전은 생활에서 사용하는 기계장치들과 물건에 내장되어 우리가 인식하지 못하는 영역에까지 컴퓨터 프로그램을 사용하면서 살아가고 있는 것이다.

그렇다면 컴퓨터 프로그램은 어떻게 만들어지는 것인지, 그리고 코딩교육과 어떠한 관련이 있는지 살펴보자.

먼저, 컴퓨터 프로그램(computer program)이란 컴퓨터가 특정한 작업을 실행하도록 수행할 활동의 내용과 순서를 기록한 명령어의 모음이다. 이러한 컴퓨터 프로그램 중 내용과 순서가 잘 정의된 명령을 모아 놓은 목록을 알고리즘(algorithm)이라고 한다. 컴퓨터가 작동하려면 이와 같은 컴퓨터 프로그램을 누군가 계획하여 컴퓨터 언어로 입력을 해야 한다. 코드(code)란 컴퓨터 프로그램을 수행하는 언어를 말하며, 코딩(coding)이란 컴퓨터가 해야 할 일을 순서에 맞춰 명령문으로 컴퓨터에 입력하는 행위를 말한다.

컴퓨터에 명령을 내려 작동시키려면 사용자는 먼저 컴퓨터가 단계별로 해야 할 일을 생각하고 명령어 목록인 알고리즘을 만든다. 이러한 알고리즘에 따라 순서대로 코딩을 한다. 코딩 후에 생각한 대로 잘 작동되는지 테스트해 본다. 이때 생각한 대로 작동이 되지 않으면 원래 만들어 둔 알고리즘을 수정하고 다시 실행해 보는 디버깅(debugging) 과정을 거친다. 이러한 전반적인 과정을 프로그래밍(programming)이라고 한다.

코딩교육[4]이란 프로그래밍 능력을 갖추도록 하여 사고력과 문제해결 능력을 길러주는 교육을 말한다. 코딩과정을 통해 사고력과 문제해결 능력을 높일 뿐만 아니라 자신의 생각을 표현하기 위한 방법을 배우고, 새로운 아이디어를 창조적으로 만들어 내는 능력을 키울 수 있다. 코딩교육에서 중요한 것은 코딩하는 행위보다는 코딩을 하기 위해 생각하는 과정이 중요하다.

2) 유아교육에서의 코딩교육 방안

코딩은 유아에게 즐거운 놀이가 될 수 있을까? MIT 미디어랩의 교수였던 페퍼트(Peppert)는 피아제(Piaget)의 구성주의이론에 근거하여 아동은 실제 세계의 구체적 사물을 만지며 놀거나, 창의적인 결과물을 만들면서 학습에 참여하게 된다고 보고 아동의 수학학습을 돕기 위해 아동이 쉽게 사용할 수 있는 프로그래밍 언어인 로고 거북이(Logo turtle) 프로그램을 개발하였다. 로고 거북이는 명령에 따라 컴퓨터상의 공간에서 움직이며, 그림을 그리고, 수학의 기초 개념을 배우고 적용할 수 있도록 하였다. 로고 거북이 프로그램은 최근 코딩교육 프로그램으로 활용되는 스크래치(scratch) 프로그램의 원형이라고 할 수 있다. 아동은 직접 만들고 구성하면서 배우고, 스스로 사고하면서 개념을 확장하고, 도전하는 과정을 통해, 어렵지만 성취감을 느끼면서 배움의 기쁨을 알게 된다는 페퍼트 교수의 개념은 유아 대상 코딩교육의 방향을 제시하고 있다. 유아교육에서의 코딩교육은 단순히 공식을 외우고 지식을 습득하는 것이 아니라 사물을 어떻게 움직일지, 문제를 어떻게 해결할지 논리적으로 사고하는 능력을 키우는 교육이라 할 수 있다(이민영, 2017).

---

4) 코딩교육은 소프트웨어 교육, 프로그래밍 교육과 유사한 용어이다.

코딩교육을 유아교육과정에 효과적으로 적용하기 위해서 누리과정과의 연계가 중요하다. 코딩교육으로 적합한 누리과정 영역은 자연탐구영역으로 볼 수 있다. 이 중 '탐구하는 태도 기르기' 범주의 호기심을 유지하고 확장하기, 탐구과정 즐기기, 탐구기술 활용하기, '수학적 탐구하기' 범주에서는 규칙성 이해하기, 기초적인 자료 수집과 결과 나타내기, 그리고 '과학적 탐구하기' 범주에서는 간단한 도구와 기계 활용하기 내용에서 코딩교육 활동을 수행할 수 있을 것이다(이민영, 2017).

〈표 8-4〉 자연탐구영역에서 코딩교육 적용이 적합한 내용 범주

탐구하는 태도 기르기	수학적 탐구하기	과학적 탐구하기
• 호기심을 유지하고 확장하기 • 탐구과정 즐기기 • 탐구기술 활용하기	• 규칙성 이해하기 • 기초적인 자료 수집과 결과 나타내기	• 간단한 도구와 기계 활용하기

코딩교육은 영국, 핀란드, 미국, 프랑스에서 초등학교부터 고등학교 과정까지 소프트웨어 교육과정으로 도입되고 있으며, 영국에서는 5세부터 적용되고 있다. 우리나라도 교육부와 미래창조과학부가 '소프트웨어 중심사회를 위한 인재양성 추진계획'을 수립하여 중장기적으로 초 · 중등, 대학에서의 소프트웨어 교육을 추진하고 있다. 중학교의 경우 2018년 1학년을 시작으로 2020년에 전체 학년에 소프트웨어 교육이 필수로 적용될 것이며, 초등학교는 2019년에 초등학교 5학년과 6학년에 적용될 예정이다.

코딩교육을 위한 프로그램은 초 · 중등학교의 경우 스크래치[5], 스몰베이직, 앨리스 등을 주로 사용하고 있다. 유아와 초등 저학년의 경우에는 문자를 이용한 코딩보다는 구체물을 이용한 코딩교육이 적절한 방식으로 볼 수 있다. 유아교육현장에

5) 스크래치: MIT 미디어랩에서 개발한 블록형 프로그래밍 언어로 아동을 대상으로 설계되었으며, 명령 단위인 블록을 조립하여 프로그래밍할 수 있다.

서 적용한 코딩교육 적용 사례로 완성형 교구 로봇과 스마트기기를 활용하는 사례를 소개하고자 한다.

3) 알버트 로봇을 활용한 코딩 교육 사례

알버트 로봇은 SK텔레콤이 개발한 완성형 교구 로봇으로 블록형 프로그래밍 언어를 이용하여 코딩교육에 활용할 수 있다. 알버트 로봇은 근접 센서, 카드인식 센서 등 다양한 센서가 있으며, 블루투스 기능을 이용하여 스마트기기나 PC와 연동할 수 있다. 또한, 바퀴가 달려 있어 이동할 수 있으며, 눈에 불이 들어오면서 음성과 명령에 반응하는 모습을 보인다.

알버트 로봇

미션 예시

[그림 8-13] 알버트 로봇과 코딩 미션 예시

출처: 알버트 코딩 로봇(http://www.albert.school).

코딩 방식은 블록형 코딩과 카드형 코딩이 가능하다. 블록형 코딩은 컴퓨터 언어가 아니라 블록쌓기 놀이와 같이 명령어 블록을 연결하여 코딩을 하는 방법이다. 스마트폰을 이용해서 블록 방식으로 코딩을 하고 알버트 로봇이 명령에 따라 미션을 수행하게 된다. 카드형 코딩 방식은 명령카드를 하단의 센서에 인식시키면 명령에 따라 로봇이 미션을 수행할 수 있다. 예를 들어, 동물원 보드판에서 로봇을 사육사 아저씨를 따라 원숭이 우리로 이동시키도록 미션을 제시하면, 학습자는 미션 수행을 통해 코딩의 기본 개념인 순차 · 반복 · 조건을 학습할 수 있으며, 로봇의 동작, 형태, 소리 등을 명령어로 지정할 수 있다. 학습자는 미션을 통해 문제 규칙을 파악하고 논리적으로 명령어를 구성하는 훈련을 하면서 사고력을 기를 수 있다. 명령어를 이용하여 방향, 수의 개념을 자연스럽게 익힐 수 있으며, 오류를 수정하는 과정을 통해 사고력과 논리력을 키울 수 있다. 또한, 학습용 보드판을 이용하여 수의 개념이나 사물과 지도의 위치를 익힐 수 있으며, 카드놀이를 통해 어휘 학습이 가능하고, 동화나 스토리텔링 학습이 가능하다.

블록형 코딩 방식

카드형 코딩 방식

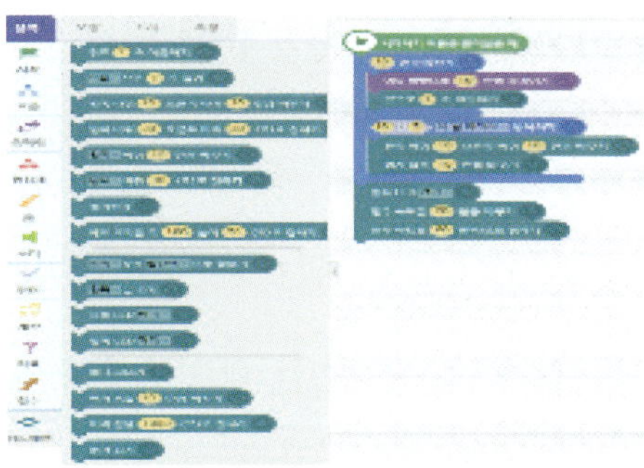

블록 코딩 예시

명령카드

[그림 8-14] 블록형 코딩 방식과 카드형 코딩 방식

출처: 알버트 코딩 로봇(http://www.albert.school).

〈표 8-5〉는 알버트 교구 로봇을 활용하여 유아 대상의 코딩교육 활동 내용을 제시한 것이다. 실제 현장에서 코딩교육을 적용한 결과 유아가 흥미를 느끼고 스스로 아이디어를 내고 의사를 활발히 표현하였고, 미션 해결과 로봇을 움직여 보는 활동 등을 통해 언어 창의성과 도형 창의성 증진이 되었다고 제시하고 있다(임명숙, 2017).

〈표 8-5〉 코딩교육 활동 내용

구분	활동 내용
지도 만들기	• 유치원에 올 수 있는 새로운 방법을 찾아 유치원 오는 지도를 만든다 • 로봇을 이용해 지도에서 가고 싶은 곳을 찾아 움직여 본다
우산 찾기	• 제시된 조건에 따라 로봇을 움직여 우산을 찾아가도록 코딩한다 • 명령카드의 종류를 바꾸어 다양한 방법으로 코딩한다
꽃길 지나가기	• 주어진 미션대로 스마트 로봇이 꽃길을 잘 지나갈 수 있도록 코딩한다 • 로봇이 출발 자리에서 꽃까지 가는 방법을 설계해 본다 • 명령카드로 알고리즘을 설계하고 로봇을 움직인다 • 다양한 미션을 설정하여 코딩활동을 확장한다
자연보호	• 자연을 보호하는 그림을 찾는다 • 스마트 로봇이 자연보호 그림을 찾아가도록 명령카드를 이용해 코딩한다. • 스마트 로봇의 움직임을 관찰하고 다양한 방법으로 코딩한다

출처: 임명숙(2017) 발췌, 수정.

코딩교육은 유아교사에게도 생소한 분야이다. 일부 교사는 컴퓨터를 활용한 프로그래밍 교육에 대해 거부감을 가질 수도 있을 것이다. 새로운 테크놀로지가 교육환경에 접목될 때마다 교사들은 새로운 미디어가 유아에게 가치 있는 경험이 될 것인지, 교수·학습매체로 어떻게 사용할 것인지에 대해 고민하고 실천하고 시행착오를 겪는 과정을 거친다. 코딩교육을 유아교육현장에 성공적으로 도입하기 위해서는 교사의 노력뿐만 아니라 코딩교육에 대한 교사연수와 코딩교육을 위한 유아교육현장의 환경 구비 등 체계적인 계획과 준비 과정이 이루어져야 할 것이다.

05 로봇의 유아교육 현장 적용 시 유의점

첫째, 교육용 로봇 활용 교육이 효율적으로 실행되기 위한 조건으로 생활주제 중심 교육과정 내에 통합적으로 운영되어야 하며, 로봇의 이동성과 상호작용성을 활용하여 수업을 계획하는 것이 좋다.

둘째, 로봇에 대한 유아의 호기심과 상호작용이 유지되어야 한다.

- 로봇에 대한 유아들의 호기심이 식지 않도록 지속적으로 로봇을 활용할 수 있는 유아발달에 유익한 경험을 제공하도록 계획해야 한다.
- 가정과 유아교육기관이 로봇을 활용하여 학부모와 연계하여 활동한다면 의미 있는 교육활동을 실시할 수 있다.

셋째, 교구 로봇의 활용은 유아의 이해도를 고려하여 단계적으로 진행해야 하고 생활도구 주제에서 다룰 수 있으며, 탐구활동에서 활용할 수도 있다. 또한, 교사를 위한 교구 로봇 제작 및 활용에 대한 연수가 실시되고 수업 적용에 대한 방안이 마련되어야 한다.

넷째, 보조 로봇의 경우 고가의 매체이므로 매체 선정 기준에 따라 교육적 가치, 안정성, 내구성, 기능성, 교사연수, 지속적인 콘텐츠 업데이트, 호환성, 유지 · 보수, 활용 및 관리의 용이성 등을 신중하게 판단한 후 선정하여야 한다.

- 교육 보조 로봇의 경우 초기 현장 도입 시 신기성(Novelty) 효과로 유아와 교사들이 적극적으로 활용하였으나 관리의 어려움, 기능의 제한, 교사의 업무 부담, 콘텐츠 부족 등으로 점차 활용도가 낮아진 바 있다.

다섯째, 로봇의 안전 관리에 유의해야 한다.

- 로봇은 이동 기능에 대한 안전장치로 충돌방지 기능과 바닥이 평평하지 않은 경우 넘어지지 않도록 하는 기능이 있으나 혹시라도 유아가 로봇에 부딪히는 사고가 발생하거나 로봇이 넘어져서 파손될 수 있으므로 안전하게 관리하여

야 하며, 교사가 사용법을 숙지하여야 한다.

- 로봇을 사용하지 않는 시간에는 물기가 닿지 않는 장소에 로봇을 비치하고, 충전하여 사용하여야 한다.

여섯째, 코딩교육은 유아에게 논리적 사고력을 요구하기 때문에 어려울 수 있으므로 유아별로 활동의 난이도를 조정하여 성취감을 느낄 수 있도록 세밀한 수업계획이 필요하다. 또한, 코딩교육에 관심이 없는 유아에게는 흥미를 유발할 수 있도록 관심 있는 주제를 선정할 필요가 있다.

마무리 활동

1. 만약, 여러분이 로봇 선물을 받는다면 어떤 로봇이길 바라나요?
2. 로봇을 제작한다면 어떤 로봇을 만들고 싶은지 로봇의 이름을 짓고, 로봇에 대한 설명을 써 봅시다.

3. 생각하는 로봇을 만들려면 어떻게 해야 할까요?

Chapter 09 증강현실 활용

이 분은?
우와~ 이순신 장군님이잖아!

그럼 내가 탄 배는?
바로 바로 거북선이네.

이것이 가상현실 세계!

학습목표

1. 증강현실의 개념을 이해하고 교수 · 학습매체로서 증강현실의 특성을 설명할 수 있다.
2. 유아교육에서의 증강현실 활용 방법 및 사례를 이해하고 수업에 적용할 수 있다.

생각해 봅시다

가상현실 세계에서 아름다운 정원을 보면서 실제와 같은 바람을 느끼고, 꽃향기를 맡고, 흙을 밟으며 걷는 느낌을 가진다면 어떨까? 맛있는 과일을 먹으며 그 과일의 맛을 느끼는 것이 가상현실 속에서 가능할까? 지금까지의 가상현실은 시각과 청각적인 측면에서 구현이 되었지만, 앞으로는 촉각, 후각, 미각에 이르기까지 오감을 활용한 기술로 구현되어 우리의 일상생활에서 경험하게 될 것이라고 한다. 예를 들면, 상점에 가지 않고 가상의 옷을 보면서 실제 손으로 천의 질감을 느낄 수 있다. 또한, 먼 곳까지 이동하기에 몸이 불편한 노인의 경우라도 여행을 가고 싶을 때 가상현실 여행을 통해 실제와 같은 체험을 통해 기쁨을 느낄 수 있다.

교실에서 선생님과 유아들이 커다란 지구본을 함께 보고 있다고 생각해 보자. 선생님이 북극곰과 환경문제를 이야기할 때, 지구본의 북극 부분에서 빙하가 녹는 모습과 북극곰이 걸어 다니는 모습을 입체로 볼 수 있다면 어떨까? 유아가 어떤 상상과 이야기를 하게 될까?

그림책을 보다가 그림책 위에 공룡이 나타난다면, 아프리카 동물들이 걸어 다닌다면, 경주 첨성대가 입체로 나타나고 첨성대를 아래에서 위에서 관찰할 수 있다면 유아들은 자신이 알고 있던 내용에 새로운 경험을 하면서 재미있는 상상을 통해 경험을 확장하게 될 것이다.

증강현실 교재

출처: 이지런(http://www.easylearn.co.kr/).

유아를 위한 안전교육 측면에서도 화재 위험에 대한 교육을 할 때, 가상의 위험 상황과 함께 불의 뜨거움을 구현하여 유아에게 위험을 감지할 수 있도록 가상현실상에서 알려 줄 수 있다. 박물관이나 역사 유적지를 직접 가지 않더라도 유물을 만져 볼 수 있으며, 유물의 모양, 촉감, 재질을 실제와 같이 체험을 할 수 있다. 동물원의 경우에도 다양한 동물의 모습과 울음소리와 함께 체취를 느낄 수 있을 것이다.

이 장에서는 디지털 기술의 발전에 따라 새롭게 등장하고 있는 증강현실 기술이 무엇이며, 현재와 미래에 어떠한 새로운 기능들이 가능한지 생각해 보고자 한다. 이러한 증강현실을 유아교육에 활용할 때 교수·학습매체로서의 특성을 살펴봄으로써 보다 효과적인 유아교육에서의 교육방법을 생각해 보고자 한다.

01 증강현실의 개념

가상현실 기술은 인간의 지각력을 높여 정보에 몰두하게 하고 직접적인 체험으로 정보의 이해를 높여 줄 수 있는 장점을 가진다. 증강현실(Augmented Reality)은 실세계 환경에 문자와 그래픽과 같은 부가 정보를 실시간으로 합성하여 보여 줌으로써 사용자에게 보다 향상된 현실감을 제공하는 기술(Azuma, 1997)을 말한다. 증강현실은 교육 분야에서 직접 관찰이 어렵거나 텍스트와 2D자료로 설명하기 어려운 학습 내용, 추상적이어서 시각화하기 어려운 내용, 3차원의 학습 개념, 고위험 및 경비가 많이 드는 실험 등의 분야에서 적용하기에 유용하다고 알려져 있다(Kaufman & Schmalstieg, 2003). 증강현실은 가상현실의 한 분야이며, 증강현실과 가상현실의 특성을 비교하면 〈표 9−1〉과 같다.

〈표 9-1〉 증강현실과 가상현실의 개념 및 특성

증강현실(AR)	가상현실(VR)
현실 공간을 바탕으로 실제 환경과 가상의 이미지가 혼합되어 사용자가 현실 환경 속에서 가상의 물체를 동시에 체험할 수 있음 예) 실제 동물 백과사전을 스마트폰이나 컴퓨터와 연결된 카메라로 비추면 증강현실 프로그램이 작동되면서 모니터에 동물이 3차원 입체물로 나타나 실제 책 위를 걸어 다니는 것처럼 보임	컴퓨터가 구축한 가상공간 내에 사용자가 들어가 현실처럼 느끼며 보고 체험할 수 있음. 그러나 사용자가 현재 있는 실제 환경과 함께 가상 공간을 볼 수는 없음 예) 내가 탐험자가 되어 가상세계로 들어가 1인칭 시점으로 바닷속을 탐험하거나 우주를 탐험하거나 몸속을 탐험하는 것처럼 경험할 수 있음

색칠한 그림을 증강현실로 구현 그림 출처: http://www.quivervision.com/	런던국립자연사박물관 가상현실 그림 출처: http://www.nhm.ac.uk

02 교수 · 학습매체로서 증강현실의 특성

1) 증강현실의 교육적 활용 시 장점

증강현실을 활용할 때의 교육적 장점은 실물과 유사한 가상 콘텐츠를 체험할 수 있고 실물을 이용하여 가상 콘텐츠를 직접 조작하면서 실제적인 현실 상황 안에서 문제를 경험하고 이해할 수 있다는 것이다. 증강현실 기반 교수 · 학습매체의 특성과 교육적 장점을 구성주의 학습 원리에 근거하여 정리하면 다음과 같다.

(1) 실재감 강화를 통한 체험적 학습 지원

시각, 청각, 촉각 등 다양한 감각기관을 활용한 정보 표현 방식은 학습 내용에 대한 학습자의 감각적 몰입을 가져옴으로써 활동에 대한 실재감을 증대시킬 수 있다.

즉, 학습자가 직접 시각, 청각, 촉각 등을 포함한 오감을 활용해 만지고 잡고(grasp) 느낄 수 있는 직관적이고 체험적인 학습(learning by doing)을 가능하게 함으로써 학습에 대한 흥미 및 동기, 몰입을 가져올 것으로 예측된다. 특히, 실제 환경과 유사한 공간 개념을 투영한 3차원 가상객체를 학습 내용으로 하는 경우 실재감을 높여 추상적이거나 복잡한 학습 내용에 대한 직관적 이해를 가능하게 함으로써, 학습자의 심층적 이해 및 분석, 종합, 적용 능력을 보다 향상시킬 수 있다.

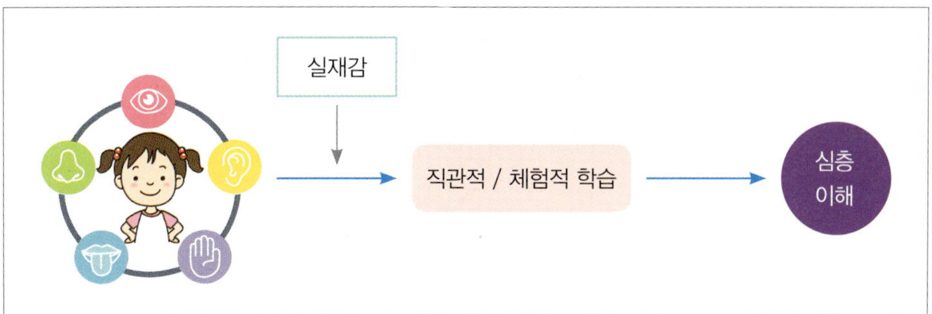

[그림 9-1] 오감을 활용한 증강현실의 실재감 강화와 학습 효과

(2) 실세계와 가상세계의 결합을 통한 실제적 학습 지원

실세계와 가상세계를 이음새 없이 연계해 주는 증강현실의 미디어 특성은 현실과 가상의 학습 정보를 자연스럽게 결합해 준다는 점에서 학습 효과를 증진시키는데 기여할 수 있다. 증강현실은 상황과 장소에 적합한 정보를 제공할 수 있는 학습 환경을 지원함으로써 학습 내용에 대한 구체적인 맥락을 갖추고 있다. 증강현실의 이러한 특성은 실제 학습 상황에서의 문제해결과 사고 활동을 촉진함으로써, 단순한 개념의 습득이나 이해 차원을 넘어서 적용 능력의 향상에 효과를 가진다.

(3) 실물형 조작 방식에 의한 능동적 학습 지원

증강현실은 윈도우, 마우스, 키보드를 통해 조작하는 GUI(Graphic User Interface) 모델을 넘어서 구체적인 사물을 통해 가상의 객체를 조작하는 새로운 실물형 인터페이스[1]를 제공한다. 따라서 증강현실을 사용하는 학습자는 교사에 의해서 일방적으로 제시되는 지식을 수용적으로 받아들이는 것이 아니라 학습자 스스로가 지식을 구성할 수 있게 된다(Shelton, 2003). 이러한 증강현실 미디어의 특성은 학습자가 스스로의 의도에 의해 학습 상황에 주도적으로 개입하게 되는 적극적 상호작용을 유도함으로써, 의도적 학습(intentional learning), 능동적 학습(active learning)을 가능하게 한다. 예를 들어, 과학 실험 활동을 할 때 증강현실 기법을 활용하여 가상의 우주 공간을 생성한 이후에 태양계 행성들을 학습자가 궤도나 크기 등을 조작하면서 시뮬레이션 해 봄으로써 원리와 규칙에 대한 이해를 촉진할 수 있다. 또 다른 예를 보면 증강현실 및 가상현실을 활용하여 수술 환자의 수술 부위 크기와 상태를 실제와 같이 3D로 제작하여 수술해 보는 시뮬레이션을 함으로써 효과적이고 안전한 수술을 수행할 수 있다.

---

1) 인터페이스(interface): 컴퓨터와 인간 사이의 소통을 위해 만들어진 물리적인 매개체로 보통 마우스나 키보드를 사용한다. 가상현실 분야에서는 가상객체를 조작할 때 실제 물건을 이용하여 직접 조작하듯이 가상객체를 움직일 수 있다. 이를 실물 인터페이스라고 한다.

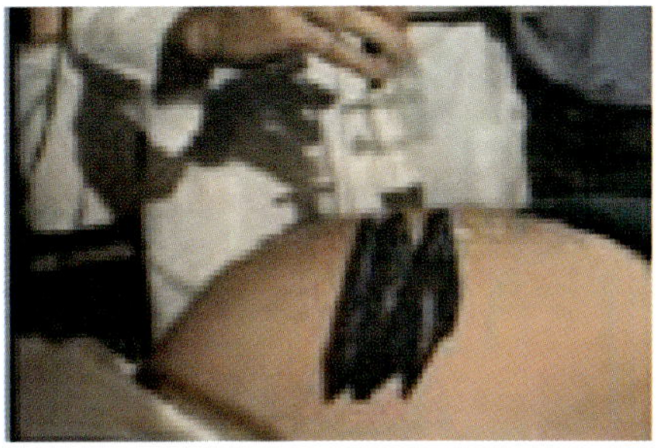
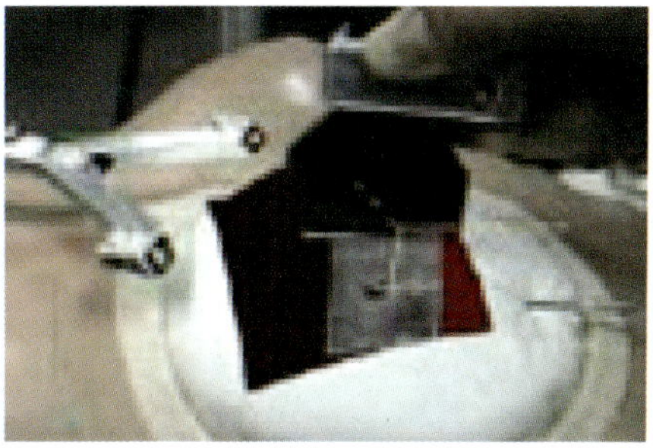

[그림 9-2] 증강현실을 활용한 수술 시뮬레이션 장면

2) 유아 대상 증강현실의 교육적 활용 유형

유아를 대상으로 증강현실 콘텐츠를 교육적으로 활용할 때 나타날 수 있는 장점은 감각으로 세상과 만나는 유아들의 욕구를 충족시키며 학습에 몰입할 수 있도록 한다는 것이다. 이러한 증강현실 콘텐츠는 신체와 감각을 활용하여 주제를 중심으로 다양한 활동을 실행하는 유아교육에 적합하다. 증강현실을 활용한 유아교육의 활용 유형은 스토리텔링, 탐구 활동, 예술 활동, 안전교육 활동으로 설명할 수 있다.

〈표 9-2〉 증강현실을 활용한 유아교육의 활용 유형

활용 유형	설명	
스토리텔링	그림책 활동이나 이야기 나누기 활동할 때 증강현실 콘텐츠를 활용하여 읽기에 대한 흥미를 높일 수 있으며, 유아가 이야기의 의미 이해를 촉진함	
탐구 활동	유아가 관찰하고 있는 자연물이나 박물관 및 미술관의 전시물 견학 내용과 관련하여 증강현실을 활용한 탐구 활동을 지원할 수 있음	

활용 유형	설명	
예술 활동	증강현실을 활용한 극놀이, 색칠하기와 같은 다양한 예술 활동을 통해 유아의 동기와 몰입을 높임	
안전교육 활동	증강현실을 활용하여 유아를 대상으로 상황별 안전에 대한 지식과 행동 요령을 가르치는 데 활용할 수 있음	

첫째, 교사가 그림책 활동이나 이야기 나누기 활동을 할 때 증강현실 콘텐츠를 사용할 수 있다. 증강현실 그림책은 스마트기기의 카메라에 실제 그림책을 비추면 책 위로 3D 콘텐츠가 나타나고 소리까지 구현된다. 종이책에서 얻을 수 없었던 책의 세부 내용이나 책에 없는 추가 정보를 증강현실 그림책에서는 입체 영상으로 볼 수 있다는 점에서 기존의 팝업북과 애니메이션이 전자적으로 융합된 결과물이

[그림 9-3] 증강현실 그림책의 개념

출처: 오선영(2015).

라고 할 수 있다. 증강현실 그림책의 이러한 특징들은 유아가 읽기에 대한 흥미를 높일 수 있으며, 이야기의 의미를 더 잘 이해하도록 해 주거나 더 구체적으로 경험할 수 있도록 도와준다(현은자 외, 2011).

둘째, 유아가 관찰하고 있는 자연물이나 박물관 및 미술관의 전시물 견학 내용과 관련하여 증강현실을 활용한 탐구 활동을 지원할 수 있다. 유아가 관찰하고 싶거나 알고 싶어 하는 동물이나 식물, 유적지나 유물, 비행기나 자동차 등과 같은 탐구 사물에 대해 3차원으로 제시함으로써 다양한 각도에서 관찰할 수 있으며, 애니메이션 및 소리자료를 통해 동식물의 경우에는 생태적 요소, 기계장치에 대해서는 작동 방법 등에 대한 이해를 촉진하고 학습 흥미를 높일 수 있다. 박물관이나 미술관 견학을 대신하여 실제 전시물 대신 증강현실 콘텐츠를 활용하여 탐구 활동을 수행할 수 있다.

셋째, 증강현실을 활용한 극놀이, 색칠하기와 같은 다양한 예술 활동을 통해 유아들의 동기와 몰입을 높일 수 있다. 유아가 색칠한 그림이 3D 애니메이션과 소리로 구현되는 경험을 통해 상상력을 촉진할 수 있고 극놀이의 경우 등장인물의 가면이나 의상 등을 증강현실로 구현하여 실제 분장한 것과 같은 효과를 볼 수 있으므로 연극 연습을 할 때 활용할 수 있다.

넷째, 유아에게 닥칠 수 있는 불의의 사고를 예방하기 위해 증강현실을 활용하여 유아를 대상으로 상황별 안전에 대한 지식과 행동 요령을 가르치는 데 활용할 수 있다. 유아가 화재 상황이나 지진 등 재난 상황, 교통사고 등의 위험한 상황을 인식하고 적절하게 대처할 수 있도록 반복학습을 통한 습관화가 요구된다. 증강현실을 활용한 체험형 학습을 통해 교통안전, 소방안전, 약물오남용, 실종유괴, 재난대비, 성폭력 및 아동학대, 생활안전 교육 분야에서 효과적으로 활용할 수 있다.

3) 증강현실의 교육적 활용 시 제한점

증강현실의 교육적 활용 시 제한점을 살펴보면 다음과 같다.

첫째, 유아의 경우 가상의 사물이 나타나는 것에 대해 혼란스러워하거나 가상과 현실을 구분하지 못하는 경우가 생길 수 있으므로 유아교육현장에서 도입할 때에는 유아가 증강현실을 이해하도록 돕고 유아 수준에 맞는 활동으로 구성해야 한다. 증강현실을 활용한 그림책 활용이나 동극 활동에 대한 연구결과를 보면, 유아들은 증강현실 그림책이 움직이는 것에 대해 "동물이 책에서 튀어 나와요.", "컴퓨터에서 그림이 막 나와요.", "글자가 점점 커져요.", "정말 그림들이 움직이는 것 같아요."라고 반응하며, 높은 흥미를 보이는 것으로 나타났다. 또한, 유아는 가상 객체가 현실 배경 위에서 모니터 화면에 나타나는 것을 인식하며 흥미와 몰입이 높아지는 것으로 나타났다. 그러나 그림책을 읽거나 동극 활동에서 이야기를 이해하지 못하는 유아의 경우에는 미디어의 신기 효과에만 관심을 가지는 것으로 나타났다. 그러므로 유아교육에 활용할 때에는 교육 목적에 벗어나지 않도록 주의하여 수업을 진행해야 한다(김인태, 2017; 현은자 외, 2011, 2012; 이정, 2018).

둘째, 증강현실 콘텐츠를 활용한 수업 가이드 라인 및 전문적인 기술 지원이 부족하다. 유아교사를 위한 증강현실 기술의 특성과 필요한 장치, 유아를 위한 증강현실에 대한 이해를 돕는 방법, 그림책, 탐구 활동, 예술 활동의 교육적 적용 방법, 수업을 위한 사전 준비 과정과 환경 구축, 증강현실 교구재 구입 비용, 수업 운영을 위한 기술 전문 인력 지원 등의 제도적인 문제가 해결될 필요가 있다.

셋째, 증강현실의 특성을 효과적으로 활용하기 위해 비디오카메라, 웹캠 등의 입력장치를 필수적으로 준비해야 한다. 증강현실 콘텐츠를 경험하기 위해서는 HMD (Head Mounted Display)[2]나 모니터 등 화면을 볼 수 있는 디스플레이 장치가 있어야 한다. 그러나 증강현실 디스플레이 장비인 HMD의 가격이 고가이며, 장시간 사용 시 어지러움 증상이 나타나 유아 학습에 사용하기 어려움이 있다. 따라서 스

2) HMD(Head Mounted Display): 안경처럼 머리에 쓰는 형태의 디스플레이 기기로 작은 디스플레이가 부착된 장치를 머리에 쓰면 눈 앞에 있는 화면을 통해 마치 거대한 화면을 보는 듯한 효과를 낸다(용어로 보는 IT, 2015).

마트기기를 활용하거나 컴퓨터 모니터나 TV를 디스플레이로 활용하는 추세이다.

넷째, 유아교육과정에 맞추어 개발된 증강현실 기반 학습 콘텐츠가 부족하다. 유아교육활동에 적합한 증강현실 콘텐츠가 풍부하지 못하기 때문에 교사가 필요한 자료를 충분히 제공받기에 한계가 있다. 기존에 개발되어 있는 증강현실 콘텐츠나 교구재를 찾아 교육자료로 적합한지 검토하고 활용 방법을 숙지한 후 사용하여야 한다. 현재에는 일반 유아교사가 증강현실 기반 콘텐츠를 직접 제작할 수 없으므로 전문 기술업체와 협력하여 콘텐츠를 개발할 수 있다. 향후에는 증강현실 콘텐츠 제작을 위한 일반인용 제작 프로그램이 개발될 것으로 예상된다.

03 국내 및 해외 교육용 증강현실 콘텐츠 사례

국내 및 해외의 유아를 대상으로 한 증강현실 콘텐츠를 소개하면 다음과 같다.

1) 해외 증강현실 그림책

프랑스에서 제작된 『아기 올빼미!』는 올빼미가 잃어버린 안경을 찾는 과정을 숲속 친구들이 도와주는 이야기로 구성되어 있다. 증강현실 그림책으로 올빼미의 배를 문지르면 올빼미가 움직이고 올빼미 주변의 나뭇가지를 클릭하면 꽃이 만개한다. 올빼미를 도와주는 숲속 동물과 곤충들을 만나게 되면서 페이지별로 다양한 활동이 전개된다. 거미줄을 터치하면 기타줄을 튕기는 듯한 소리가 들리고 연주할 수도 있다. 벌레를 터치하면 벌레가 애니메이션 되며, 숲속을 터치하면 동물 소리를 들을 수 있다. 이 외에도 『친구 할까?』, 『이제 잘 시간이야!』, 『깜깜한 게 무섭다고, 내가?』 등 예술 활동을 촉진하는 증강현실 그림책이 있다. 우리나라 출판사에서 한국어로 번역하여 출판하였으며, 증강현실 그림책 앱을 받아 활용할 수 있다.

레나 마질뤼 지음/
안수연 옮김/보림(2017)

샤를로트 가스토 지음/
박선주 옮김/보림(2017)

증강현실로 구현된 『아기 올빼미!』 그림책

[그림 9-5] 유아용 증강현실 그림책

2) 인체 탐험

인체 내부의 기관들을 직접 조작을 통해 실제로 관찰해 보는 증강현실 프로그램도 있다. 학습자는 자신의 몸에서 해당 장기가 위치한 곳에 마커를 가져다 댐으로써 마치 자신의 신체 내부를 직접 관찰하는 듯한 시뮬레이션 학습을 할 수 있다(ETRI & KERIS, 2008). 심장, 소장, 대장 등 신체의 해당 부위에 마커를 가져가면 3D로 개발된 장기들이 마치 자신의 몸에서 방금 튀어나온 것처럼 생생한 모습과 기능을 살펴볼 수 있는 기회를 제공해 준다(김진숙 외, 2008).

[그림 9-6] 증강현실을 활용한 심장의 기능 학습 장면

출처: 김진숙 외(2008).

3) Quiver 3D Coloring App

Colar Mix 애플리케이션은 Quiver사에서 개발한 스마트폰용 증강현실 앱으로 그림을 프린트해서 색칠한 뒤 스마트폰의 Colar Mix 앱으로 그림을 촬영하면 해당 도안의 그림들이 3D 입체로 살아 움직이는 듯한 영상을 제공한다. 미술 활동이나 자유놀이 활동의 미술영역에서 활용할 수 있다는 점에서 유용하다. 유아는 자신이 색칠한 것이 그대로 일어나 살아 있는 듯 움직이는 것만으로도 흥미를 느끼고 결과적으로 미술 활동에 즐겁게 참여하면서 교육적 효과를 높일 수 있다. 손가락 조작으로 전후, 좌우, 위아래 부분을 모두 볼 수 있으므로 평면조형과 입체조형 활동이 가능하여 교육적으로 활용이 가능하다.

증강현실로 나타난 장면

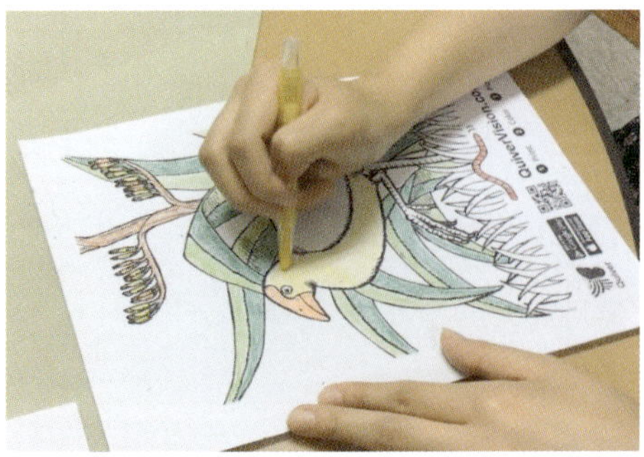

색칠용 자료

[그림 9-7] Colar Mix

4) Planets AR / Volcano AR

뉴질랜드 HIT랩에서 개발한 Planets AR은 태양계의 행성을 증강현실로 구현한 것으로 사용자의 선택에 따라 각 행성들을 하나하나 살펴볼 수 있고, 태양계의 전체 행성을 한꺼번에 볼 수 있다. 또한, AR Volcano는 화산의 폭발 과정을 증강현실로 구현한 것으로, 마그마 형성 및 화산 폭발을 시뮬레이션 형태로 제시한다.

Planets AR (행성 AR)

AR Volcano (화산 AR)

[그림 9-8] 증강현실 활용 과학 교육 사례

출처: 뉴질랜드 HIT랩.

5) 증강현실 교구재

한국전자통신연구원에서 개발한 실감형 지구과학용 증강현실 교재와 마커는 지구과학의 교육과정에 맞춰 교재를 제작하고 각 교재에 3D 콘텐츠를 포함하여 제공한다. 태양계, 지구 내부의 마그마 분출, 지구 표면의 화산 분출 등의 주제로 구성되어 있으며, 스마트기기를 활용하지 않고 웹 카메라와 컴퓨터와 노트북을 사용하도록 개발되었다(서희전, 2008).

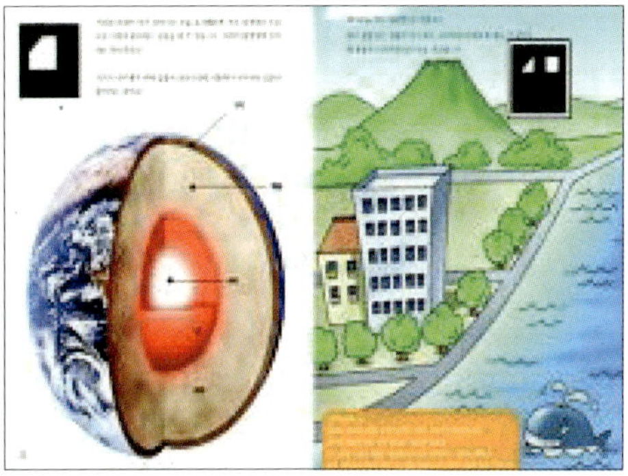

과학 교재 (지구의 내부 관찰)

실물 인터페이스 (카드와 큐브)

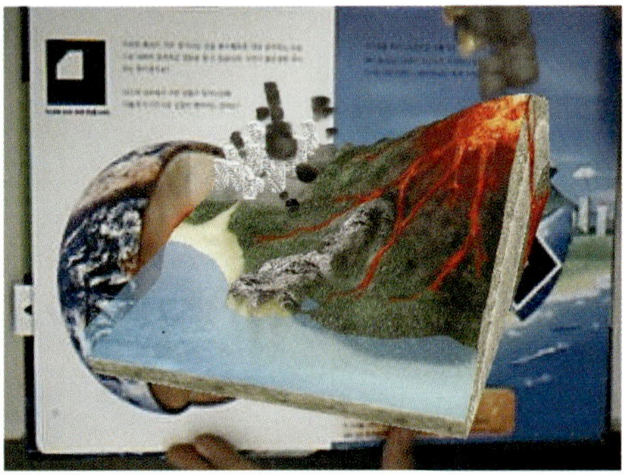

실감형 콘텐츠 (화산 폭발)

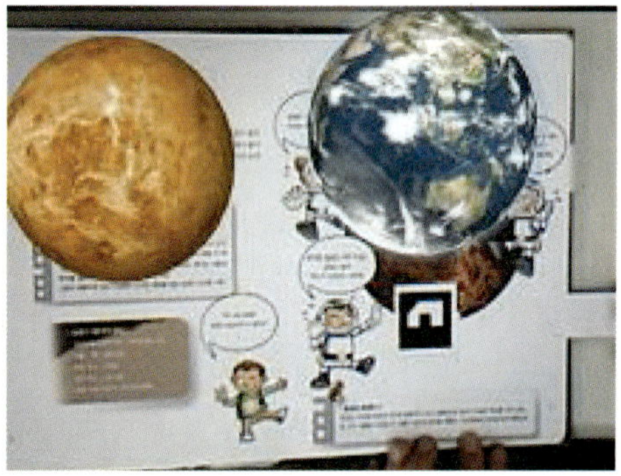

실감형 콘텐츠 (금성과 지구)

[그림 9-9] 실감형 교재 및 콘텐츠

6) 유아용 증강현실 앱

우리나라에서 개발된 유아교육용 증강현실 앱은 증강현실 낱말카드, 플레이 매트, 그림책, 색칠하기 등이 있다. 뽀로로 스케치팝은 5세 이상 유아를 위한 색칠공부 증강현실 콘텐츠로, 뽀로로와 친구들, 1부터 10까지 숫자를 배우는 뽀로로와 숫자놀이, 썰매 타기 등 뽀로로와 놀이터 3가지 테마로 구성되었다. 색칠공부한 종이를 스마트기기에 비추면 다양한 음악 배경과 함께 3차원 입체 콘텐츠가 제시된다. 가상캐릭터의 회전, 색칠교체 메뉴를 사용하여 놀이할 수 있으며, 뽀로로 캐릭터 얼굴 부분에 유아의 얼굴을 합성하여 상호작용을 촉진할 수 있다.

[그림 9-10] 뽀로로 스케치팝

출처: 스케치팝(http://www.sketchpop.com).

키즈랑 플레이 매트는 증강현실 콘텐츠로 알파벳, 공룡 체험, 동물농장, 도시 체험 주제별 실물 매트가 제공된다. 각 주제별 매트에 그려진 그림을 스마트폰 앱으로 인식하면 3차원 콘텐츠와 단어가 제시된다. 공룡 체험의 경우 관찰, 설명, 묻고 답하기, 동요, 동화 등 다양한 학습 메뉴가 포함되어 있다. 동물 체험의 경우 동작 버튼을 클릭하면 걷기, 뛰기 등 다양한 동작을 보여 주며, 울음소리도 들을 수 있다. 회전 버튼을 누르면 동물을 여러 위치에서 관찰할 수 있다.

[그림 9-11] 키즈랑 플레이 매트

출처: 한스AR(http://www.hansapp.co.kr).

활동

증강현실을 체험해 봅시다.

1. Quiver vision 사이트에서 접속하여 위의 그림을 프린트한 후 색칠해 봅시다. 교재에 있는 그림에 직접 색을 칠해 봐도 됩니다.
2. 스마트폰에 Quiver 3D Coloring 앱을 다운받아 받아 비춰 봅시다. 증강현실 콘텐츠로 구현된 결과를 볼 수 있습니다.

출처: www.quivervision.com

04 증강현실의 유아교육 현장 적용 사례

유아교육에서 증강현실 기술을 사용하는 현장 적용 사례로 두 가지 활동을 소개하고자 한다.

먼저, 대집단 수업에서 증강현실 그림책의 3D 콘텐츠를 활용하여 이야기의 등장인물이나 배경 사물을 조작하며 상상력을 높여 주는 활동을 하고, 소집단 활동에서 색칠한 그림을 증강현실 앱을 이용해 유아가 직접 색칠한 그림을 3D 입체물로 보이고 움직이는 것을 여러 각도에서 관찰할 수 있는 활동을 제시하고자 한다.[3)]

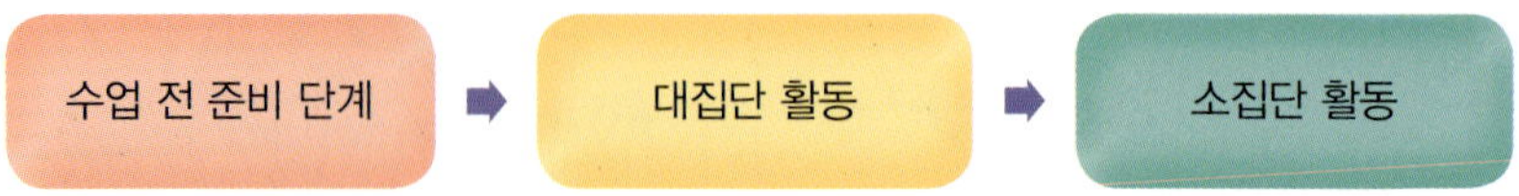

1) 수업 전 준비 단계

대집단 활동에서 그림책 읽기 활동을 하는 중에 증강현실 콘텐츠를 보여 줄 수 있도록 교실 환경을 구성한다. 이를 위해 첫째, 스마트기기에 증강현실 그림책 앱을 설치한다. 이때 스마트기기 종류에 따라 적합한 앱을 설치해야 한다. 둘째, 큰 화면으로 보여 줄 수 있도록 스마트기기와 교실 내 TV를 연결하는 미러링 기술을 활용한다. 미러링 방법은 뒷장의 TIP에서 소개하고 있다. 셋째, TV로 증강현실 콘텐츠를 큰 화면으로 보여 주며 수업을 진행한다.

3) 증강현실 그림책 활동 단계는 김인태(2017)를 참조하였고 수업 내용은 새롭게 구성하였다.

소집단 활동에서 색칠하기 활동을 하기 위해 Quiver vision 사이트에서 카드 쓰기가 가능한 그림을 출력하고, 3D coloring 앱을 스마트기기에 설치한다.

활동 구분	실물 자료	앱 및 스마트기기
대집단 활동: 그림책 읽기	 증강현실 구현이 가능한 그림책 (책 제목: 『친구 할까?』)	• 스마트기기에 증강현실 그림책 앱 설치 • 스마트기기와 증강현실 그림책 앱을 작동하여 그림책을 비추면 증강현실 콘텐츠가 재생됨 • 대집단 활동 지원을 위해 스마트기기와 TV를 연결하여 미러링 기능 사용
소집단 활동: 카드 만들기	 Quiver vision사이트에서 색칠할 그림을 출력 (그림 제목: 폭죽 카드)	• 색칠하기 3D coloring 앱 설치 • 스마트기기와 3D coloring 앱을 작동하여 시연 • 스마트패드 사용

2) 대집단 수업: 그림책 읽기 활동

수업의 도입에서 주의 집중과 함께 『친구 할까?』 그림책을 소개한다. 친구들이 놀아 주지 않았을 때 기분이 어떠했는지, 함께 놀았을 때 마음이 어떠했는지를 이야기 나눈다.

『친구 할까?』 그림책은 동화책에 증강현실 기능을 포함하여 예술적인 표현과 상상력을 높일 수 있도록 구성되어 있다. 동화책의 앙상한 나뭇가지만 있는 페이지를 스마트패드로 비추고 화면을 터치하면 형형색색의 새가 날아와 친구가 되어 주듯이 나뭇가지에 앉는다. 새를 터치하면 새가 움직이는 모습을 볼 수 있다. 주인공이 식물을 심으면 터치하여 초록색으로 자라나게 할 수 있고, 화면을 문지르면 주인공이 가려져 있다가 보이기도 한다.

수업의 전개 단계에서 동화를 들려주면서 각 페이지별로 교사가 먼저 화면을 터치하거나 문지르면서 다양한 활동을 시연하며 설명한다. 페이지별로 유아가 생각해 볼 수 있는 질문을 하고 유아가 답할 수 있도록 한다. 동화를 다시 읽어 보면서 유아가 번갈아 나와서 화면을 터치하여 새를 날아오게 하거나 나뭇잎이 피어나고 색이 입혀지는 활동을 수행하게 한다. 수업 정리 단계에서는 친구들과 사이좋게 지내려면 어떻게 해야 할지, 동화책 속 주인공 친구에게 어떤 이야기를 해 주고 싶은지 등을 이야기 나눈다.

[그림 9-13] 『친구 할까?』 그림책 및 증강현실 콘텐츠

3) 소집단 수업: 카드 만들기 활동

친구에게 카드를 쓰는 활동을 수행하기 위하여 교사가 사전에 출력한 색칠하기 그림에 유아가 각자 색을 칠하고 글씨나 그림을 그리도록 한다. 유아가 색칠한 그림을 먼저 발표한 후 3D coloring 앱을 이용하여 색칠한 그림을 스마트기기에 비추면 카드 내용이 축포 소리와 함께 3D 애니메이션으로 나타난다.

햅틱(Haptic)

그림 출처: https://spectrum.ieee.org

햅틱이란 컴퓨터의 기능 가운데 촉각과 힘, 운동감 등을 느끼게 하는 기술을 말한다. 스마트폰에 햅틱 기능이 포함되어 진동을 느낀 경험이 모두 있을 것이다. 이 외에도 진동 마우스, 진동 헤드셋이 개발되어 게임이나 영화 등의 콘텐츠에서 사용하고 있다.

그중 햅틱 글러브(haptic glove)는 장갑을 끼고 가상 물체의 크기, 무게, 질감, 온도, 움직임 등을 촉각으로 느낄 수 있게 하는 장비이다. 햅틱 글러브를 끼면 사용자의 손이 가상현실 영상 속에 그대로 나타나고, 사용자가 손을 움직여 가상현실 속에 있는 의자를 만지거나 부드러운 옷감을 만진다거나 딱딱한 야구공을 집거나 공장의 기계 부품이나 수술 도구를 조작하는 등의 상호작용을 할 수 있다. 햅틱 글러브 외에도 햅틱 의자, 햅틱 조끼와 같이 몸 전체로 감각을 느낄 수 있는 장치가 연구되고 있다. 햅틱 기술은 시각 장애인을 위해 일상생활과 교육에서 중요한 기술로 활용될 수 있으며, 최근에는 시각 장애인을 위해 미술품을 손으로 만져 감상할 수 있도록 하는 가상 미술관이 개발되어 뉴스에 보도된 적이 있다.

• TIP

스마트기기의 화면을 TV나 빔프로젝터 등의 큰 화면으로 보는 방법 - 미러링

증강현실 콘텐츠를 스마트폰이나 스마트패드에서 볼 경우 화면이 작기 때문에 소수 유아만 볼 수 있고 대집단 수업으로 운영하기에 어려움이 있다. 따라서 스마트기기의 영상과 음성을 TV나 컴퓨터로 전송하여 TV, 모니터, 빔프로젝터를 통해 큰 화면으로 보여 줄 수 있는 기술인 미러링(mirroring)을 사용해야 한다. 대표적인 3가지 방법을 소개하면 다음과 같다.

1. 유선 미러링 방법

HDMI(High Definition Multimedia Interface) 케이블을 구입하여 스마트기기와 TV(또는 컴퓨터)에 연결하여 음성과 영상을 전송할 수 있다. TV나 모니터의 뒷면 HDMI 단자에 연결하면 사용할 수 있다. 스마트기기(안드로이드폰, 아이폰 등) 종류를 확인하여 사용할 수 있는 HDMI 케이블인지 꼭 확인하고 구입하여야 한다.

HDMI 케이블

2. 무선 미러링 방법 (일반 TV인 경우)

일반 TV인 경우 스마트기기 종류에 따라 무선 스트리밍 동글이 잭을 구매하여 TV나 모니터 뒷면 HDMI 단자에 연결하여 사용할 수 있다.

3. 무선 미러링 방법 (스마트 TV인 경우)

와이파이가 지원되는 스마트 TV인 경우 스마트기기와 스마트 TV를 동일한 네트워크에 연결하고, 스마트기기의 스크린(화면) 미러링 기능에 접속한 후 해당 스마트 TV를 선택하면 연결하여 사용할 수 있다.

05 증강현실의 유아교육 현장 적용 시 유의점

첫째, 유아교육현장에서 증강현실을 활용할 때에는 일시적인 신기함에 그치지 않도록 유의하여야 한다. 그림책의 이야기가 새롭게 구성되고 상상할 수 있는 활동, 자연 및 사회 탐구 활동을 통해 관찰하거나 결과를 예상해 보는 활동, 유아가 상상한 결과를 구현하는 미술이나 동극 활동, 유아 안전교육 등에서 유아교육과정과 연관하여 활동계획을 수립해야 한다.

둘째, 가상과 현실을 구분하지 못하는 경우가 생기지 않도록 주의하고, 수업 전에 유아에게 증강현실을 이해하도록 사전교육이 필요하다.

셋째, 증강현실 체험을 위한 기기 및 장치를 활용할 때 유아의 건강 및 안전에 유의하여야 한다.

- 가상현실 체험 시 사용하는 안경 모양의 HMD(Head Mounted Display)는 13세 이상 연령에서만 사용 가능하도록 권고되어 있으므로 유아에게 착용하지 않도록 하고, 부모를 대상으로 교육이 실시되어야 한다.
- HMD를 착용하지 않는 경우에도 가상현실 콘텐츠를 사용할 때 어지러움, 두통, 메스꺼움 등 불쾌한 신체적 증상을 느낄 수 있으므로 오랜 시간 사용하지 않도록 해야 한다.
- 증강현실을 보기 위해 스마트기기를 오래 사용하면 배터리에 열이 발생할 수 있으므로 주의해야 한다.
- 유아는 시력발달에 중요한 시기이므로 가상현실 기기나 증강현실 기기를 사용할 때에는 교사나 학부모 등 보호자의 관리 및 지도가 필요하다.
- 가상물체를 실제 물건으로 생각하여 잡으려고 이동하다가 다른 물건에 걸려 넘어지거나 다칠 수 있으므로 유의해야 한다.

[그림 9-14] 스마트기기 고정 받침대

출처: 이정(2018) 참조.

넷째, 증강현실 콘텐츠를 이용하려면 스마트기기의 카메라 렌즈 안에 증강현실 전용 그림책이나 그림카드가 들어오도록 맞춰야 하므로 유아에게 조작이 어려울 수 있다. 별도의 받침대를 마련해 스마트기기의 카메라 위치와 그림책 또는 카드 위치를 고정하여 사용하면 조금 더 손쉽게 마커를 인식할 수 있다(이정, 2018).

다섯째, 유아의 경우 직접 증강현실 기기나 스마트기기를 사용하여 조작하거나 혼자 사용하는 것은 좋지 않으므로 기기 사용에 대한 규칙이나 약속을 만드는 것이 필요하다.

스마트기기를 유아가 혼자 사용할 경우에는 교사나 학부모가 반드시 동석하여 사용하도록 하고 시간을 정하여 사용하도록 규칙을 정할 필요가 있다. 유아를 참여시켜 증강현실 및 스마트기기 사용에 대한 규칙과 약속 만들고 교실 벽면에 규칙을 부착하여 활용하는 것이 효과적이다.

마무리 활동

1. 유아교육에 사용할 수 있는 증강현실 앱을 검색하고 사용해 봅시다.
2. 증강현실 기술의 교육적 장점과 단점을 토론해 봅시다.
3. 증강현실을 적용하여 효과적인 수업의 주제를 찾아보고 수업을 설계해 봅시다.

Chapter 10

UCC 활용

파도, 물새, 하루방... 제주도 여행.
찰칵 사진도 찍고, 레디~ 큐~! 동영상도.

잘 편집해서
우리 아이들에게 보여 주면 얼마나 좋아할까?!

오홋~! 앞으로 우리 아이들과
UCC도 만들어 봐야겠다.

학습목표

1. 사진과 영상을 활용하여 동영상을 제작하는 방법에 대해 설명할 수 있다.
2. 사진과 영상을 활용하여 제작한 동영상을 현장에 적용하고 교육적 활용 방안에 대해 탐색할 수 있다.

생각해 봅시다

유치원에서 소풍 가서 유아들과 함께 찍은 사진, 벚꽃이 핀 공원에서 산책하면서 찍은 사진, 친구와 멀리 여행을 와서 여행지에서 찍은 사진, 맛있는 음식점에서 찍은 근사한 음식 사진 등, 내 휴대폰 안에는 많은 사진이 있다. 지금 나의 휴대폰에 들어 있는 사진은 어떻게 보관되어 있는가? 이 많은 사진을 보관하는 나만의 방법이 있는가? 많은 사진을 친구와 함께 공유하는 방법은 무엇이 있을지 생각해 보자.

01 UCC의 개념

UCC(User Created Contents)란 사용자 제작 콘텐츠를 뜻한다. UCC는 일반인이 만든 글, 사진, 동영상 등의 제작물을 의미하는 것으로 국내에서 사용하는 용어이다. 국립국어원에서 UCC를 '손수제작물'이라는 용어로 순화하여 사용하길 권장하고 있다. 영어로는 UGC(User Generated Contents) 혹은 CGM(Consumer Generated Media)으로 쓰인다.

미디어와 디지털 기기의 발달로 인해 전문가가 아닌 일반인도 콘텐츠를 제작할 수 있다는 개념이 강조되면서 미국의 시사주간지 『타임(*Time*)』에서는 일반인이 동영상을 제작하여 공유할 수 있는 사이트인 '유튜브'(www.youtube.com)를 2006년도 올해의 발명품으로 선정하였고 콘텐츠 제작자와 사용자로 칭하는 'You'를 올해의 인물로 선정한 바 있다.

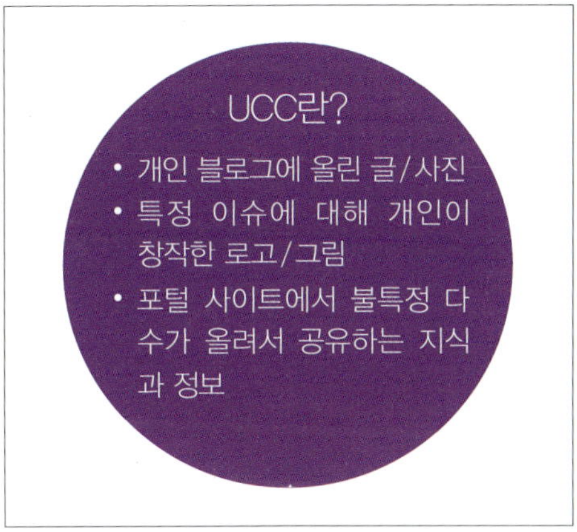

일반적으로 UCC를 동영상으로 한정하여 이해하고 있으나 UCC는 사용자가 만든 모든 창작물을 포함한다. 유튜브 동영상을 포함하여 개인 블로그에 올린 글이나 사진, 특정 이슈에 대해 개인이 창작한 로고나 그림, 각종 포털 사이트에서 불특정 다수가 올려서 공유하는 지식과 정보 등이 UCC의 대표적인 예이다. 따라서 미디어전문가들은 UCC를 '동시대의 사람들이 공동체로서 함께 내용을 창작하고 지속적으로 공유한다'는 점에서 구비문학과 유사한 점이 많으며, 단지 표현 형태가 시대에 따라 변형된 것일 뿐이라고 본다(정승기 · 이기호 · 이인성 · 김진우, 2009).

02 UCC의 교육적 활용

UCC를 유아교육현장에 적용하면 효과적인 교수 · 학습의 도구로 활용할 수 있다. 일반적으로 UCC는 그 특성상 주변인이나 친근한 소재를 사용해 수업자료로 활용할 수 있다는 장점을 지니고 있다. 유아의 실생활과 밀접한 자료를 제작하여 보여 줌으로써 유아에게 친근하게 접근이 가능하고 동기 유발 자료로 매우 유용하게 사용할 수 있다(배영경 · 성경, 2009).

UCC의 교육적 특성은 자기주도적인 학습인 동시에 협동학습의 모습을 보인다는 데 있다. UCC는 공급자와 소비자 사이의 일방적 커뮤니케이션이 아니고 서로가 서로에게 공급자이자 소비자가 되는 것이므로 자발적인 참여에 의해 만들어진다. 그러므로 UCC가 교육에 활용될 경우에 교사는 조력자로서의 역할을 하고 가능한 한 모든 활동이 학습자의 자발적 활동에 의해서 이루어지도록 해야 한다. 하지만 유아의 경우 컴퓨터를 다룰 때 교사의 도움을 받아야 하는 경우가 생기므로 기술적 측면 외에 학습의 과정에서 자발적인 활동이 이루어지도록 격려할 필요가 있다.

UCC 제작 활동은 학습자에게 체험적 학습을 제공하고 결과물은 웹을 포함하여 다양한 방법으로 공유함으로써 소통이 일어난다. 특히, 학교 현장에서 제작하는 UCC는 그 제작 과정에서 과학적 태도에 긍정적인 변화를 줄 수 있는 교육적 효과가 있다. UCC 활동을 통해 학습자는 자신의 능력과 취향 등에 따라 알맞은 수준을 선택하여 활동할 수 있으며, 커뮤니티에 참여하는 친구들과 유의미한 도움을 주고받을 수 있다.

1) 교실 수업에서의 활용

교실 수업에서 UCC의 활용은 수업에 필요한 활동 내용 위주로 제작하여 활용하는 방법이다. 두 가지 방법으로 활용할 수 있는데 첫째, 생활주제에 맞는 활동을 중심으로 교사가 제작 및 편집하여 유아에게 제공하거나 둘째, 유아와 교사가 동영상 제작에 함께 참여하여 수업에 활용하는 방법이 있다.

예를 들어, 첫째, 교사가 제작하는 방법으로는 교사가 여행이나 견학 중에 직접 찍은 사진과 영상을 수업용으로 제작하여 사용하거나 유아가 가져온 사진들을 교사가 연결하여 동영상으로 만들어 주는 것이다. 둘째, 유아가 동영상 제작에 참여할 경우 주제와 관련하여 교사나 유아가 일상생활에서 직접 찍은 사진을 모아 교사가 동영상으로 제작하여 이야기 나누기 활동이나 기타 활동을 위해 사용할 수 있다. 또한, 유아가 주제와 관련한 이야기를 꾸민 후 그린 그림들을 연결하여 이야기를 만들면 교사가 이를 동영상 프로그램으로 제작하여 영상동화로 만들어 줄 수 있다. 유아가 직접 참여하고 제작한 UCC 자료를 이용한 수업을 통해 유아의 높은 관심과 집중을 이끌어 내고 효과적인 학습의 기회로 삼을 수 있다.

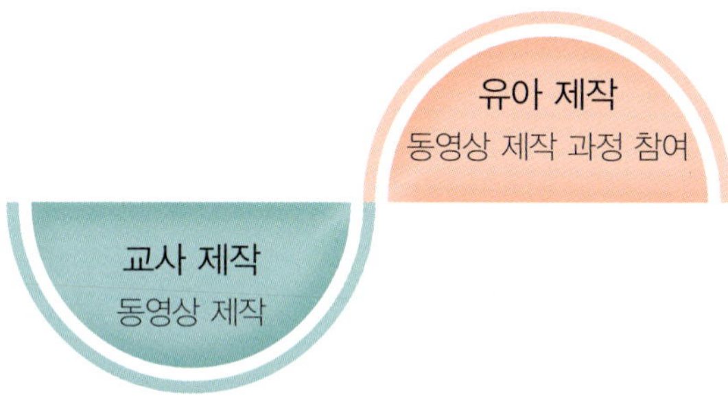

2) 생활지도에서 활용

생활지도에서 UCC의 활용은 식사지도, 정리정돈지도, 등하교지도, 안전생활지도 등 유아교육기관에서의 집단생활과 관련된 내용을 제작하여 활용할 수 있다. 예를 들어, 견학 전 지켜야 할 일들에 대해 유아들이 소집단으로 토론하여 정한 내용을 동영상으로 찍은 후 각 그룹의 내용을 연결하여 동영상으로 전체 유아들과 공유할 수 있다. 나와 친구들이 등장하고 우리 교실과 유치원 혹은 어린이집이 보이는 내용으로 제작된 UCC를 통해 유아들에게 좀 더 친밀하고 구체적인 전달이 가능하다.

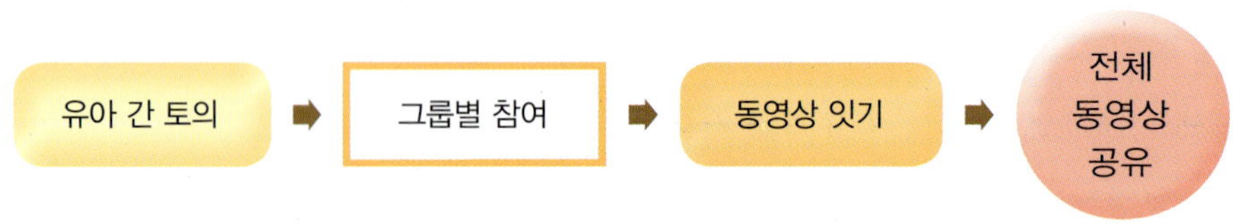

3) 행사에서 활용

견학, 소풍, 부모님 참여수업, 입학식, 졸업식, 기관설명회 등과 같은 유아교육기관의 연간 행사 활동에는 많은 학부모 및 외부 인사들이 초청된다. 이런 행사를 UCC로 만들어 활용하면 유아교육기관에서 이루어지는 교육 및 프로그램의 홍보 효과를 볼 수 있다. 이 외에도 일상적인 학교 전반의 활동을 사진 및 동영상 등으로 기록하고 정리해 두는 습관은 해당 기관의 활동 및 프로그램의 활동 안내를 위한 UCC를 제작하는 데 많은 도움이 된다.

4) 학부모와 연계한 활동

가정과 유아교육기관은 구성원이 다르기 때문에 가정에서 바라보는 자녀의 모습이 기관에서의 생활 모습과 많이 다른 경우가 있다. 평소 활동 모습이 담긴 다양한 UCC를 제작하여 학부모 상담 시 활용하면 자녀의 생활 모습을 이해하는 데 도움을 줄 수 있다. 유아가 기관에서 경험한 다양한 활동을 학부모의 상호 동의하에 함께 공유하는 SNS나 카페 등 웹사이트에 올려놓으면 온라인을 통해 평소 자녀의 생활 모습을 보고 이해할 수 있도록 도움을 줄 수 있다(배지환 · 김현배, 2013).

03 UCC 동영상 만들기

UCC 동영상은 사진, 그림, 동영상 등의 자료를 활용하여 만들 수 있다. 즉, 사진, 그림 등과 같이 정지된 화면을 연결하거나 동영상의 원하는 부분만 선택적으로 편집하여 새로운 동영상을 만들 수 있다. 기관에서 손쉽게 사용할 수 있는 컴퓨터용 무료 동영상 편집 프로그램으로 알씨 동영상 프로그램, 무비메이커(movie-maker) 프로그램이 있다. 휴대폰으로는 키네마스터(KineMaster) 앱을 이용하여 손쉽게 동영상을 제작할 수 있다. 이 외 컴퓨터에서 사용하는 프로그램으로 Adobe사에서 제공하는 Premier Pro와 소니사에서 제공하는 Vegas Pro도 많이 사용되고 있지만 유료로 제공되는 한계점이 있다.

알씨 동영상

무비메이커

키네마스터

1) 알씨 동영상 활용하기

알씨 동영상 프로그램은 한국 이스트소프트사에서 제공하는 무료 소프트웨어로 사진을 활용하여 동영상을 손쉽게 제작할 수 있는 프로그램이다. 프로그램을 이용하여 동영상을 제작하는 방법은 다음과 같다(이미지 내 사진 출처: https://pixabay.com/).

① 사진 추가를 클릭하여 사진을 동영상으로 만들고자 하는 사진들을 추가한다. 사진들을 추가하면 타임라인에 추가한 사진이 나타난다.

② 동영상의 배경음악을 선택하여 첨가한다.

③ 동영상을 구성할 사진 1장당 재생 시간을 설정한다.

④ 동영상 시작 시 제시될 오프닝 자막과 끝날 때 제시될 엔딩 자막을 첨가할 수 있다.

⑤ '상세 꾸미기'를 클릭하면 '자막', '디자인', '효과'와 탭이 나타난다. 각 기능을 통해 개별 사진의 편집을 할 수 있다.

⑥ '자막' 탭을 클릭하여 사진에 텍스트를 삽입한다.

⑦ 삽입한 텍스트를 원하는 크기, 색깔, 글씨체로 수정한다.

⑧ 삽입하고자 하는 문장을 타이핑한다.

⑨ 사진에 삽입한 자막에 시각적 효과나 애니메이션을 설정할 수 있다.

⑩ '디자인' 탭을 클릭하여 각 사진에 디자인 효과를 적용할 수 있다.

⑪ 각 사진의 배경색을 설정한다.

⑫ 각 사진에 액자효과를 설정한다.

⑬ '효과' 탭을 클릭하여 각 사진에 시각적 변형이나 애니메이션을 설정한다.

⑭ '전환'을 통해 다음 사진으로 넘어갈 때마다 애니메이션을 첨가할 수 있다.

⑮ '시네마틱'을 통해 사진에 그림 효과를 첨가할 수 있다.

⑯ '만들기'를 클릭하여 동영상을 저장한다.

2) 무비메이커(Moviemaker) 활용하기

무비메이커(moviemaker)는 마이크로소프트사에서 제공하는 영상편집 프로그램으로 사진과 영상을 사용하여 동영상을 손쉽게 제작할 수 있게 고안된 프로그램이다. 무비메이커가 포함된 윈도우 필수 패키지(Windows Essential Package)의 지원이 2017년 1월 10일 자로 끝나 마이크로소프트 사이트에서는 더 이상 다운로드 받을 수 없고 지원도 되지 않는다. 하지만 여전히 타사 웹 리소스에서 Windows Movie Maker를 무료로 다운로드하여 사용할 수 있다. 윈도우7 이상에서 무비메이커를 사용하는 방법은 인터넷에서 무비메이커 한글판을 검색하여 이를 다운로드하면 되는데, 프로그램 설치 과정 중 무비메이커만 선택하여 설치하는 것이다.

● TIP

무비메이커(Windows Movie Maker 2012)를 타사 웹사이트에서 다운받아 임시로 간편하게 사용할 수는 있으나, 공식 사이트인 마이크로소프트사에서 제공되지 않기 때문에 바이러스 감염의 위험이 있을 수 있다. 대체 프로그램은 대부분 유료이나 이 중 Movavi Video Editor Plus 2020 프로그램은 PC와 Mac 모두에서 사용 가능하며, 무비메이커와 같이 사용법이 간단한 프로그램 중 하나이다.

무비메이커는 사진뿐만 아니라 동영상 파일을 편집하여 동영상 제작이 가능하다. 무비메이커 프로그램을 활용한 동영상 제작 과정은 다음과 같다(이미지 내 사진 출처: https://pixabay.com/).

① 작업창을 클릭한다.

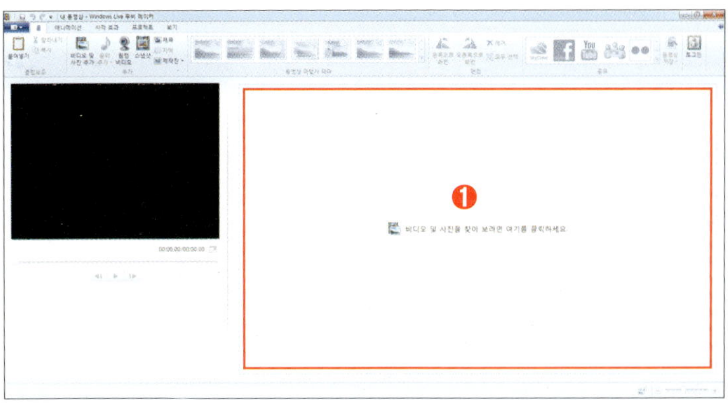

② 동영상으로 제작할 비디오나 사진을 선택한 후 '열기'를 클릭한다.

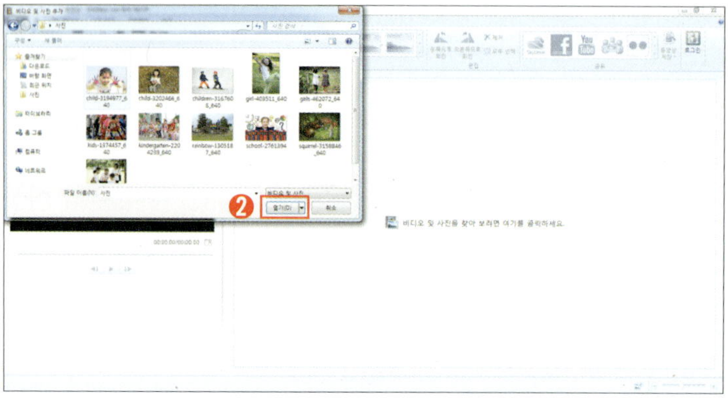

③ 추가할 사진이나 비디오가 있다면 '비디오 및 사진 추가'를 활용하고, 제작할 동영상에 배경음악을 삽입하고 싶다면 '음악 추가'를 클릭하여 원하는 음악 파일을 첨가한다.

④ '동영상 마법사 테마'는 추가한 사진과 비디오를 활용하여 자동으로 동영상을 만들어 주는 기능으로, 무비메이커의 개별 기능에 능숙하지 못한 초보자의 경우 이 기능을 활용하면 손쉽게 다양한 구성을 표현하는 동영상을 만들 수 있다.

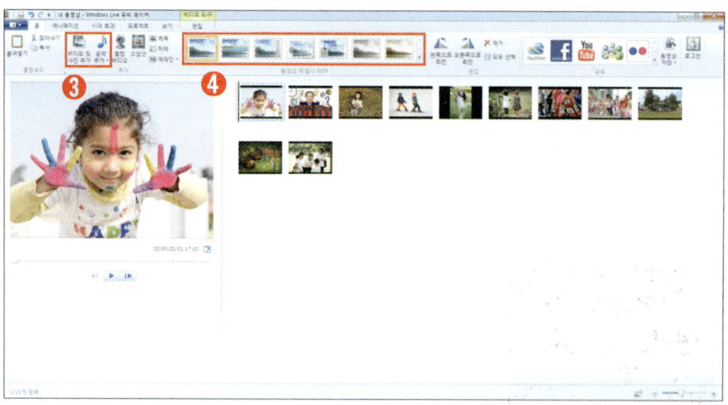

⑤ 애니메이션 탭의 '전환'은 그다음의 사진 혹은 비디오로 넘어갈 때 시각적 효과를 주는 기능으로, 해당 사진에 직사각형 모양으로 표시된다.

⑥ 애니메이션 탭의 '이동 및 확대/축소' 기능은 그다음의 사진 혹은 비디오가 나타나는 방식을 설정하는 기능으로, 해당 사진에 창문 모양으로 표시된다.

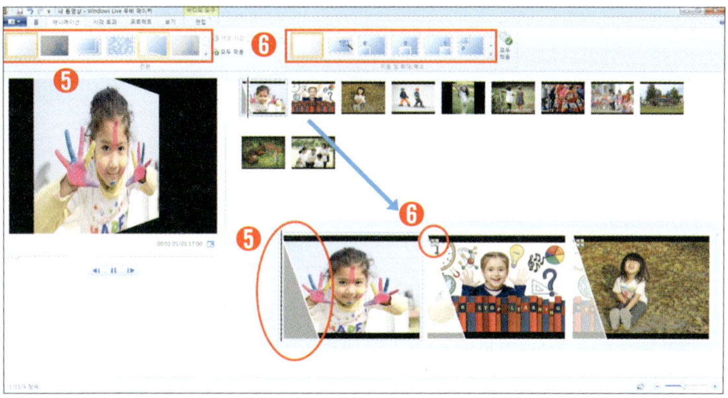

⑦ 시각효과 탭의 '효과'는 각 사진 혹은 비디오의 색상이나 윤곽에 변형을 주는 기능이다.

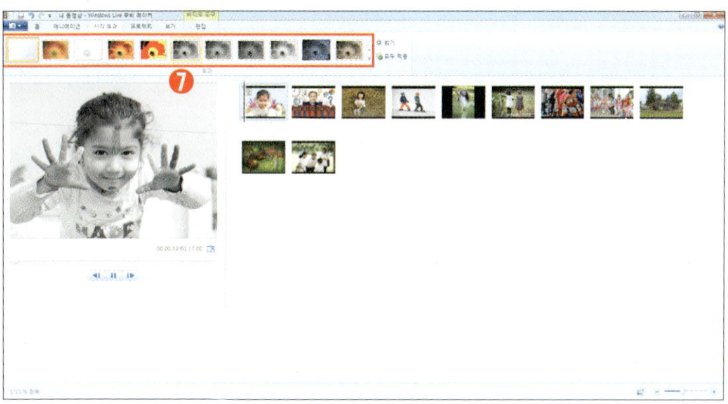

⑧ '재생 시간'은 각각의 사진이나 비디오가 재생되는 시간을 설정하는 기능이다.

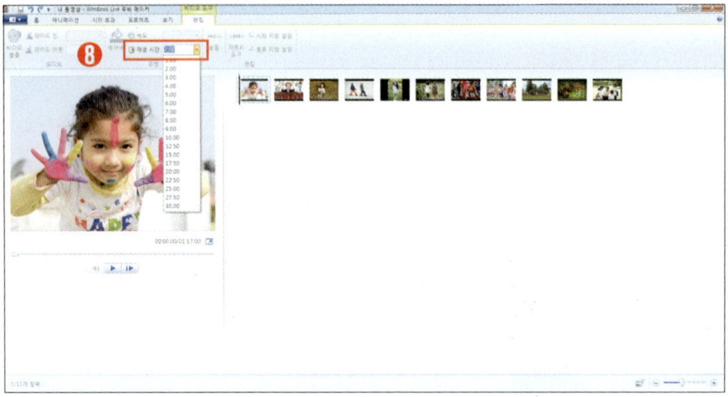

⑨ '제목', '자막', '제작진'을 클릭하여 각 사진이나 비디오에 텍스트로 설명이나 제목을 삽입할 수 있다.

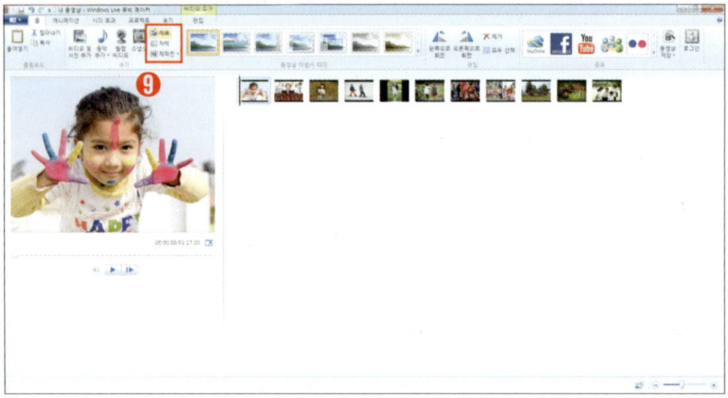

⑩ 삽입한 텍스트는 '텍스트도구 서식'을 통해 편집할 수 있다.

⑪ '효과'를 통해 삽입한 텍스트에 애니메이션 효과를 줄 수 있다.

⑫ 삽입한 텍스트는 드래그하여 다른 사진 또는 비디오로 이동할 수 있다.

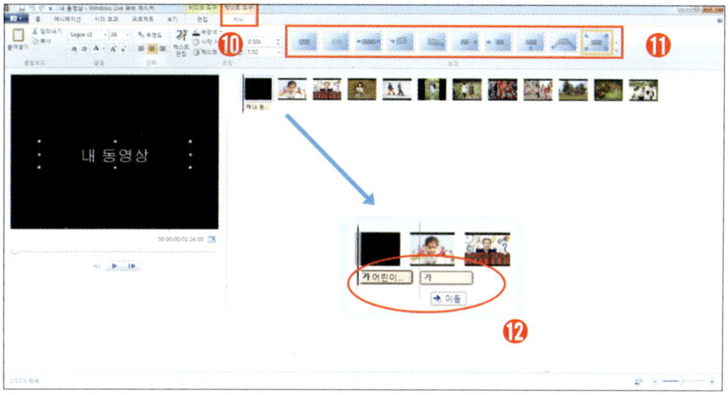

⑬ 삽입한 텍스트를 원하는 크기, 색깔, 글씨체 등으로 수정한다.

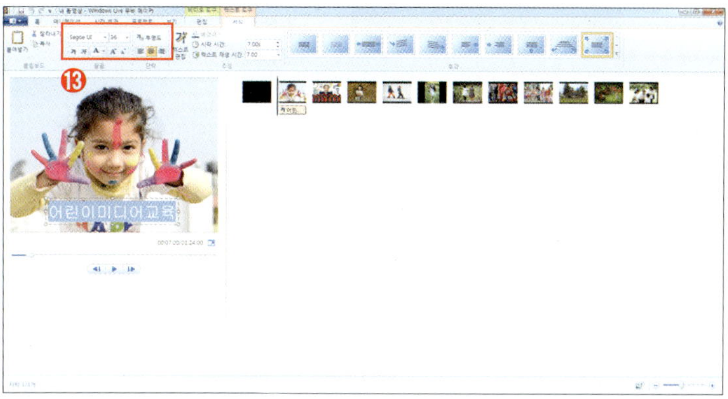

⑭ '동영상 저장'을 클릭하여 '이 프로젝트에 권장'을 선택한 후 저장한다.

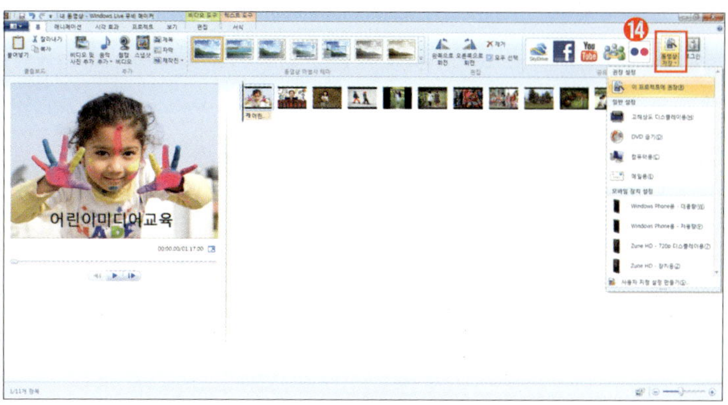

• TIP

저작권의 문제 1

동영상 제작 시 사용하는 사진이 저작권이 있을 경우, 제작한 동영상을 상업적으로 무단 배포할 때 법적 처벌을 받을 수 있으므로 저작권에 위배되지 않는 사진을 활용할 필요가 있다. 아래에 저작권 문제가 없는 고화질의 사진을 무료로 제공받을 수 있는 사이트를 소개한다.

1. 픽사베이: https://pixabay.com/
2. 언스플레쉬: https://unsplash.com/
3. 스탁스냅: https://stocksnap.io/

저작권의 문제 2

동영상에 사용하는 음원 역시 저작권의 문제에 유의해야 한다. 저작권이 없는 음악은 유튜브를 통해 다운받을 수 있다. 유튜브 계정을 만든 후, 내 계정에서 '크리에이터 스튜디오'에서 '만들기'로 들어가 '오디오 라이브러리'를 클릭하면 다운받을 수 있는 '무료음악'과 '음향효과'가 있다. 이를 사용하면 저작권 침해의 문제에서 안전할 수 있다.

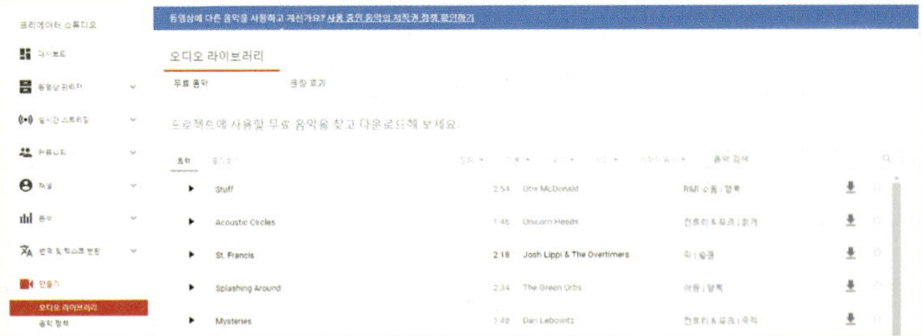

활동

저작권에 해당하지 않는 위의 두 사이트를 방문하여 사진과 음원을 다운받아 컴퓨터에 저장한 후, 이를 '알씨동영상' 혹은 '무비메이커' 프로그램을 통해 간단한 동영상을 만들어 봅시다. 이를 통해 컴퓨터를 이용한 동영상 편집 프로그램의 기능에 익숙해지도록 합시다.

3) 키네마스터(KineMaster) 앱 활용하기

키네마스터 앱은 소프트웨어 전문업체인 넥스트리밍사에서 출시한 스마트폰용 동영상 편집 앱이다. 초보자도 사용하기에 편리한 기능을 지닌 프로그램으로 십대의 어린 유튜버(youtuber)들에게도 잘 쓰이고 있지만 유아들이 제작에 참여하기에는 어려울 수 있다. 플레이스토어(안드로이드폰)나 앱스토어(아이폰)에서 키네마스터 검색 후 설치하여 사용한다. 로그인이나 회원가입은 하지 않아도 된다.

키네마스터를 활용한 동영상 제작 과정은 다음과 같다.

① 키네마스터 앱을 실행하여 '바로 시작'을 클릭한다.

② 동영상으로 만들 사진이나 영상을 촬영하거나, '미디어'를 클릭하여 스마트폰에 저장된 사진 및 영상을 불러온다.

③ '레이어'를 클릭하여 동영상으로 만들 개별 사진이나 영상에 다양한 편집을 시도할 수 있다.

'레이어'의 각 메뉴(효과, 오버레이, 텍스트)에는 아래 표에 설명된 다양한 편집 기능이 포함되어 있다.

아이콘	기능	설명
	트림/분할	사진 및 동영상을 필요한 부분만 잘라 냄
	크로핑	사진의 불필요한 부분을 삭제함
	회전/미러링	좌 · 우 90° 회전 및 상하 · 좌우 대칭
	클립그래픽	사용자가 원하는 클립그래픽으로 효과 설정
	색상색조	이미지의 색상 및 색조를 변경
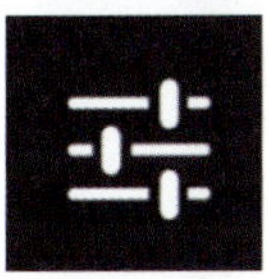	색상조정	이미지의 색상을 조정
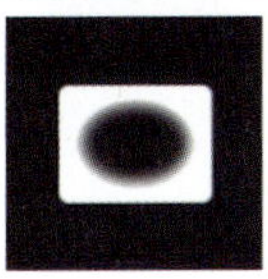	비네트	이미지의 초점이 원형으로 퍼지는 효과

④ '레이어'의 '효과'를 통해 사진 및 영상에 다양한 시각적 변형과 효과를 나타낼 수 있다.

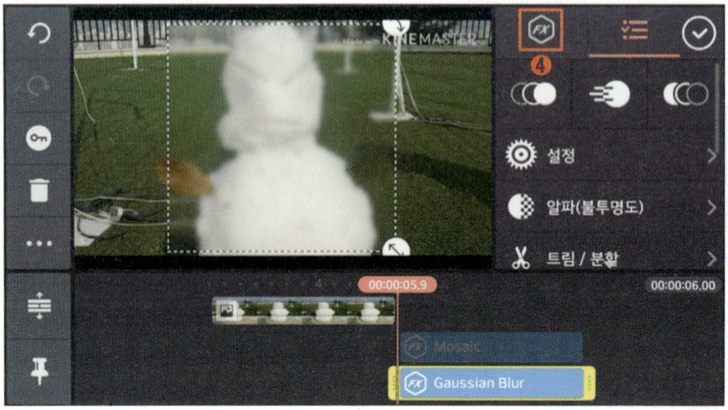

⑤ '레이어'의 '오버레이'를 통해 사진 및 영상에 다양한 꾸미기 스티커를 첨가할 수 있다.

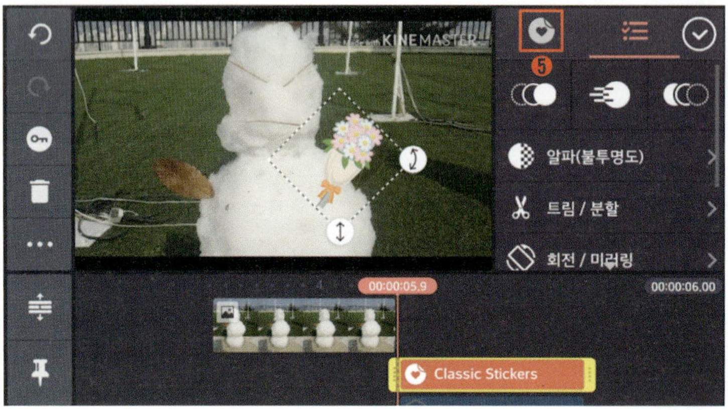

⑥ '레이어'의 '텍스트'를 통해 사진 및 영상에 문자를 첨가할 수 있다.

⑦ '레이어'의 '손글씨'를 통해 사용자가 자유롭게 글이나 그림을 그려 첨가할 수 있다.

⑧ 개별 사진이나 영상 사이의 흰색 정사각형을 클릭하면 '전환효과' 메뉴가 나타난다. '전환효과'를 통해 개별 사진이나 영상이 전환될 때 다양한 효과를 연출할 수 있다.

⑨ '오디오'를 클릭하여 스마트폰에 저장된 음악으로 제작한 동영상의 배경음악을 설정할 수 있다.

⑩ '음성'을 클릭하여 제작한 동영상에 음성 메시지를 첨가할 수 있다.

⑪ 제작한 동영상을 재생하여 확인한다.

⑫ 스마트폰에 완성한 동영상을 저장한다.

• TIP

키네마스터에는 '바로 시작'과 '단계별 시작' 두 가지 동영상 제작 메뉴가 있다. 본 교재에서는 초보자도 쉽게 따라 할 수 있는 '바로 시작'의 과정을 소개한 것이다. 다양한 기능에 익숙해진 후에 '단계별 시작'을 통해 더욱 정교하고 화려한 동영상 제작을 시도해 볼 수 있다.

• TIP

키네마스터 외에 스마트폰으로 동영상을 손쉽게 제작할 수 있는 다양한 앱을 소개한다.

Vimo	RoadMovies	VivaVideo
촬영한 사진과 영상을 편집하여 나만의 동영상을 만들 수 있다. 움직이는 그림 스티커를 사진과 영상에 첨가할 수 있는 기능이 특징이다.	사용자가 샷(shots)의 개수를 설정하여 24초짜리 동영상을 제작하는 앱이다. 원하는 장면을 3~8초로 끊어서 촬영한 영상을 이어서 동영상을 만든다. 비교적 간단한 조작만으로 동영상을 제작할 수 있는 것이 특징이다.	사진과 동영상 모두 편집 가능하며, 다양한 기능을 통해 스마트폰으로도 화려한 동영상 제작이 가능한 앱이다.

활동

키네마스터 앱을 활용하여 지금 자신의 핸드폰 앨범에 저장되어 있는 사진을 이용해 간단한 동영상을 만들어 봅시다.

04 UCC 동영상 현장에 적용하기

1) 교사가 만드는 UCC 동영상의 예

유아교육기관에서 이루어지는 다양한 활동과 교육과정을 동영상으로 편집하여 학부모들과 함께 공유할 수 있다.

활동명	대운산 숲 체험 활동
활동유형	견학
제작목표	숲 견학 활동을 동영상으로 제작하여 부모님들과 함께 공유함으로써 기관에서 실행하는 숲 프로그램에 대해 알리고 숲 프로그램을 통해 유아들이 얻는 경험에 대해 파악하도록 돕는다.
제작과정	• 숲 체험 활동 시 유아들의 경험을 사진으로 찍어 둔다.   • 알씨 동영상 혹은 무비메이커 프로그램을 이용해 찍은 사진을 적절히 배치한다(이때 휴대폰으로 찍은 사진들은 미리 PC로 옮긴다). 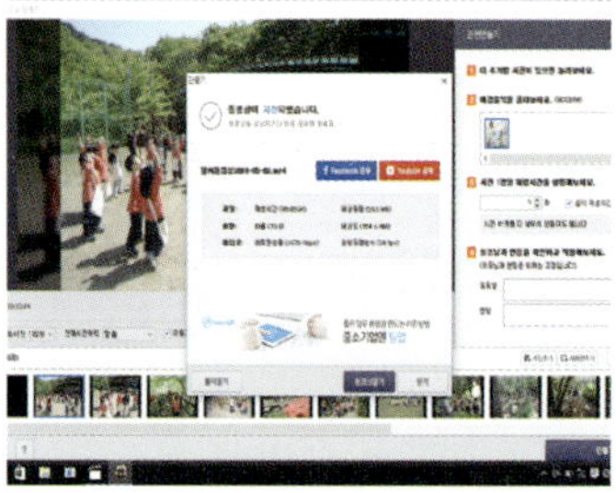  • 동영상과 어울릴만한 음악을 배경음악으로 선택한다. • 필요하면 사진과 사진 사이에 효과를 선택하여 삽입한다.

제작과정	• 만들어진 동영상을 QR코드로 만들어 통신문에 삽입해서 보낸다.
활용	• 숲 활동을 하지 못하는 어린 연령의 유아들에게도 동영상을 보여 주어 간접경험의 기회를 제공한다. • 학부모 오리엔테이션 등 기관의 홍보 및 숲 프로그램 소개를 위해서도 활용할 수 있다. • 이 외에도 유아의 일상 활동에 대한 사진을 그때그때 휴대폰으로 찍어 두고 비바비디오(vivavideo)나 키네마스터(kinemaster) 등의 앱을 활용하여 간단하게 동영상을 제작할 수 있다. 매월 부모님들에게 활동보고서를 보낼 때 동영상을 QR코드에 담아 가정으로 보낼 수 있다.

2) 교사와 유아가 함께 만드는 UCC 동영상의 예

(1) 영상앨범 만들기

어버이날 혹은 졸업식 등과 같은 행사에서 부모님께 보여 드릴 감사 영상앨범을 유아들과 함께 제작한다.

활동명	부모님께 전하는 사랑편지
활동유형	이야기 나누기, 소집단 활동
활동목표	부모님께 보여 드릴 동영상 제작 과정에 참여하고 감사의 마음을 표현한다.
활동 및 제작과정	• 어버이날 혹은 졸업식 때 부모님께 보여 드리고 싶은 게 무엇인지 이야기 나누고 영상을 만들어 보여 드릴 수 있음을 이야기한다. • 작업을 위해 사전제작해야 하는 편지, 메시지를 선정하여 편지를 쓰거나 글자카드를 만든다.  

활동 및 제작과정

- 유아들이 각자 만든 메시지를 들고 있으면 교사가 사진을 찍는다.

- 찍은 사진을 다 같이 컴퓨터로 보면서 수정하거나 새로 찍어야 하는 장면을 찾아 본다.
- 완성된 사진을 동영상 제작 프로그램을 이용해 교사가 동영상을 만든다.
- 이때 영상 제목, 삽입할 문구, 배경음악을 유아와 함께 정한다.

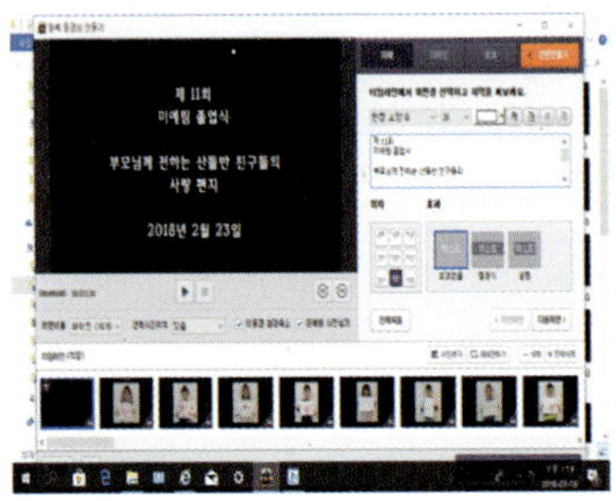

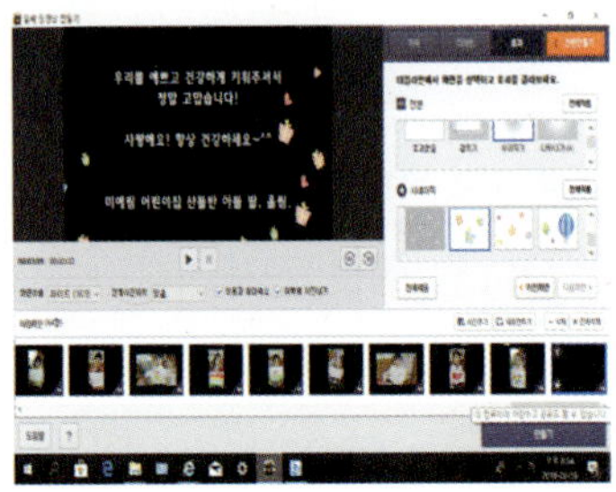

- 완성된 동영상을 어버이날 혹은 졸업식 행사 때 사용한다.

(2) 동화 만들기

기존 동화의 내용을 유아들이 그림으로 표현하거나 동화의 내용을 재창조하여 유아들의 생각과 아이디어로 그린 그림과 이야기를 사진으로 찍어 동영상 편집 프로그램으로 연결하여 유아들과 공유할 수 있다.

활동명	움직이는 동화 만들기
활동유형	이야기 나누기, 소집단 활동
활동목표	내가 그린 그림과 친구들이 그린 그림을 합쳐 한 편의 이야기를 꾸밀 수 있음을 알고 그림을 동영상으로 연결하여 움직이는 동화를 만들어 본다.
활동 및 제작과정	• 『놀이터에 곰이 나타났어요』 동화를 들려주고 동화에 관한 이야기를 나눈다.  • 곰이 놀이터에 나타났을 때 무엇을 하고 싶은지 유아들과 의견을 나눈다. • 유아의 생각을 각자 그림으로 표현하고 교사는 각 그림에 대한 유아들의 생각을 글로 적어 준다.   • 유아들과 함께 그림의 순서를 정한다(유아들이 이름 뽑기 방법으로 동영상의 그림 동화 순서를 정할 수 있다).  

<table>
<tr>
<td>활동 및
제작과정</td>
<td>• 교사는 유아들의 그림을 사진으로 찍고 동영상 프로그램을 이용하여 편집할 때 순서대로 그림을 연결한다. 이때 각 유아의 그림마다 유아가 말한 이야기와 생각을 글로 입력한다.
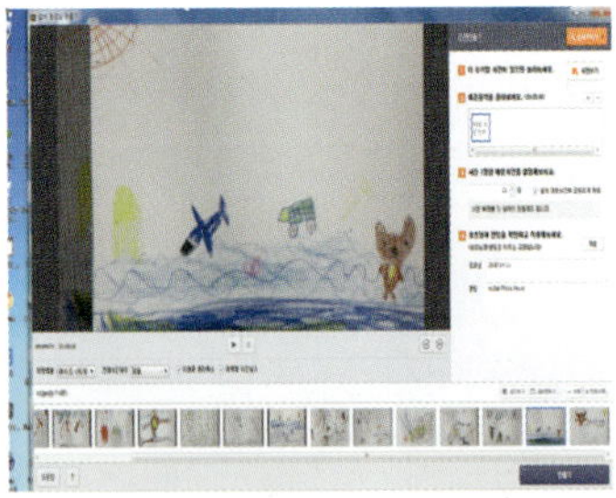 
• 동화의 제목을 유아들과 함께 정하고 배경음악도 의논하여 정한다.
• 완성된 동영상 동화를 유아들과 함께 감상한다. 동영상이 음악과 함께 진행될 때 교사는 유아들이 만든 이야기를 읽어 준다.
 </td>
</tr>
</table>

(3) 노래 영상 만들기(뮤직비디오 만들기)

유아들이 노래 가사에 맞는 율동이나 동작을 창안해 내고 이를 영상으로 촬영한 후 편집 프로그램으로 연결함으로써 뮤직비디오의 제작 과정을 체험해 볼 수 있다.

활동명	가수가 되어 보아요
활동유형	이야기 나누기, 소집단 활동
활동목표	노래 가사를 몸으로 표현해 보고 이를 연결해 봄으로써 각자가 표현한 동작을 통해 협력적으로 노래 영상을 완성해 보는 과정을 경험한다.

활동	• 생활습관지도를 위해 「올바른 손 씻기 송」 뮤직비디오를 유아들과 함께 감상한다.(https://youtu.be/WiG1ppvKo3Y) • 뮤직비디오를 반복하여 들려줄 때 유아들이 함께 따라 부를 수 있도록 한다. • 뮤직비디오 속에 나오는 가수가 노랫말에 따라 어떻게 노래를 부르는지, 어떤 동작과 장면들이 있었는지 등에 대해 이야기 나눈다.   • TV에 나오는 가수처럼 우리가 노래를 부르는 모습을 볼 수 있도록 동영상을 만들어 보자고 제안함으로써 동기부여를 한다. • 동영상으로 만들 노래를 유아들과 함께 정한다(유아들이 이미 알고 있는 새로운 노래를 정하거나 「올바른 손 씻기 송」을 그대로 사용할 수 있다). • 2~3명씩 각 조에 따라 노랫말 가사를 정하고 이에 해당하는 동작을 의논하여 결정한다.   • 교사는 각 조마다 만들어 낸 유아의 동작을 휴대폰을 이용해 동영상으로 찍는다. 

활동 및 제작과정	• 교사는 '무비메이커' 프로그램을 이용해 유아의 동작을 연결한다.   • 음악은 유아들이 정한 노래를 선택하여 배경음악으로 삽입한다. • 완성된 '유아들이 만든 뮤직비디오'를 함께 감상한다. 

마무리 활동

1. 주제와 관련하여 이야기 나누기 시간에 사용할 수 있는 UCC 동영상은 어떠한 것들이 있는지 생각해 봅시다.
2. 교사가 제작하여 사용할 수 있는 동영상의 소재와 주제 및 유아가 참여하여 함께 제작할 수 있는 동영상의 소재와 주제에 대해 토의해 보고 실제로 적용할 수 있는 방법을 고안해 봅시다.

Chapter 11 애니메이션 활용

무엇이 보이니?

천천히 한 장씩 보여 줄게.
빨간 공.

아주 빨리 보여 줄게.
어, 어? 빨간 공이 움직이네.
이게 바로 애니메이션(animation)!

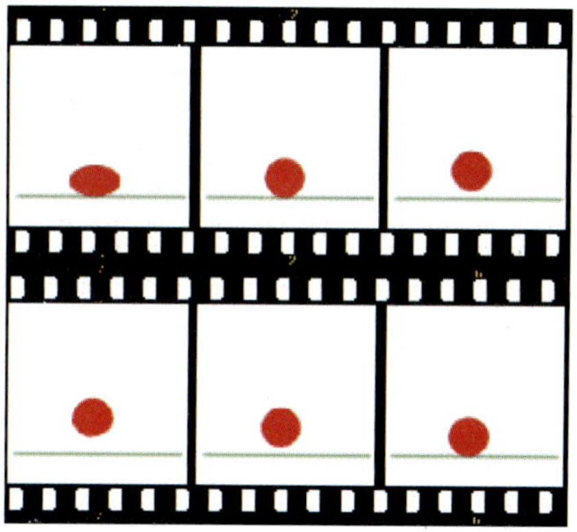

학습목표

1. 앱(App)을 활용하여 애니메이션을 만드는 과정을 이해한다.
2. 유아교육에서 효과적으로 애니메이션을 활용하는 방법을 구안하고, 수업에 활용할 수 있다.

생각해 봅시다

스톱모션 애니메이션 감상하기

YouTube에서 '패트와 매트'라고 검색어를 넣으면 다양한 주제의 애니메이션이 나온다. 마음에 드는 영상을 골라 함께 감상해 보자.

출처: 위키피디아(https://ko.wikipedia.org/wiki/).

애니메이션을 감상한 후 다음에 대해 이야기해 보자.

- 애니메이션에 어떤 이야기가 담겨 있는지, 어떻게 만들었을지 이야기해 보자.
- 어떤 주제로, 어떤 인물이 등장하는 애니메이션을 만들고 싶은지 이야기해 보자.
- 스톱모션 애니메이션 제작의 교육적 의미를 생각해 보자.

스마트폰이나 디지털카메라, 인터넷의 보급과 대중화는 쉽게 시각적인 표현을 할 수 있게 이끌며, 이미지의 편집이나 음악, 문자 등의 다른 요소들과 결합되어 새로운 매체의 형태와 의미를 만들어 내고 있다. 이 장에서는 유아가 사용할 수 있는 앱(App)을 활용하여 애니메이션을 만드는 활동을 소개함으로써 보다 효과적인 기술의 활용 방안을 탐색해 본다.[1)]

1) 이 장에서 제시한 '유아교육 현장 적용 사례'는 본 저자가 참여한 서울특별시유아교육진흥원의 〈유치원 누리과정 내실화를 위한 유아미술교육프로그램: 미술, 놀이를 담다〉에서 개발한 활동을 〈나주이화유치원〉의 '누리별반' 유아들과 오진실 교사가 적용하여 촬영한 것이다.

01 시각문화에 바탕을 둔 애니메이션의 교육적 의미

애니메이션은 이야기를 기초로 하여 여러 매체, 이미지, 운동성, 소통 등 다양한 키워드가 결합된 하나의 문화적 형식이다(김재웅 · 박유신 · 조정래, 2011). 사회문화적으로 이미지와 영상의 영향력이 점차 증가함에 따라 애니메이션과 같은 시각문화를 기반으로 한 교육적 접근은 유아의 삶과 문화를 이해하는 중요한 방법으로 강조되고 있다. 이와 같은 의미에서 시각문화를 바탕으로 한 교육적 접근이 유아교육에 주는 의미를 정리하면 다음과 같다(김정선, 2006; 박유신, 2014; 이정욱 · 임수진, 2017; 이재영, 2010; Duncum, 2012; Efland, 2005; Smith, 2005).

1) 유아가 경험하는 시각문화의 범위 확장

유아가 일상에서 경험하는 시각문화의 범위가 확장되고 있다. 그림책이나 표지판 등의 시각적 이미지, 놀이나 퍼포먼스, 예술작품, 사진, 광고, 애니메이션 등 미디어를 활용한 영상물 등이 모두 교육의 범위 안으로 들어오며, 일상의 다양한 시각적 환경으로 관심의 폭이 확장되고 있다. 이는 유아에게 제공하는 미디어가 다

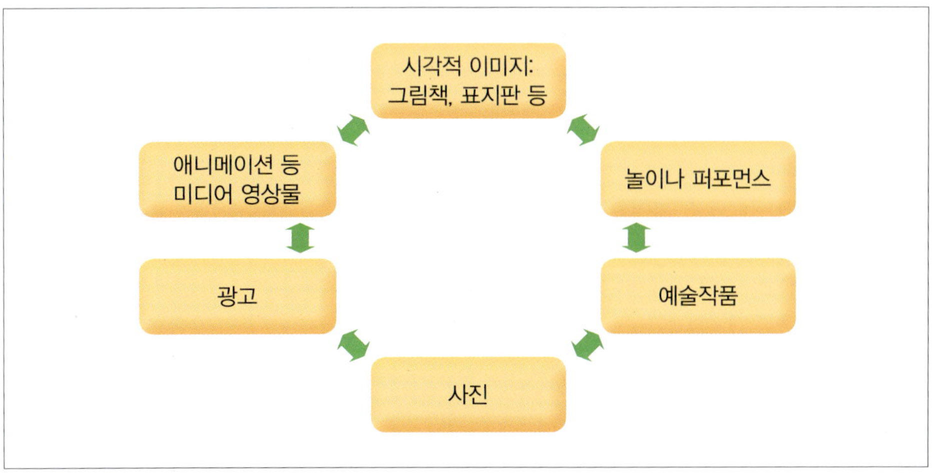

양해짐을 의미하는 것만이 아니라 유아가 경험하는 삶의 영역이 다양하게 변화되고 있음을 보여 준다.

2) 학습자의 경험과 문화에 기반을 두고 재구성된 문화양식

시각문화 교육에서는 작품을 창작하거나 감상하는 것 모두 학습자의 경험과 문화에 기반을 두고 재구성된다고 본다. 이에 따라 학습자가 자신의 경험을 바탕으로 의미를 발전시켜 나가는 과정을 강조하며, 이 과정에서 개인이 획득하는 개별적인 이해와 공동으로 형성하는 의미에 모두 관심을 갖는다. 이것은 유아가 자신을 둘러싼 시각문화에 대해 관심을 갖고 적극적으로 탐구하며, 자신과 또래의 삶의 문화를 반영할 수 있도록 돕는 것이 중요함을 의미한다.

3) 시각적 문해력의 향상

우리가 사용하는 이미지를 소통의 중심에 두고 접근하는 시각적 문해력(비주얼 리터러시: visual literacy)을 강조한다. 이는 시각적으로 생각하기, 시각적으로 읽기, 시각적으로 쓰기를 포함하여 시각적으로 의사소통하는 역량을 기르는 것이다. 이에 따라 TV, 광고, 영화, 애니메이션, 만화 등을 통해 문화를 경험할 뿐만 아니라 유아가 경험한 것에 대해 자기 나름대로 해석할 기회를 제공하는 것이 중요하다. 또한, 유아가 생활 속 경험을 자기만의 방식으로 표상하도록 지원해야 한다.

02 애니메이션의 특징과 교육적 적용

1) 특징

애니메이션은 특정 사물이나 이미지를 '살아 움직이는 것'처럼 느껴지도록 인위적인 운동성을 부여하는 것이다(박유신, 2014; 이재영, 2010). 오늘날의 애니메이션은 다음과 같은 고유한 특징을 갖는다.

(1) 디지털 매체의 구현 방식에 기반

애니메이션은 간단한 기호에서부터 휴대폰의 인터페이스, 광고, 영화, 게임 등 다양한 영역에서 활용되는 대표적인 시각문화로 일상에서 쉽게 접하고 경험할 수 있는 디지털 매체의 구현 방식을 따른다.

(2) 시간적 차이의 지각을 고려한 구성

애니메이션은 이미지의 움직임을 표현하는 과정에서 편집 기술이나 기계 장치를 통해 시간 조절이 가능하므로 체험자는 시간적 차이를 지각하게 된다.

(3) 조형요소에 기반한 다양한 표현 방식

애니메이션은 속도, 음향, 색채, 공간의 활용 등 여러 조형요소로 구성되어 있어 이를 활용한 다양한 표현이 가능하다.

(4) 서사적 구조

애니메이션은 이미지와 스토리텔링이 결합된 구조로 구성되므로 이야기의 서사적 구조가 드러나게 된다.

(5) 감정 유발

애니메이션은 사용자에게 즐거움을 주는 대표적인 매체로 감정을 강하게 불러일으킨다.

(6) 현실과 상상의 세계 표현

현실에 기반을 두고 있지만 현실 너머 상상의 세계를 다룰 수 있으며, 다양한 측면에서 느끼고, 사고하고, 조망하는 것이 가능하다.

유아들과 애니메이션을 활용할 때에는 애니메이션의 기본적인 특징을 기초로 유아가 '이미지 지각하기', '이미지 상상하기', '이미지 만들기', '이미지 이해하기', '이미지를 매개로 소통하기'의 각 과정을 경험하도록 안내한다. 즉, 애니메이션을 감상하는 것에서부터 창조하는 것까지 포함하여 다루도록 한다.

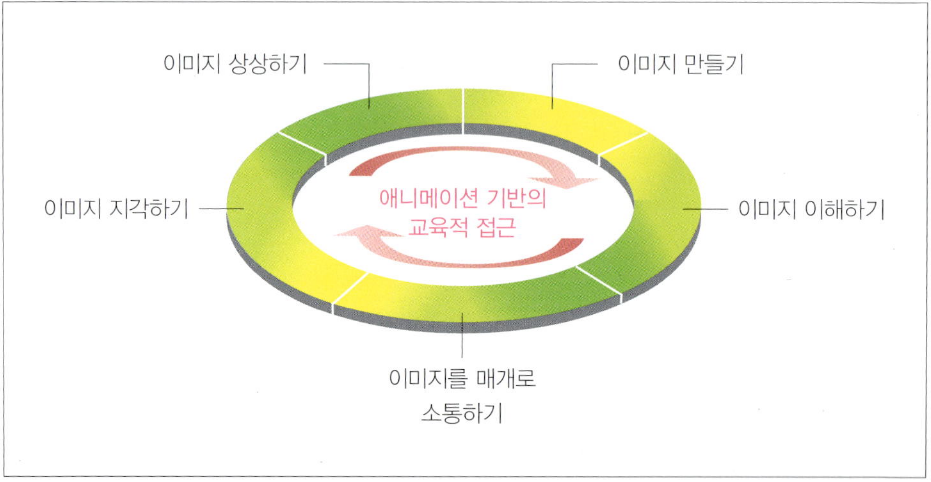

2) 애니메이션 활용 시의 교육내용

유아에게 애니메이션을 기반으로 교육을 할 때에는 애니메이션 교육의 구성요소들을 고려해야 한다(김재웅 외, 2011). 유아교육에 활용할 수 있는 내용을 중심으로 제시하면 다음과 같다.

(1) 예술에 대한 체험과 생활 속 경험의 표현

애니메이션에서 주제와 아이디어 · 상상력은 내러티브적 성격을 가지고 있다. 유아들은 애니메이션을 통해 자신의 일상적 경험과 예술적 경험, 관심사, 상상력을 이야기와 이미지의 결합으로 표현할 수 있음을 알게 된다. 이야기를 만드는 과정에서 각 유아의 개인적 경험을 다룰 수도 있고, 또래의 공통 경험을 반영할 수도 있다. 중요한 것은 유아들이 하고 싶은 이야기가 중심이 되는 것이다. 따라서 애니메이션 활용 교육 시에 이러한 점에 유의하여 유아들이 작품에 표현하고자 하는 생각이나 느낌을 충분히 이야기하고, 공유하는 과정이 포함되도록 한다.

- 일상 속에서 애니메이션을 경험해 본다.
- 생활 속 경험과 자유로운 상상을 통해 아이디어를 얻는다.

- 일상생활 속에서 즐기는 애니메이션에 대해 이야기한다.
- 다양한 양식으로 제작된 애니메이션을 체험한다.
- 애니메이션 작품의 주제나 특징을 찾아본다.
- 자신의 주변 인물과 환경에서 표현 주제를 탐색한다.

(2) 매체와 재료, 표현 과정에 대한 이해

유아는 애니메이션 고유의 형식과 매체의 특성을 활용하여 생각과 느낌을 통합적으로 나타낼 수 있음을 경험하게 된다. 교사는 시각문화 속의 미적 체험은 유아의 지각과 감각에 비중을 두고 있으며, 문자 정보와 다른 방식으로 전달된다는 점에 유의한다. 다양한 매체와 기법에 대한 탐구는 의사소통 방식을 확장하는 것이 되며, 디지털 매체의 구현 양식에 대한 이해 및 문화적 이해와 긴밀하게 연결되어 있다. 따라서 기초적인 매체와 기법을 탐색 · 감상하거나 글과 그림(스토리보드 만들기 참조) 등을 활용하여 간단한 수준이라도 애니메이션이 구현되는 기술적 과정을 경험하도록 하면 애니메이션의 표현 특징을 이해하는 데 도움이 된다.

- 기초적인 매체와 기법을 탐색하고 즐긴다.
- 표현에 필요한 다양한 재료를 경험한다.
- 말과 글, 그림, 신체표현과 놀이 등을 통해 표현한다.

- 다양한 매체와 기법을 오감을 통해 탐색한다.
- 다양한 재료를 오감을 통해 탐색한다.
- 감각을 통해 느끼고 알게 된 것을 신체로 표현한다.
- 생활 경험을 그림과 글 등의 방법으로 표현한다.
- 자연물과 주변 사물을 활용하여 캐릭터를 구상하여 표현한다.
- 교사의 도움을 받아 간단한 스톱모션 애니메이션을 제작한다.

(3) 조형요소와 원리

애니메이션을 이해하기 위해서는 움직이는 이미지의 원리와 구성 방식에 대한 경험이 필요하다. 따라서 애니메이션의 기본적인 조형요소를 탐색한 후 어떠한 방식으로 표현할 수 있을지를 생각하여 교사와 유아, 유아 상호 간에 이야기하고 공유하도록 한다.

- 애니메이션의 기초적인 조형요소에 관심을 갖는다.
- 애니메이션의 조형요소를 감각으로 경험하고 표현해 본다.

- 애니메이션에서 즐거움을 주는 요소들을 찾아본다.
- 움직이는 이미지와 정지된 이미지를 경험하고 비교해 본다.
- 이미지를 이어 만든 움직이는 영상(동영상)의 원리를 경험한다.
- 이야기를 몇 개의 그림으로 나누어 표현한다.

(4) 작품 감상

유아는 작품 감상을 통해 다양한 시대와 문화의 예술을 접하고, 이야기가 애니메이션을 통해 표현되는 방식에 대해 사고할 기회를 갖게 된다. 물론, 유아가 만든 작품도 감상 대상이 될 수 있다. 유아와 함께 하는 감상은 작품을 즐기는 것에 초점을 두어야 하며, 작품의 내용이나 표현 방법, 재료 등에 대해 각자의 관점에서 생각하고 이야기해 볼 기회를 제공하는 것도 필요하다.

▪ 다양한 작품 감상을 즐긴다.

- 작가가 만든 애니메이션을 감상하고 자신의 인상과 느낌에 대해 이야기한다.
- 유아들이 만든 작품에서 재미있는 점을 찾아본다.
- 유아들이 제작한 애니메이션을 감상하고 작품의 특징이나 느낌을 이야기한다.

(5) 다른 예술 분야와의 통합

애니메이션은 개별 영역으로 분리된 것이 아니라 요소 간 통합성을 가진다. 유아는 애니메이션을 감상하고, 창작하고, 공유하는 과정을 통해 문학과 미술, 음악 등 서로 다른 영역의 예술적 경험을 할 수 있다. 뿐만 아니라, 생활의 경험과 예술적 체험을 자연스럽게 연결하는 과정에서 여러 교과와 연계하는 것이 가능하다.

▪ 일상생활과 여러 영역의 경험이 애니메이션과 통합되도록 한다.

- 작품을 표현하고 감상하는 과정에서 말하기, 듣기, 쓰기, 읽기 등을 경험한다.
- 자신의 경험을 캐릭터와 이야기로 표현한다.
- 애니메이션에 적합한 음악을 탐색한다.
- 애니메이션 속 이야기를 극놀이나 신체활동으로 표현해 본다.

스토리텔링: 유아와 이야기 만들기

애니메이션의 내용이 되는 이야기는 구조적 성격을 가지고 있다. '이야기 구조'는 사회적 · 물리적 배경을 기초로 등장인물의 행동을 유발하는 사건이 진행되는 과정을 의미한다. 등장인물은 어떤 사건을 통해 인지적 · 정서적으로 동기화되어 계획한 행동을 시도하고, 사건이 진행되며 행위의 결과가 나타나게 된다. 그 과정에서 우리는 등장인물의 느낌과 생각이 어떠한지도 알 수 있게 된다. 애니메이션을 만들 때 '이야기 구조'에 기초하여 생각할 기회를 제공하면 유아가 만들고 싶은 이야기가 분명해질 뿐만 아니라 유아의 경험을 반영한 이야기를 구성하도록 도울 수 있다.

유아의 이야기 구성을 돕기 위해 육하원칙 카드(누가, 언제, 어디서, 무엇을, 어떻게, 왜)를 제시하거나 아래와 같이 등장인물, 배경, 사건, 결과, 반응에 대해 나누어 생각할 기회를 제공한다.

등장인물	누가 등장하면 좋겠니? 예) 토끼, 두더지, 기린 등
배경	어디에서 일어난 일이라고 할까? 예) 소풍을 간 풀밭에서
사건	무슨 일이 있었다고 할까? 예) 공을 잃어버렸다.
결과	결국 어떻게 되었을까? 예) 공을 찾아 즐겁게 놀았다.
반응	등장인물들의 기분은 어떨 것 같니? 예) 토끼: 즐거워서 웃고 있다. 두더지: 속상해한다.

활동

아래는 두 명의 친구가 극장에서 영화를 보고 나온 후에 영화 포스터를 보며 이야기하는 장면입니다. 이야기에 따라 화면의 구성을 어떻게 할 것인지를 생각하며, 애니메이션을 만들기 위한 이야기를 만들고 스토리보드를 작성해 봅시다. 동영상으로 감상한 「패트와 매트」를 다시 보며 스토리보드를 상상해 보는 것도 좋습니다.

❶ 두 명의 친구가 상영관 입구에서 나와 영화 포스터를 보고 있는 장면이 멀리서 비춰진다.

❷ 동일한 장면을 크게 확대하여 보여 준다.

❸ 두 사람이 포스터 앞에서 이야기하는 장면을 가까이 보여 주며, 친구 A가 "이건 정말 좋은 영화야."라고 말한다.

❹ 친구 A의 시점에서 포스터를 보는 장면으로, 친구 A가 "그런데 한 가지 이해가 안 되는 점이 있어."라고 말한다.

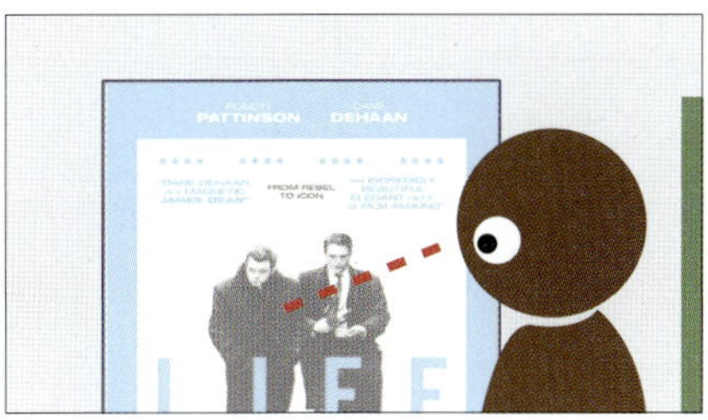

❺ 친구 B의 시점에서 포스터를 보는 장면으로, 친구 B가 "어떤 점이?"라고 말한다.

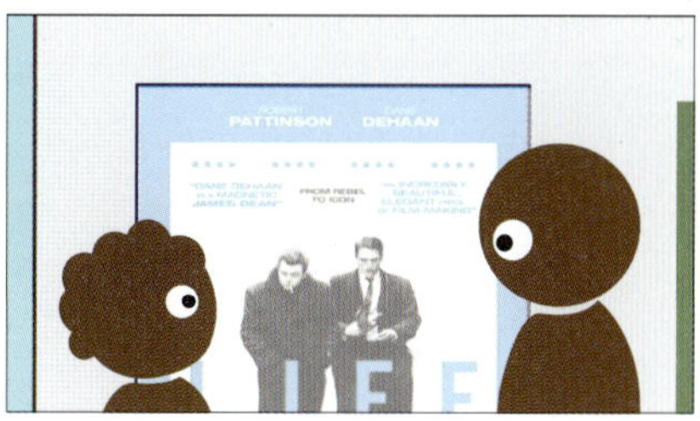

❻ 친구 A와 B가 동시에 포스터를 보는 장면으로...

내가 만든 스토리보드

제목:

상황:

장면 1: 장면에 대한 간단한 설명과 그림	장면 2: 장면에 대한 간단한 설명과 그림
대화/내레이션:	대화/내레이션:

장면 3: 장면에 대한 간단한 설명과 그림	장면 4: 장면에 대한 간단한 설명과 그림
대화/내레이션:	대화/내레이션:

03 앱(App)으로 만드는 애니메이션: 유아교육 현장 적용 사례

스톱모션 기법을 쉽게 구현할 수 있는 앱을 활용하여 유아들과 함께 애니메이션을 만들 때에는 다음과 같은 과정에 따라 진행할 수 있다.

1) 애니메이션 감상 및 이야기 나누기

스톱모션은 정지하고 있는 물체를 한 프레임마다 조금씩 이동시켜 카메라로 촬영하여 계속 움직이는 것처럼 보여 주는 기법이다. 유아들과 이야기를 나눌 때에는 애니메이션 안에 이야기가 담겨 있으며, 유아들이 만든 이야기도 애니메이션으로 만들어질 수 있음을 이해하도록 지도한다. 또한, 어떤 방법으로 애니메이션이 만들어졌을지 생각해 보도록 한다. 유아들과 스톱모션 애니메이션을 감상하고 이야기를 나누는 과정은 다음과 같이 이루어진다.

1. **애니메이션 감상**
   - 재미있는 요소를 생각하며 보기
2. **애니메이션 내용에 대한 이야기 나누기**
   - 어떤 내용인지, 등장인물이 누구인지, 배경은 어디인지 등에 초점
3. **애니메이션 만드는 방법에 대한 이야기 나누기**
   - 애니메이션을 어떻게 만들었는지에 초점

• TIP

애니메이션 감상 및 이야기 나누기에 활용할 수 있는 질문

- 영화 속에 누가 나오니?
- 어떤 이야기인지 이야기해 볼까?
- 영화 속 인물들이 어떻게 움직이니?
- 등장인물이 움직이는 것처럼 보이기 위해 어떻게 한 것 같니?

2) 스토리보드를 활용한 이야기 만들기

애니메이션을 만드는 과정에서 교사는 유아들이 자신의 생각을 담은 이야기를 만들 수 있도록 지도해야 한다. 학급의 모든 유아가 활동에 흥미를 느끼는 경우에는 대집단 활동 시간에 전체 유아가 함께 이야기를 만들 수 있다. 소집단으로 진행하는 경우에는 이야기를 구성한 다음 대집단 활동 시간에 유아들이 만든 이야기를 들려 주어 모든 유아와 공유하며, 이야기 구조에 대해 평가하고 생각을 나눌 수 있도록 하는 것도 좋다. 스토리텔링 과정에서 스토리보드를 활용하여 각 장면의 배경과 인물의 위치, 방향 등을 의논하고 협력하도록 하면, 각 장면이 모여 하나의 이야기가 되는 이야기 구조를 표현하는 데 도움이 된다. 이야기의 전개 과정을 유아들이 이해하며 다음 이야기를 구성할 수 있도록 앞 장면 그림을 함께 게시하도록 한다.

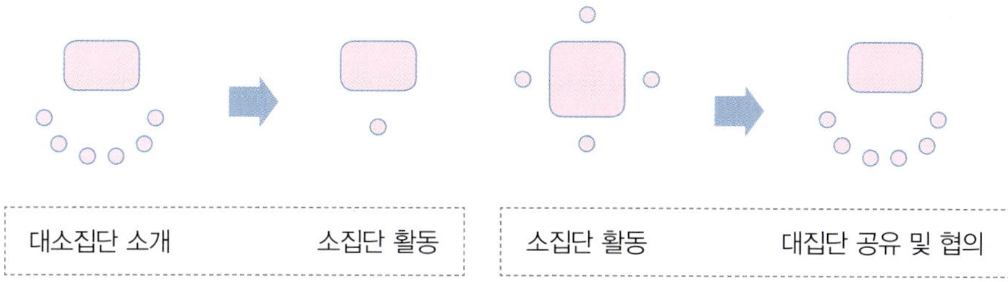

• TIP

스토리보드를 활용한 이야기 만들기에 활용할 수 있는 질문

- 어떤 이야기로 애니메이션을 만들어 보고 싶니?
- 우리가 함께 이야기를 만들기 위해 무엇을 정해야 할까?
- 이야기에 누가 등장하면 좋겠니?
- 어디에서 일어난 일이라고 할까?
- 여러 동물이 있어야겠구나. 그럼 또 무엇이 필요하니?
- 별은 어디에 있으면 좋겠니? 위쪽에 그리고 싶구나.

3) 등장인물과 배경 만들기

애니메이션의 이야기와 어울리는 장면이 정해지면 스토리보드에 작성한 배경과 등장인물 그림에 기초하여 필요한 등장인물과 배경을 만든다. 여러 가지 점토를 탐색하여 표현할 수도 있고, 재활용품이나 블록 등 주변에 있는 물건을 활용하는 것도 가능하다.

연속촬영을 고려하여 장면 정하기 〉 매체로 등장인물과 배경 만들기

• TIP

등장인물과 배경 만들기 과정에서 활용할 수 있는 질문

- 농장을 꾸미기 위해 어떤 것들이 필요하니?
- 울타리를 만들기 위해서 어떤 재료를 사용하고 싶니?
- 스토리보드에 그린 토끼처럼 보이려면 어떻게 하면 좋을까?

4) '모션스톱' 앱(App)을 활용하여 사진 찍기

유아에게 모션스톱 앱인 'Stop Motion Studio'를 소개한다. 각 이야기에 따라 배경의 위치와 등장인물의 동선에 대해 의논한 후 사진을 찍어 본다. 유아들이 사전에 계획한 배경의 위치와 인물의 이동 동선을 기억하여 사진을 찍기는 어려우므로 배경판에 각 배경의 위치나 인물의 동선을 연필로 조금씩 표시하여 준비하는 것이 필요하다.

유아에게 모션스톱 App 소개하기 〉 배경과 동선 위치 의논 〉 배경판에 동선 표시 후 App으로 사진 찍기

조금씩 캐릭터를 움직여 사진을 찍은 후에는 앱을 통해 유아들이 찍은 사진을 영상으로 보며 다시 찍고 싶은 장면이나 추가하고 싶은 부분을 찍는다. 동영상의 속도를 조절하는 것도 가능하며, 유아들과 의논하여 애니메이션에 필요한 음악을 삽입하거나 유아들의 목소리를 녹음하여 추가할 수 있다.

촬영한 영상 확인하기 〉 재촬영/추가촬영이 필요한 부분 찍기 〉 애니메이션이 필요한 음악/목소리 추가

• TIP

모션스톱 앱인 'Stop Motion Studio'에는 프리웨어(왼쪽)와 유료버전이 있다. 녹음은 유료버전 사용 시에 가능하다.

컴퓨터로 애니메이션을 보려고 하는 경우 휴대폰 연결 잭을 사용하여 컴퓨터와 연결한 후 컴퓨터에 붙여 넣으면 크게 영상을 볼 수 있다. 다음은 앱을 실행하는 과정이다.

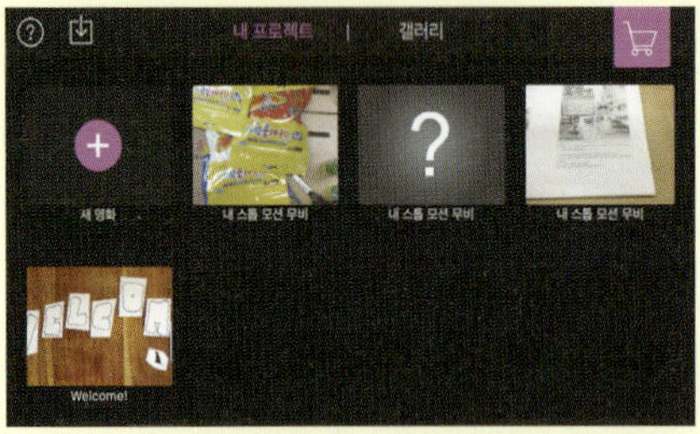

앱 실행하기: 처음 화면

버튼: 여러 가지 기능 안내

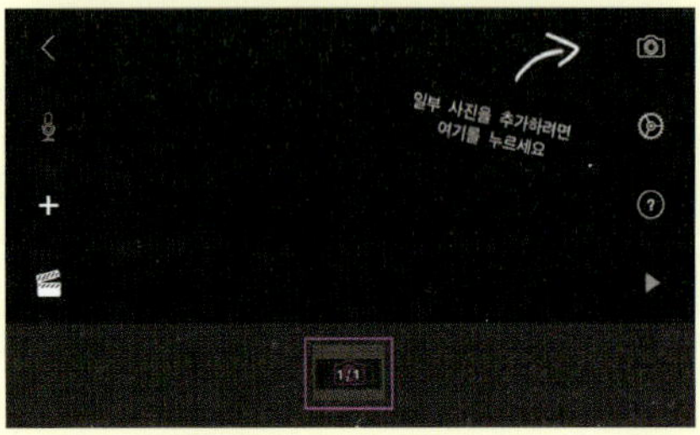

버튼: 사진 추가

버튼: 원하는 장면 촬영

버튼: 촬영한 연속화면 보기

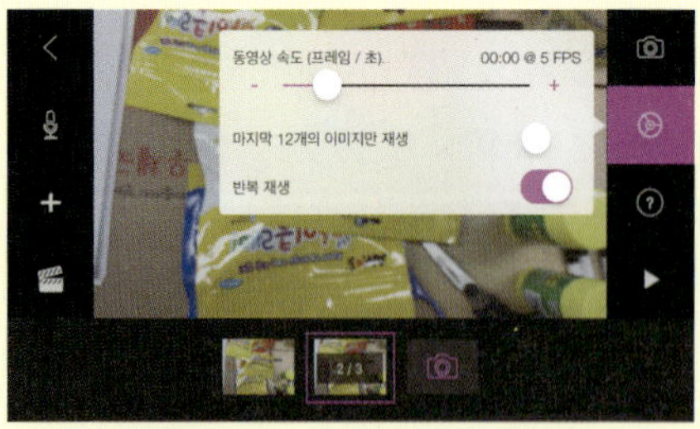

버튼: 동영상 속도 조절

5) 유아들이 만든 스톱모션 애니메이션 감상하기

유아들이 만든 '애니메이션'을 대집단 시간에 소개하고 함께 감상한다. 유아들이 만든 작품에는 조형요소와 원리, 매체 제작에 필요한 과정적 기술, 그리고 유아들이 공유하는 문화와 일상의 경험이 담겨 있다. 따라서 작품을 감상하는 것은 이와 같은 애니메이션의 구성요소들을 공유하는 좋은 기회가 된다. 유아의 애니메이션 작품을 감상할 때에는 다음에 유의하는 것이 필요하다.

첫째, 유아들이 만든 애니메이션의 재미있는 점, 느낀 점 등을 충분히 나눌 수 있도록 한다.

둘째, 앱을 활용하여 애니메이션을 만드는 과정에서 필요한 사항이나 추가로 고려해야 할 점에 대해 이야기를 나눈다.

셋째, 애니메이션을 만들기 전에 참고로 감상한 작품과 비교하며, 유아들이 만든 작품의 고유한 특징을 생각해 보게 한다.

04 애니메이션의 유아교육 현장 적용 시 유의점

앱을 활용한 애니메이션 만들기를 통해 애니메이션의 구성요소나 뉴미디어 전반을 이해할 수는 없다. 그러나 유아들은 애니메이션을 만드는 과정을 경험하며 자신의 생각과 느낌을 표현하기 위한 한 방법으로 새로운 미디어를 수용하고 창조적으로 재구성하는 경험을 할 수 있다. 앱을 활용하여 애니메이션을 만드는 활동은 기존과 완전히 다른 것이 아니다. 유아교육기관에서 이미 실행하고 있는 책 만들기 활동을 '리모델링(remodeling)'[2)]하는 것으로 이해하면 쉽게 접근할 수 있다. 따라서 유아들이 '이야기를 표현하는 것'의 의미를 이해할 수 있도록 스토리텔링 경험을 제공하고, 이 과정에서 애니메이션이라는 매체의 성격을 체험하도록 하는 방식으로 운영할 수 있다. 이와 같은 방식으로 앱을 활용하여 애니메이션을 제작하는 과정에서 유의할 점을 제시하면 다음과 같다.

첫째, 애니메이션 제작 과정 자체에 대한 학습이 아니라 다양한 생활영역과 통합될 수 있도록 한다. 애니메이션은 그 안에 여러 예술경험이 통합되어 있다. 뿐만 아니라, 내용적 측면에서 다양한 삶의 경험을 반영하여 신체운동 및 건강, 의사소통, 사회관계, 자연탐구 영역과 연계하여 이루어질 수 있음을 충분히 고려한다.

둘째, 간단한 방법으로 이미지와 글, 소리, 애니메이션 효과 등이 결합된 작품을 만들도록 프로그램된 소프트웨어나 앱(영문명: Stop Motion Studio), 윈도우 라이브 무비메이커(영문명: Windows Live Movie Maker) 등을 활용하여 디지털카메라로 연속하여 찍은 사진을 동영상으로 구성하면 그림책이나 애니메이션과 같은 영상을 만들 수 있다. 이러한 소프트웨어는 이미지와 이야기를 결합하는 다양한 방식을 유아들이 경험하도록 도울 수 있다. 그러나 미디어를 사용하는 기술을 연습하는 데 초점을 두기보다는 유아가 자연스럽게 미디어를 경험하는 가운데 그 특성을 비교하고 상황에 따라 적합한 결정을 내릴 수 있도록 하는 과정이 보다 중요하므로 유아들의 실제 생활을 기반으로 활용하도록 지도하는 것이 중요하다.

---

2) 리모델링(remodeling): 유아교육에서는 책 만들기 과정에서도 서사적 구조를 기반으로 글과 그림으로 책을 만드는 활동을 실행해 왔다. 기존의 책 만들기 활동과 달리 애니메이션의 디지털 스토리텔링에서는 이야기 구조를 기초로 시각적 이미지를 만드는 방식, 움직임과 촬영, 음악, 음성 등 다양한 요소가 포함된다. 따라서 기존의 책 만들기 활동에 애니메이션이라는 새로운 매체의 표현 방식을 고려한다는 점에서 '리모델링' 맥락으로 접근하면 보다 쉽게 이해할 수 있다.

셋째, 동영상 제작 프로그램을 활용할 때에는 교사가 사용 방법을 순서표로 만들어 제시하고 과정을 하나씩 탐색하도록 안내하여 유아가 프로그램에 친숙해지도록 지원해야 한다.

유아에게 제시하는 순서표의 예('무비메이커' 활용)

❶ 내가 움직이고 싶은 물건을 놓는다.

❷ 사진을 찍는다.

❸ 물건을 조금씩 움직여 다시 사진을 찍는다.

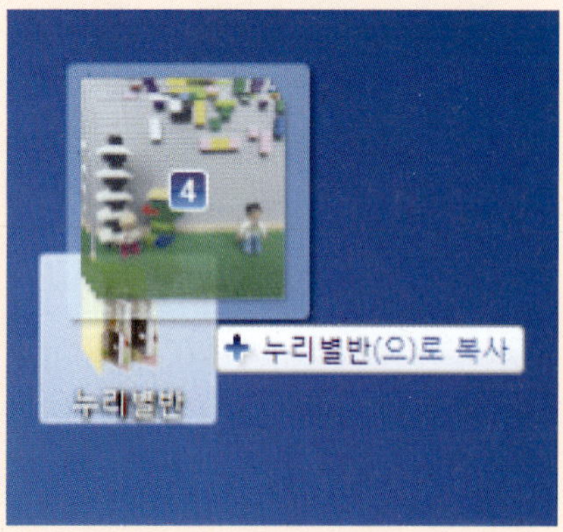

❹ 찍은 사진들을 컴퓨터로 옮긴다.

❺ '무비메이커'를 클릭한다.

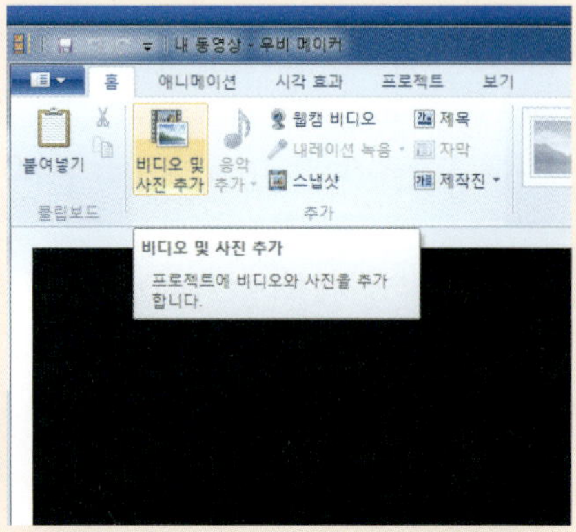

❻ '비디오 및 사진 추가' 버튼을 클릭한 뒤 찍은 사진을 옮긴다.

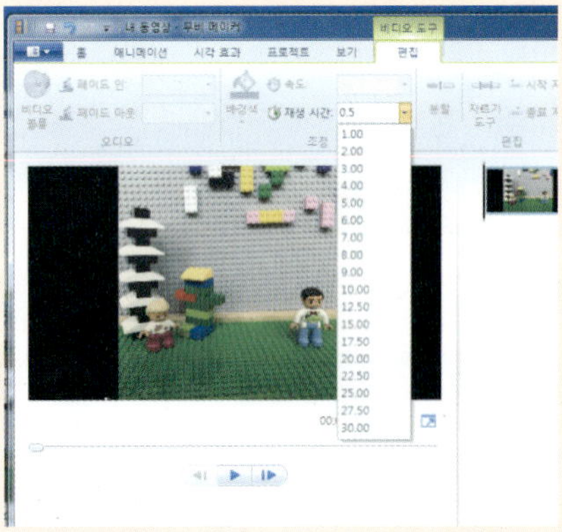

❼ '편집'에서 시간을 0.5초로 한 뒤 동영상을 재생한다.

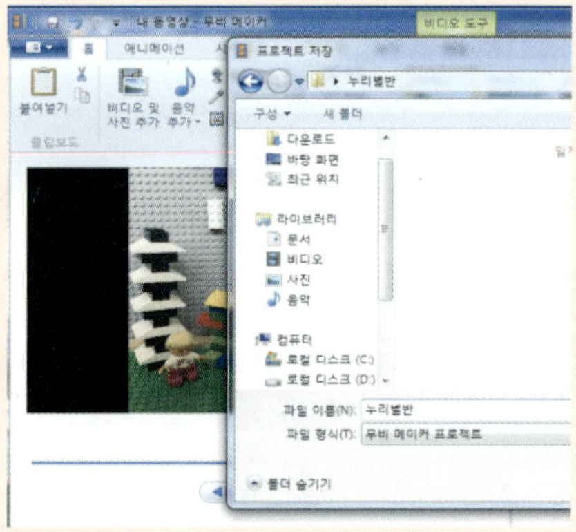

❽ 누리별반 폴더에 저장한다.

마무리 활동

1. 스토리보드에 따라 조별로 애니메이션을 만들어 봅시다.
2. 다른 조가 만든 애니메이션을 감상하며 어떠한 특징이 있는지 이야기해 봅시다.

Chapter 12

휴대용 디지털 현미경·QR코드·3D프린터 활용

벚나무 꿀샘을 찍어 왔다고?
아~! 휴대용 디지털 현미경으로.

너희들이 캠페인 한 것을 같이 보자고?
아~! QR코드 검색하면 된다고.

하루 만에 집을 짓는다고? 진짜?
아~! 3D프린터로.

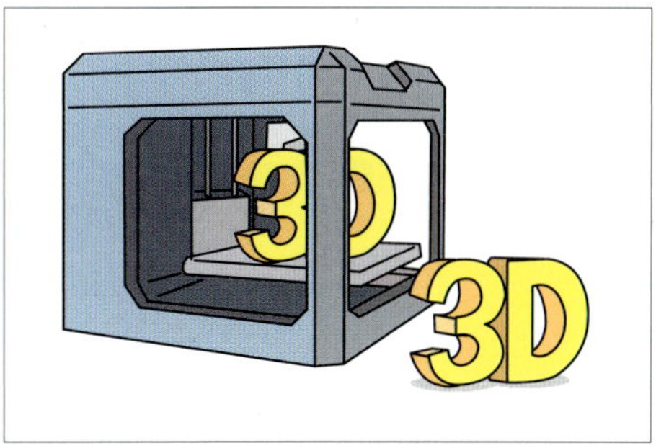

출처: 서울뉴스(2017. 3. 5.)

학습목표

1. 휴대용 디지털 현미경 기능을 이해하고 수업에서 활용할 수 있다.
2. QR코드를 활용하여 교육자료를 제작하고 활용할 수 있다.
3. 3D프린터의 개념과 기능을 이해하고 교육자료를 제작하고 활용할 수 있다.

생각해 봅시다

제4차 산업혁명시대에 대한 논의가 뜨겁다. 제4차 산업혁명이란 인공지능, 사물인터넷, 빅데이터, 모바일 등 첨단 정보통신 기술이 경제·사회 전반에 융합되어 혁신적인 변화가 나타나는 차세대 산업혁명을 말한다(IT 용어사전). 인공지능(AI), 사물인터넷(IoT), 클라우드 컴퓨팅, 빅데이터, 모바일 등 지능정보기술과 3D프린팅, 로봇공학, 생명공학, 나노기술 등 여러 분야의 신기술이 기존의 제품과 서비스와 결합되어 새로운 형태로 나타나며, 모든 제품과 서비스는 네트워크로 연결되어 우리의 삶에 큰 변화가 예고된다.

1차~4차 산업혁명 변화

출처: 미래창조과학부 블로그.

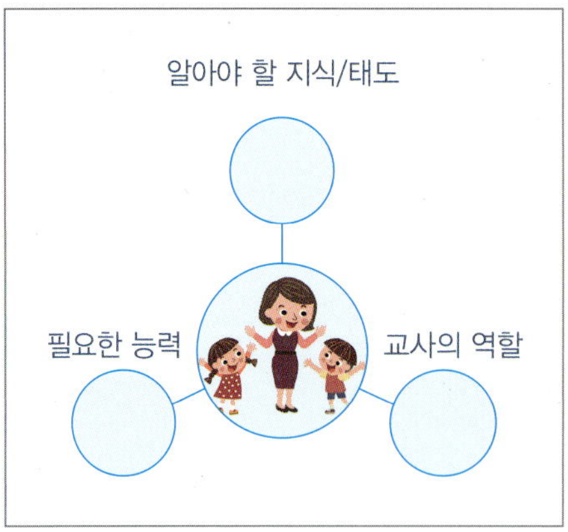

이와 같은 제4차 산업혁명으로 인해 교육의 변화, 그리고 유아의 삶과 환경도 달라질 것이다. 교사는 유아에게 무엇을 가르치고, 어떻게 교육해야 할까? 정답이 없는 예측 불가능한 사회에서 교사의 역할이 더욱 중요해지고 있다. 제4차 산업혁명시대를 대비하여 교사가 알아야 할 지식과 태도는 무엇이며, 필요한 능력은 무엇일까? 교사의 역할은 무엇일까?

01 휴대용 디지털 현미경

1) 휴대용 디지털 현미경의 개념과 기능

휴대용 디지털 현미경이란 간편하게 휴대하여 이동 중에도 사용할 수 있는 현미경으로 눈으로는 볼 수 없을 만큼 작은 물체나 물질을 확대해서 볼 수 있다. 스마트폰에 휴대용 디지털 현미경을 장착할 경우 스마트기기를 디지털 현미경으로 사용할 수 있다. 스마트폰의 카메라 기능을 이용하여 디지털 사진으로 촬영하거나 동영상으로 촬영하여 저장할 수 있다. 또한, 컴퓨터에 USB 케이블을 이용하여 연결하여 대형 모니터에서 시연할 수 있다.

〈표 12-1〉 휴대용 디지털 현미경의 기능과 활용 영역

기능	활용 영역
• 5~90배 확대 가능 • 사진 저장 가능 • 가격 저렴 • 휴대가 용이해 활용 범위 넓음 • USB 케이블을 이용해 PC와 연결, 대형 모니터 시연 가능	• 자연관찰 활동에 활용 • 현장학습 기록화 • 눈으로 쉽게 보이지 않는 것을 자유롭게 관찰이 가능함 예) 유아교육기관에서 '과학탐구 활동'이나 '자연탐구 활동' 등에서 활용

휴대용 디지털 현미경은 렌즈와 줌인-줌아웃 나사, 초점 조정 나사, 조명 스위치로 구성되어 있다. 휴대용 디지털 현미경의 조작법은 다음과 같다.

[그림 12-1] 휴대용 디지털 현미경 사용 방법

먼저, 스마트폰의 카메라 렌즈 위치에 휴대용 디지털 현미경의 렌즈 반대쪽 면을 부착한 후 조명 스위치를 켠다. 둘째, 휴대용 디지털 현미경을 부착한 채로 스마트폰에서 카메라 앱을 열면 동그란 렌즈 형태의 흰색 빛이 보인다. 셋째, 휴대용 디지털 현미경의 렌즈 부분을 관찰하고자 하는 사물에 가까이 대면 확대한 결과를 볼 수 있다. 넷째, 줌인-줌아웃 나사와 초점 조정 나사를 이용하여 또렷이 초점이 맞도록 조정한다. 다섯째, 확대한 결과를 스마트폰의 사진 기능이나 동영상 기능을 이용하여 촬영하여 저장할 수 있다.

2) 휴대용 디지털 현미경의 유아교육 현장 적용 사례

(1) '벚나무' 프로젝트

휴대용 디지털 현미경을 활용하여 자연탐구 활동으로 벚나무와 개미를 관찰하는 활동 사례를 소개하면 다음과 같다. 유아들은 〈벚나무 임금과 여왕개미〉 애니메이션 동화를 보고 나서 벚나무와 개미에 대한 여러 가지 질문을 하게 되었다. 예를 들면, "개미들이 벚나무에 많이 가요?", "개미들한테 벚나무가 꿀 줘요?", "꿀샘이 어디 있어요?", "벚나무를 괴롭히는 나쁜 벌레들을 개미가 이겨요?" 등이었다.

이후 공원에 가게 되었을 때 유아들은 제일 먼저 벚나무 주변에 개미가 많은지 찾아보았으며, 개미의 움직임, 벚나무의 꿀샘 등도 확인하고 싶어 했다. 그러나 개미도, 벚나무 잎사귀에 달린 꿀샘도 너무 작아 유아들이 쉽게 식별하기 어려웠다. 이에 교사는 유아들과 휴대용 디지털 현미경을 활용하여 벚나무와 그 주변의 개미 모습, 벚나무 꽃 등의 사진을 여러 장 찍고 개미의 움직임 등을 동영상으로도 촬영해 왔다. 그리고 이를 스크린에 띄워 크게 봄으로써 개미의 모습, 벚나무 꽃잎의 결과 무늬, 벚나무 나뭇잎의 꿀샘 등을 확인할 수 있었다. 이것이 계기가 되어 이후 벚나무와 개미에 대한 탐구활동이 더욱 심도 깊게 이루어질 수 있었다. 다음은 스마트폰을 이용하여 촬영한 개미, 벚꽃잎, 벚나무 잎사귀의 모습이다.

스마트폰에 휴대용 디지털 현미경 장착

휴대용 디지털 현미경을 활용한 개미 관찰

휴대용 디지털 현미경을 활용한 벚꽃 관찰

[그림 12-2] 휴대용 디지털 현미경으로 개미와 벚꽃 관찰하기

(2) '나의 몸' 관찰 활동

나의 몸에 대한 활동의 확장 활동으로 보이지 않는 나의 몸을 휴대용 디지털 현미경으로 관찰한 뒤 보고 느낀 부분을 그림으로 표현하도록 한다. 휴대용 디지털 현미경으로 관찰을 하기 전 사전활동으로 보이지 않는 나의 몸이 어떻게 보일지 생각해 보는 활동을 통해 유아의 호기심을 촉진한다.

손등을 관찰하는 유아

손등 관찰결과

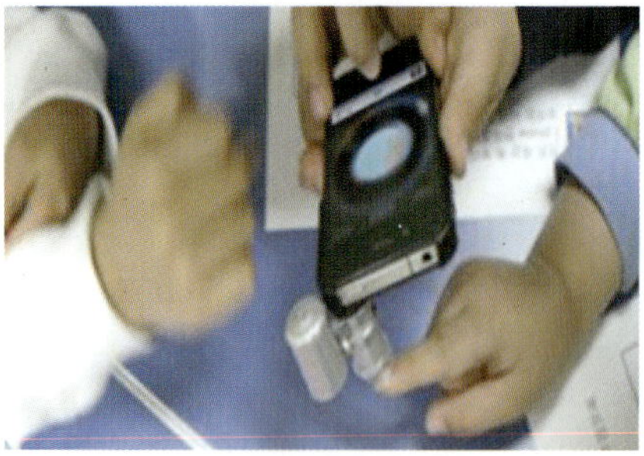

손톱을 관찰하는 유아

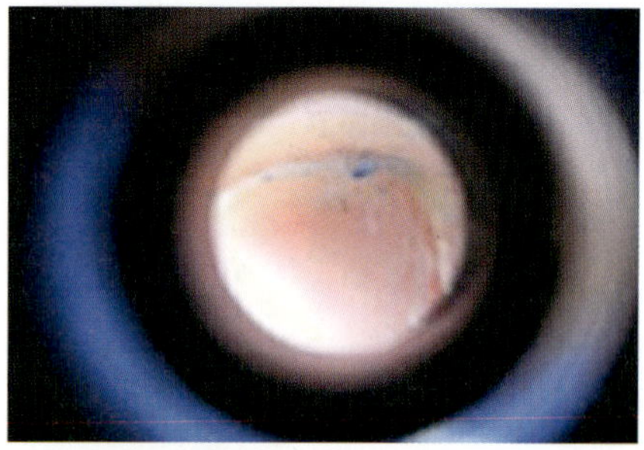

손톱 관찰결과

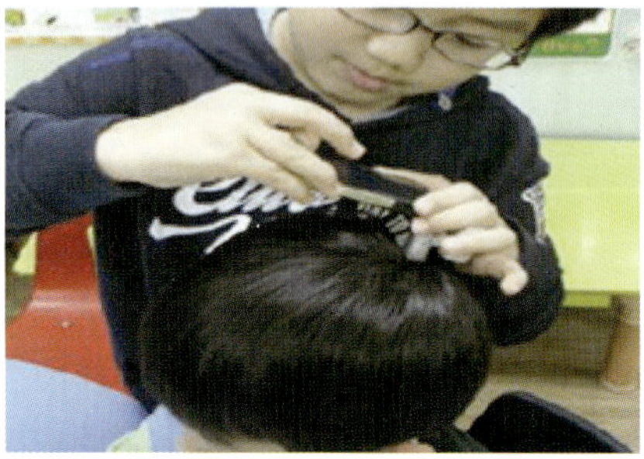

두피를 관찰하는 유아

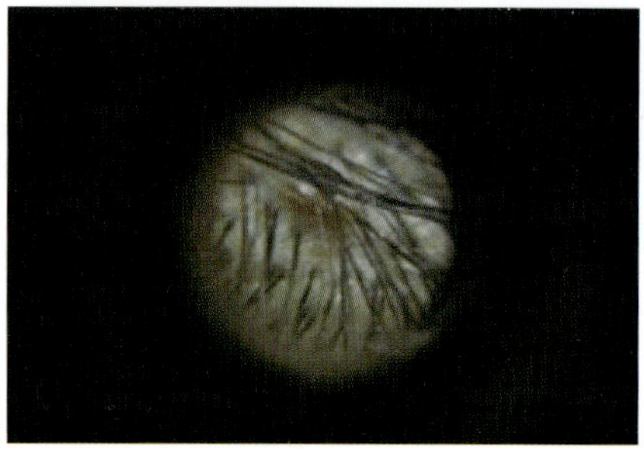

두피 관찰결과

[그림 12-3] 휴대용 디지털 현미경으로 '나의 몸' 관찰하기

출처: 유구종(2014).

활동

자신의 스마트폰에 휴대용 디지털 현미경을 장착하고 천, 지폐, 머리카락 등을 비추어 관찰해 봅시다. 사진과 동영상으로 촬영해 봅시다.

02 QR코드

1) QR코드의 개념 및 기능

(1) QR코드의 개념

QR코드는 'Quick Response'의 약자로 '빠른 응답'을 얻을 수 있다는 의미이다. 바코드와 유사한 기능이 있으나 활용성이나 정보성 면에서 기존의 바코드보다는 발전된 코드 체계이다. QR코드를 이용하여 인터넷 주소(URL), 사진, 동영상 정보, 지도, 명함 정보를 제공할 수 있으며, 유아교육기관에서 QR코드는 교육활동, 홍보, 행정, 환경 구성에서 활용이 가능하다.

상품에 찍혀 있는 QR코드

잡지, 신문 등에 찍혀 있는 QR코드

[그림 12-4] QR코드 활용 예시

(2) QR코드의 제작 방법

QR코드 제작 방법 중 네이버 QR코드 제작 페이지를 이용하는 방법을 설명하면 다음과 같다. 웹 주소창에 http://qr.naver.com/를 입력하여 네이버 QR코드 페이지로 접속한다. QR코드를 인식하면 스마트기기에 사진이 보이도록 제작하는 절차를 소개하면 〈표 12-2〉와 같다. 더 나아가 웹주소, 동영상, 지도에 대한 정보도 QR코드로 제작할 수 있다.

〈표 12-2〉 QR코드 제작 절차

순서	작업 화면	작업 내용
①	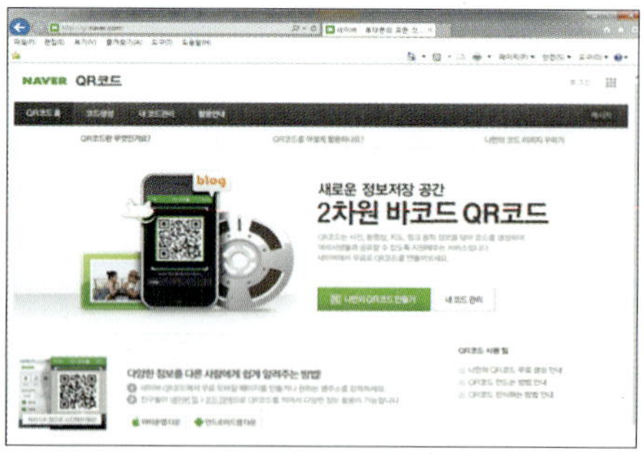	네이버 QR코드 사이트에서 화면 중간의 '나만의 QR코드 만들기'를 선택하거나 상단 메뉴에서 '코드 생성'을 선택
②		'기본 정보 입력' 탭이 나타나면 QR코드의 '제목'을 입력하고 하단의 다음 단계를 선택하여 이동

순서	작업 화면	작업 내용
③		'추가 정보 입력' 탭에서 '원하는 정보 담기'를 클릭 후 하단의 이미지 영역을 선택
④		이미지를 클릭하면 그림을 불러올 수 있는 창이 나타남 내 PC 또는 클라우드에 있는 사진을 한 개 또는 여러 개 선택하여 불러올 수 있음
⑤		그림을 선택하면 아래와 같이 그림이 첨부되며, 하단의 작성 완료를 클릭하여 완성

순서	작업 화면	작업 내용
⑥		'코드 생성 완료' 탭으로 넘어가면 '코드 저장'을 클릭 코드 이미지 파일을 자신의 PC에 저장
⑦		미리보기를 통해 QR코드를 인식했을 때 나타나는 화면을 확인

순서	작업 화면	작업 내용
⑧		상단의 '추가 정보 입력'을 이용하여 다양한 QR코드 정보로 포함이 가능함 – 링크(URL) – 소개글 – 이미지 – 동영상 – 지도 – 연락처

(3) QR코드 실행 방법

스마트기기에 무료 QR 앱을 설치하고 실행시킨 후 QR코드를 인식하여 해당 정보를 재생한다. 이 장에서는 네이버 QR 앱을 중심으로 실행 방법을 설명하고자 한다.

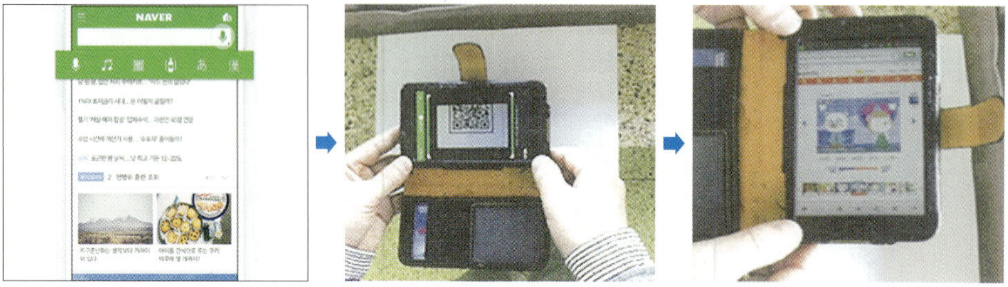

QR 프로그램 접속	QR코드 인식	QR코드 정보 재생
네이버가 실행되면 검색창 우측 마이크 아이콘을 터치한 후 하단에 나타나는 메뉴 중 'QR코드' 그림을 선택하여 실행	준비된 QR코드를 스마트폰의 인식창 안에 들어오도록 함	QR코드가 인식되면 자동으로 QR코드 정보가 실행됨

[그림 12-5] QR코드 실행 절차

2) QR코드의 유아교육 현장 적용 사례

(1) 공원 프로젝트

QR코드를 활용한 교육 현장 적용 사례로 공원 프로젝트를 제시하면 다음과 같다(지옥정, 2013).

❶ 도입: QR코드 이해하기

공원 프로젝트의 일환으로 공원을 산책하던 유아들은 공원 내 운동기구마다 뭔가 네모난 것이 하나씩 붙어 있는 것을 발견하였다. 나중에 교사와 유아들은 그것이 QR코드라는 것과 그 QR코드를 읽으면 그 운동기구의 관리 부서를 알 수 있다는 것을 알게 되었다. 그러던 중 윗몸 일으키기 기구의 나무가 부서져서 위험해 보였으므로 교사와 유아들은 관리 부서에 연락하기로 하고 교사가 대표로 고장 내용을 신고하였다. 상세 내

[그림 12-6] 윗몸 일으키기 운동기구 QR코드

용을 적는 란에는 유아들의 의견을 담아 “나무가 부서져서 운동하기 위험해요. 부서진 부분을 고쳐 주세요.”라고 하였다. 이런 신고가 들어가면 바로 처리하도록 시스템이 되어 있어 수일 후 유아들은 자기들의 신고로 그 운동기구가 철거된 것을 볼 수 있었다.

그런 결과에 고무된 유아들은 주변에서 QR코드 찾는 것에 더욱 열중하게 되었다. 그 결과, 유치원에서 밖에 나갈 때마다 그전에는 인식하지 못하던 QR코드를 여기저기서 발견할 수 있었다. 유치원에서뿐만 아니라 부모님과 다니거나 과자를 살 때에도 QR코드를 찾아보곤 하였는데 유아들이 발견한 QR코드의 예를 들면 다음과 같다.

[그림 12-7] 유아들이 생활 속에서 발견한 QR코드

출처: (좌) http://www.orecipe.co.kr / (우) http://company.namyangi.com

❷ 전개: 공원 프로젝트 활동 사진과 동영상을 촬영하여 QR코드로 만들기

교사와 유아들은 자기들의 이야기도 QR코드 안에 담을 수 있다는 것을 알고 시도해 보게 되었다. 그러면서 처음에는 아주 단순하게 공원 안에서 찍은 사진과 간단한 인사 등을 담은 QR코드를 만들었고 점차 여러 가지 내용을 담은 것, 영상편지, 공원에 대한 노래 만든 것과 율동한 모습 등 동영상까지 담은 QR코드까지 만들기에 이르렀다. 예를 들면, 매봉공원 지도와 매봉공원에 어떤 꽃과 나무가 있는지, 어떤 운동기구들이 있는지, 매봉공원을 어떻게 돌보아야 하는지 등을 소개하

는 매봉공원 팸플릿, 매봉공원 옆에 바로 붙어 있는 초등학교 학생들과 교장 선생님에게 보내는 '쓰레기를 매봉공원에 버리지 말고 함께 잘 돌보아 주자'는 내용을 담은 영상편지, 공원 이야기를 담은 매봉공원 이야기 등이었다. 유아와 교사가 함께 사진을 찍고 동영상 촬영과 편집 작업, QR코드를 만드는 과정은 교사가 작업하였다.

❸ 마무리: QR코드를 모아 책으로 만들고 가정 연계 학습자료로 활용하기

프로젝트 마무리 단계 때는 이 QR코드들을 어떻게 정리하면 좋을까 의논 끝에 작은 책으로 만들었고, 이후 각 유아의 가정에 보내져 지금까지도 부모와 아이들이 수시로 꺼내 보는 자료로 활용되고 있다.

[그림 12-8] 교사와 유아들이 만든 QR코드 책 · 영상편지 · 홍보물

출처: 지옥정(2013).

(2) QR코드를 이용한 퀴즈 게임 '숲속 보물찾기'

QR코드를 활용한 또 다른 현장 적용 사례는 퀴즈 게임으로, 실외활동이나 숲 체험에서 QR코드를 이용하는 방법으로 활용할 수 있다. 숲체험 활동을 하며 체험했던 내용을 교사가 퀴즈 내용으로 만든 후 스마트패드를 이용하여 숲에서 QR코드를 뒷면에 붙인 게임카드를 보물찾기처럼 나뭇가지나 풀숲에 숨겨 놓고 유아들이 이것을 찾도록 한 후 팀을 나눠 퀴즈를 풀도록 한다(서희전, 2017).

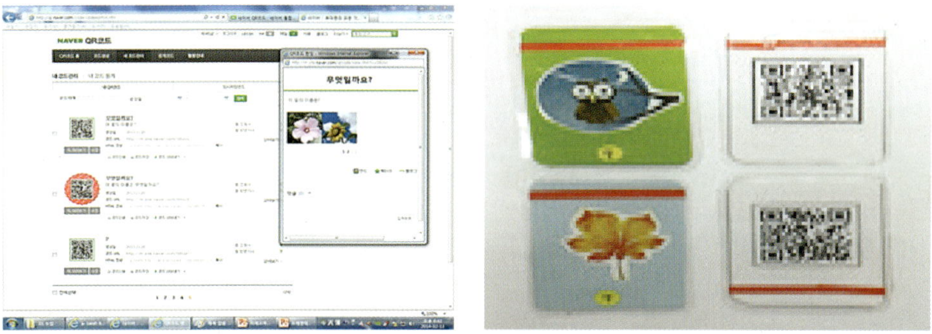

[그림 12-9] QR코드를 이용한 퀴즈 게임카드 제작

〈표 12-3〉 QR코드를 활용한 숲속 보물찾기 게임 수업안

생활주제	5. 환경과 생활	주제	환경과 우리 생활	활동명	보물찾기
대상연령	만 4세	활동영역	게임	장소	숲
수업자료	스마트패드, QR코드카드, 융판, 단풍잎, 벨크로, 코팅지, 휴대폰 카메라, 사진파일				
목표	• 곤충, 자연물, 환경 보전에 대한 경험과 생각을 말할 수 있다. • 보물(QR)카드와 아이패드를 활용한 게임 방법을 안다. • 보물찾기 게임에 참여하여 수수께끼를 풀 수 있다.				
수업 내용					
도입	• QR코드를 관찰해 본다. – QR코드를 본 적이 있나요? – 어디서 찾아볼 수 있을까요? – 어떻게 사용하는 것일까요? – 오늘은 선생님과 QR코드를 이용해서 수수께끼를 풀어 보아요.				

수업 내용

전개

〈활동 방법〉

1. (유아들이 정한 방법으로) 두 팀으로 팀을 나눈다.
2. 교사의 출발 신호에 안전하게 출발한다.
3. 숨겨 놓은 보물을 유아 한 명당 두 장씩 찾아 선생님에게 가지고 온다.
4. 모든 유아가 보물을 찾으면 가져온 보물을 확인한다.
5. 한 명씩 나와 보물에 있는 QR코드를 스마트패드로 인식한 후 나오는 수수께끼를 풀어 본다.
6. 보물에 맞는 수수께끼를 맞히면 카드를 점수판에 붙인다. 수수께끼를 맞히지 못한 유아는 다른 친구들의 도움을 받아 다시 맞혀 본다.

- 활동방법에 대해 이야기한다.
  - 게임을 하기 전에 두 팀으로 나눌 거에요. 어떻게 팀을 나누면 좋을까요?
  - 선생님이 숲에 보물카드를 숨겨 놓았어요. 다른 친구도 찾을 수 있도록 두 장씩만 찾을 수 있어요. 찾기 힘든 친구는 같은 팀 친구들이 어떻게 도와줄 수 있을까요?
  - 우리 팀에서 보물카드를 친구들이 모두 찾은 후에는 한 명씩 나와서 보물 QR코드를 휴대폰으로 인식하면 우리가 풀어야 할 수수께끼가 나올 거에요.
- 활동을 하는 데 필요한 약속에 대해 이야기 나눈다.
  - 선생님이 호루라기를 불면 보물을 찾으러 갈 거예요. 그런데 친구들과 부딪히거나 다치지 않게 하기 위해서 어떻게 해야 할까요?
  - 또 보물을 찾지 못한 친구들은 우리가 어떻게 도와줄 수 있을까요?
  - 그런데 우리가 보물을 찾기 위해서 꽃이나 나무를 아프게 하거나 밟고 올라가게 되면 숲은 어떻게 될까요?
- 보물찾기를 다 찾은 후 수수께끼를 풀어 본다.
  - 보물로 찾은 QR코드의 수수께끼를 풀어 보도록 해요.
  - (스마트패드로 QR코드를 인식한다.) 이 동물의 소리를 듣고 무슨 동물인지 맞혀 보아요.

〈숲속에 숨긴 보물카드를 유아별로 찾는 장면〉

수업 내용	
전개	 〈보물카드 QR코드를 스마트패드 카메라에 비추어 퀴즈를 푸는 장면〉
마무리	• 활동을 마무리한다. – 게임을 하는 데 어려운 점은 없었나요? – 어떤 활동이 기억에 남나요? – 보물(QR)카드와 아이패드를 적절하게 활용하였는가?
주의점	• 카드를 안전한 장소에 숨긴다. • 퀴즈는 곤충, 자연물 등과 숲에서 경험했던 활동도 제시한다.
평가	• 곤충, 자연물에 대한 수수께끼를 풀었는가? • 적극적으로 게임에 참여하였는가? • 친구들과 협동하여 안전하게 진행하였는가?

• TIP

QR코드를 이용한 퀴즈 문제 예시

- 유아가 함께 경험했던 동물 및 식물을 중심으로 퀴즈 문제를 구성한다.
  - (상추 사진) 이 식물은 무엇일까요?
  - (무궁화 사진) 이 꽃은 우리나라의 꽃으로 개나리이다. (O, X)
  - (무당벌레 사진) 이 곤충의 이름은 무엇일까요?
  - (솔방울 사진) 이 열매는 무엇일까요?

퀴즈에 사용한 그림 예시

- QR코드로 인식한 후 나타나는 사진 속의 동물의 움직임이나 울음소리를 표현하도록 문제를 낸다.
  - 고양이의 울음소리를 표현해 보세요.
  - 잠자리가 날아다니는 모습을 몸으로 표현하세요.
  - (소리 자료) 동물 울음소리를 듣고 무슨 동물인지 맞춰 보세요.
  - 다람쥐가 도토리를 먹는 모습을 표현해 보세요.

(3) 교실 및 교구재 부착 활용

교실 내 도서 및 각종 교구에 QR코드를 부착하여 확장된 멀티미디어 정보 및 환경을 제공할 수 있다. 예를 들어, 동물이나 식물과 관련된 유아용 그림책이나 도서에 QR코드를 부착하여 관련 사진이나 동영상을 연결하여 학습할 수 있다. 또는 견학이나 체육활동 결과를 교실 내에 전시할 때 QR코드를 이용하여 사진이나 동영상을 연결하여 제시함으로써 유아가 자신이 참여한 활동을 회상하는 데 도움을 줄 수 있다. 또한, 비 프로젝트나 달팽이 프로젝트와 같이 장기간 진행되는 프로젝트 접근법에서 만들어진 결과물을 그림, 사진, 동영상으로 제작하여 QR코드로 작성하여 포트폴리오나 벽면에 전시물로 구성할 수 있으며, 현미경, 라이트박스, 레고 등 실물 교구에 QR코드를 부착하여 사용 방법이나 놀이 방법을 제시할 수도 있고 화분이나 달팽이 집에 QR코드를 부착하여 관련 정보나 키우는 방법에 대한 동영상을 제공하여 유아가 능동적으로 참여하여 활동하도록 환경을 구성할 수 있다.

〈표 12-3〉은 생활주제에 따라 과학활동 영역에 비치된 교구자료에 QR코드를 활용한 예시이다. 누리과정 생활주제 중 생활도구의 소주제별로 과학활동과 관련된 사진, 동영상, 음악, 인터넷 링크 등의 정보를 QR코드에 연결하여 과학활동 영역을 구성함으로써 유아의 과학적 태도와 문제해결력을 높이는 데 활용하였다(유구종 · 최승연, 2013).

활동 전시물에 QR코드 활용

관찰물에 QR코드 활용

[그림 12-10] 교실 및 교구재에 QR코드 부착 활용

〈표 12-3〉 만 5세 생활도구 주제에 과학활동 영역 QR코드 활용

소주제	QR코드	제공하는 자료 유형
다양한 생활도구	• 도구를 살펴보세요 (현미경 사용 방법) • 어디에 쓰는 물건일까요?	• 교사의 시연 동영상 • 도구 사용 절차 PPT • 터치 가능 플래시 자료 • 실제 활용하는 장면
생활도구를 움직이는 힘	• 바람으로 움직여요 • 햇빛으로 검은 종이에 모양 구멍 내기	• 바람개비, 풍차 등 동영상 자료 • 바람을 만들 수 있는 주변 물건 퀴즈 링크 • 검은 종이에 구멍을 내는 과정이 담긴 동영상과 다양한 모양 결과물 사진
생활도구로서의 미디어	• 카메라 • 인터넷 사용하기	• 카메라의 사용법 PPT 자료 • 유아가 접속 가능한 교육 사이트와 활용 • 올바른 인터넷 사용 방법 퀴즈 링크
미래의 생활도구	• 발명가 이야기 • 로봇	• 발명가 위인전 플래시 동화 • 미국, 일본, 독일, 우리나라 로봇 경진대회 및 전시회 동영상

출처: 유구종 · 최승연(2013).

(4) 유아교육기관 홍보물 및 가정통신문에 QR코드 활용

유아교육기관 홍보물 및 원아모집 공고에 QR코드를 활용할 수 있으며, 주간계획안과 가정통신문에 QR코드를 삽입하여 학부모에게 풍부한 부가 정보를 제공함으로써 가정과의 연계교육 수행을 촉진할 수 있다(유구종 외, 2014). 예를 들어, 유아교육기관의 행사 사진이나 유아들의 활동을 찍은 동영상, 견학이나 소풍을 다녀온 사진, 견학을 갈 장소에 대한 안내문과 지도, 안전교육에 대한 동영상 등을 QR코드에 연결하여 제공할 수 있다.

가정통신문에 QR코드 활용

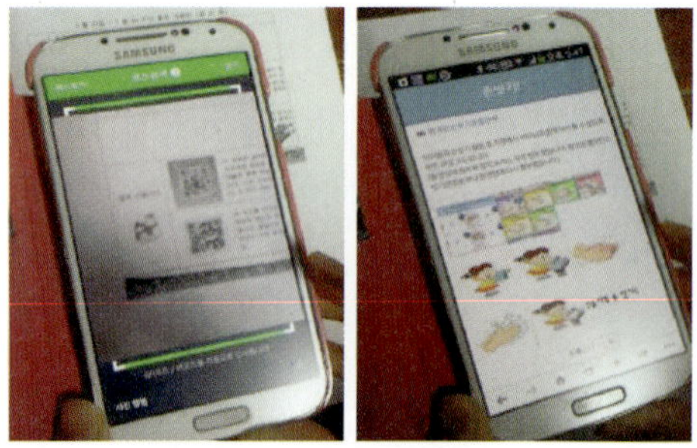

스마트폰으로 QR코드 연결 정보 보기

[그림 12-11] 홍보물 및 가정통신문에 QR코드 부착 활용

출처: 유구종(2014).

03 3D프린팅

1) 3D프린팅의 개념과 특성

(1) 3D프린팅의 개념

3D프린팅이란 입체적으로 모델링 된 설계를 기반으로 3차원 입체 모형을 만들어 낼 수 있는 기기를 말한다. 래피드 프로토타이핑(Rapid Prototyping)으로 알려

진 3D프린팅은 흔히 3D 도면을 바탕으로 3차원 물체를 출력하는 방식으로 이루어진다. 3D프린팅 방식에는 분말 기반의 재료를 레이저로 녹인 뒤 응고시켜 프린트하는 SLS(Selective Laser Sintering) 방식, 액체 기반의 재료를 강한 자외선이나 레이저로 순간적으로 굳혀서 프린트하는 SLA(StreoLithography) 방식, 액체 기반의 재료를 이용해 프린트하는 방식이나 전용 재료를 활용해 표면의 정밀도를 높이는 DLP(Digital Light Processing) 방식, 고체 기반의 재료를 열을 가해 녹인 뒤 쌓아올려 상온에서 식혀 굳히는 FDM(Fused Deposition Modeling) 방식의 네 가지가 있다. 이 중 가장 대중적으로 쓰이는 FDM 방식은 다른 방식에 비해 내구성이 강하고 사용이 편리하다는 장점이 있으나 표면이 거칠고 출력 속도가 느리다는 단점도 함께 가지고 있다.

3D프린팅의 재료는 플라스틱, 합성수지, 금속, 티슈, 음식 등 다양한데 가장 범용적으로 활용되는 FDM 방식의 3D프린터 재료는 필라멘트이다. 필라멘트는 플라스틱, 합성수지 등 다양한 재료로 만들어지지만 녹말 성분으로 만들어진 PLA 플라멘트, 사포 및 아세톤 훈증 등을 통해 표면을 매끈하게 다듬는 등의 후가공의 편의성을 높인 ABS 필라멘트 등이 가장 많이 쓰이고 있으며, 말랑말랑한 고무 재질의 플렉시블 필라멘트, 나무 느낌의 우드 필라멘트, 청동 필라멘트 등도 있다.

3D프린팅은 3차원으로 전송 가능한 거의 모든 물체의 프로토타입을 만들기 위해 제조 분야에서 활발히 사용되고 있다. 3D프린팅은 교육 분야에서도 디자인부터 제작에 이르기까지 점차 활용 폭이 넓어지고 있는데, 특히 메이커 스페이스(Maker Space) 확산 및 자발적 개방과 공유를 가치로 하는 메이커 운동 등의 움직임과 맥을 같이해 학생들이 새로운 도전과 실험정신을 키울 수 있는 기술로 주목받고 있다(계보경 외, 2016).

(2) 교수 · 학습매체로서 3D프린팅의 특성

3D프린팅은 학습자가 학습을 수행하는 과정에서의 사고와 문제해결 결과를 3차원 객체로 바로 확인해 볼 수 있는 새로운 매체로 교육적 가능성을 인정받고 있

다. 교수자는 숫자를 통해서만 표현되고 설명되는 수학의 다양한 개념이나 이론적 모델을 3D프린팅을 통해 구체적인 시각물로 전환해 설명할 수 있으며, 학습자는 3차원 구체물을 통해 추상적인 개념을 직관적으로 이해할 수 있는 기회를 가질 수 있다. 더불어 학습자가 고안한 아이디어의 물리적인 모델을 신속하게 만들어 줌으로써 상상이나 생각 속에 있는 물리적 모델을 직접 시각화해 확인할 수 있도록 해 주므로 보다 능동적이고 실제적인 학습을 가능하게 한다(Educause, 2012). 교육적 관점에서 볼 때, 학습자가 자신이 무엇을 하기 원하는지 상상하고 그 아이디어에 기반해 프로젝트를 만들어 내고 수행하는 창의적 디자인 모델 과정은 무엇보다 중요하다. 학습자는 자신의 아이디어를 동료들과 공유하고 다양한 대안을 시험해 보며 협동적이고 성찰적인 경험을 할 수도 있다. 3D프린팅을 통한 창의적 학습을 반복적으로 거치면서 학습자는 자신의 아이디어를 발전시키는 법을 배울 수 있으며, 고안된 아이디어를 테스트하고 문제를 해결하며, 동료의 의견을 수렴해 새로운 아이디어를 만들어 내게 된다(최형신 · 유미리, 2015).

2) 3D프린팅의 교수 · 학습 활용 사례

처음부터 3D 모델링 작업을 하는 것은 유아뿐만 아니라 성인 학습자에게도 쉬운 일이 아니다. 내가 생각했던 상상 속의 사물이나 2D에서의 도면 혹은 그림이 3차원의 입체적인 사물로 출력되는 경험을 하는 데 중점을 두어 입체적인 시각화 과정을 경험하고 기본적인 유아들의 메이킹 활동을 돕는 데에서 출발하는 것이 바람직하다.

(1) 3D프린터로 만든 다양한 작품 감상 및 이야기 나누기

3D프린팅의 개념과 작동 원리를 설명해 주고 3D프린팅을 이용해 만들어진 다양한 물건을 유아들에게 보여 준다. 그 후에 유아들이 각자 만들고 싶은 것에 대해 이야기하는 시간을 갖고 발표하도록 한다. 실제 결과물 출력 시의 시간 소요 등을

고려하여 모둠별로 만들고 싶은 물건을 서로 이야기 나누어 정하도록 하는 모둠활동을 하는 것도 좋다.

"3D프린터로 만들 수 있는 것들에는 어떤 것들이 있을까요? 세상에서 제일 빠른 자동차, 백설 공주와 일곱 난쟁이가 사는 집도 만들 수 있을까요? 친구들과 3D프린터로 만들고 싶은 것들에 대해 이야기해 봅시다."

3D프린터로 만든 자동차

세계 최대 공작기계 전시회 'IMT 2014'에서
3D프린터로 44시간만에 만든 전기차 스트라티

출처: Local Motors, ChosunBiz.

3D프린터로 만든 집

중국 상하이 설계회사에서 만들어 낸
200m² 크기의 집

출처: WORLD IN CANADA.

(2) 만들고 싶은 것 그림 그리기

모둠별로 선정한 3D프린터를 활용해 만들고 싶은 것을 그림으로 그려 보거나 다양한 재료를 활용해 구상해 본다.

(3) 3D프린팅으로 원하는 물건 만들기

3D 모델링을 하는 도구들은 여러 가지 프로그램이 있으나 유아가 다루기에는 어려움이 있으므로 3D프린팅을 위한 다양한 모델 작업물을 공유하는 사이트를 활용하는 것도 좋다. '팅커캐드'와 같은 3D 모델 공유 사이트에 들어가 유아들이 좋아하는 피젯스피너, 포켓몬, 마인크래프트, 레고 블록 등 원하는 물건을 검색하여 찾고 원하는 도면을 내려받는다. 처음 3D프린팅을 경험하는 경우 3D 모델링 자료

가 실제의 물체로 구체화되는 경험을 갖고 이에 대해 충분히 생각해 보는 데 초점을 두어 수업을 설계하고, 활용 경험이 쌓이면 기존 3D 디자인을 바탕으로 3D 디자인의 크기 등을 조정하거나 추가적인 아이디어를 더하는 등의 심화 활동을 계획한다.

❶ 원하는 3D 디자인 선택

갤러리에 들어가 다른 사람들이 공유한 작품을 살펴보고 원하는 물건의 3D 디자인을 검색한다.

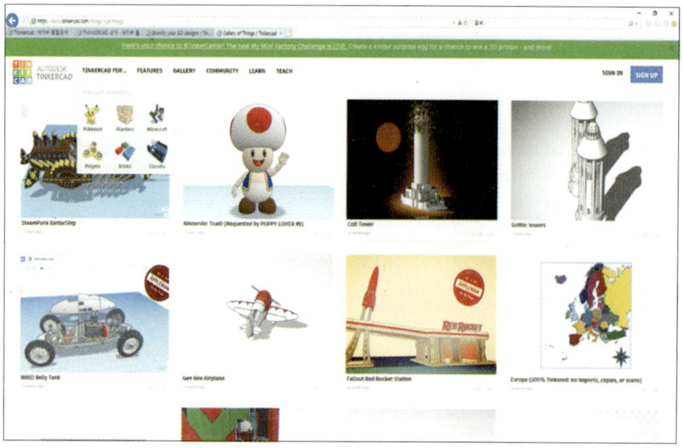

출처: Tinkercad(https://www.tinkercad.com).

• TIP

다양한 3D 모델 디자인 파일을 공유하고 다운받을 수 있는 사이트

3D프린팅을 위한 디자인 파일을 공유하는 사이트를 활용하면, 누구나 쉽게 원하는 물건의 도면을 내려받아 자신이 갖고 있는 3D프린터로 모형을 출력할 수 있다.

- 팅커캐드(Tinkercad): https://www.tinkercad.com
- 싱기버스(Thingiverse): https://www.thingiverse.com
- 셰이프웨이스(Shapeways): https://www.shapeways.com

❷ 3D 디자인 출력

3D 디자인 파일을 다운받아 필요 시 출력물의 사이즈를 실제 프린팅 크기를 고려하여 재조정한 후 출력한다.

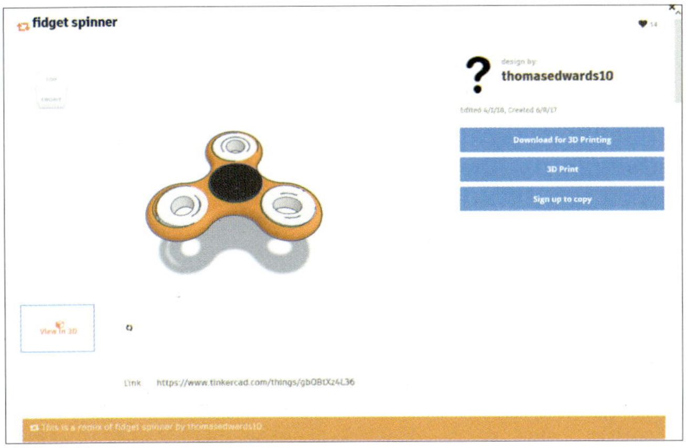

출처: Tinkercad(https://www.tinkercad.com).

❸ 3D 디자인 변형(심화 활동)

다운받은 3D 디자인 파일을 바탕으로 색을 바꾸거나 추가적으로 디자인하는 심화 활동을 실시할 수도 있다.

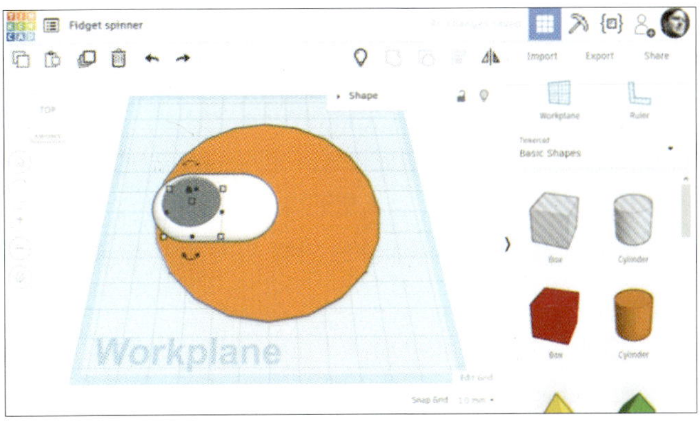

출처: Tinkercad(https://www.tinkercad.com).

• TIP

3D프린터를 무료로 쓸 수 있는 곳을 찾으려면

메이크올(www.makeall.com) 사이트에 들어가 메뉴에서 장비/공간 찾기를 클릭하고 장비 선택에서 3D프린터를, 지역 선택에서 가까운 곳을 택한 후 해당 메이커 스페이스 방문하면 3D프린터를 무료로 쓸 수 있다.

(4) 3D프린팅 경험과 만들어진 물건에 대해 이야기 나누기

유아들이 만든 3D프린팅 물건을 대집단 시간에 그룹별로 소개하고 함께 감상하는 시간을 갖는다. 프린팅하고 싶은 물건을 선택한 이유에서부터 만들어지는 과정에서 느낀 점, 결과물의 특징에 대해 의견을 나눌 수 있도록 이끌며, 만들어진 물건에 대한 평가, 개선 방안, 활용 계획 등에 대해 함께 생각해 볼 수 있도록 한다.

• TIP

3D프린터 출력 및 관리를 위한 고려 사항

1. 3D프린터의 전원이 연결되어 있고 ON 상태인지 확인한다.
2. 3D프린터와 컴퓨터가 제대로 연결되어 있는지 확인한다.
3. 3D프린팅을 위한 재료가 준비되어 있는지 확인한다.
4. 모델링을 할 때, 3D 모델의 면이 충분히 두껍지 않으면 출력되지 않기 때문에 모델의 벽 두께를 0.5mm보다 두껍게 만든다.
5. 3D 모델의 면과 면 사이가 한 곳이라도 막혀 있지 않으면 출력이 되지 않거나 출력 도중에 에러가 발생한다.
6. 각각의 3D 모델의 모서리가 만나 있다면 하나로 붙어서 출력되므로 각 모델 사이에 0.1mm 이상의 공간을 두거나 각각의 모델을 합쳐 주어야 한다.
7. 모델의 부피가 크다면 속을 비워 출력해야 소재를 절약할 수 있고 출력 시간도 단축시킬 수 있다.

8. 3D프린터는 출력할 수 있는 범위가 정해져 있기 때문에 출력할 모델의 범위가 3D프린터의 수용 한도를 벗어난다면 그 크기를 줄여야 한다.
9. 모델의 지지대 역할 또는 물체를 이어주는 부분의 두께를 얇게 만들면 무게를 이기지 못하고 부서질 수 있기 때문에, 모델의 무게중심을 고려하여 모델링해야 한다.
10. 프린트 품질은 출력 속도와 프린트 방식에 따라 다르다. 그러나 저렴한 프린터는 대부분 필라멘트 적층방식으로, 좋은 품질을 위해서는 출력 속도를 낮춰야 한다.
11. 필라멘트가 잘 들어가지 않는다고 해서 억지로 넣으면 완전히 막힐 수가 있으니 필라멘트가 들어가지 않을 때에는 예열을 해 둔 상태에서 문제를 해결해야 한다.
12. 프린트가 완료되면 출력물을 식히는 과정을 거쳐야 한다.
13. 3D프린트가 끝난 후에는 베드를 깨끗하게 치워야 한다. 이때, 내부가 뜨겁기 때문에 도구를 이용해야 한다.
14. 3D프린터 사용을 마쳤으면 전원을 종료한다.

출처: 한국교육학술정보원(2017).

마무리 활동

1. 휴대용 디지털 현미경을 이용하여 관찰할 수 있는 활동을 생각해 봅시다.
2. 게임용 퀴즈, 유아들의 견학기관, 가정통신문을 네이버 QR코드 기능을 이용하여 제작해 봅시다.
3. 유아교육기관에서 QR코드를 활용한 교육방법과 교육환경을 구상해 봅시다.
4. 유아의 창의적인 활동에 적합한 3D프린터 활용 방법을 생각해 봅시다.

찾아보기

ㅅ

ㅇ

ㅈ

참고문헌

1장

강은진 (2004). 유아 미디어 리터러시교육 프로그램의 개발 및 적용. 성균관대학교 대학원 박사학위논문.

교육과학기술부 (2012a). 4세 누리과정 교사용 지도서 6: 생활도구. 경기: 교육과학기술부.

_______ (2012b). 5세 누리과정 교사용 지도서 6: 생활도구. 경기: 교육과학기술부.

권연정 (2015). 유아교사를 위한 액션러닝 기반 미디어교육 프로그램 개발 및 효과. 이화여자대학교 대학원 박사학위논문.

권지혜 (2017). 미디어 리터러시 인식 검사 도구 개발 및 타당화 연구. 한국교원대학교 대학원 석사학위논문.

김남희 (2012). PISA 읽기 소양과 21세기 국어 능력. 국어교육, 138, 41-71.

김양은 (2000). 미디어 환경 변화에 따른 미디어교육에 관한 연구: 한국의 미디어교육 실행 모색. 중앙대학교 대학원 박사학위논문.

_______ (2005). 미디어교육의 개념 변화에 대한 고찰. 한국언론정보학보, 28, 77-110.

_______ (2007). 미디어 교육 교육과정 모델 구성에 관한 연구, 한국언론정보학보, 37(1), 73-99.

_______ (2014). 디지털 시대의 미디어 리터러시. 서울: 커뮤니케이션북스.

김영희 (2015). 유아교육에서의 교육방법 및 교육공학. 서울: 학지사.

신진욱 (2012). 그림책을 활용한 유아 미디어 리터러시 수업설계 연구: 만 5세 유아를 중심으로. 서강대학교 대학원 석사학위논문.

안은영 (2001). 미디어 교육이 아동의 비판적 사고력에 미치는 영향에 관한 연구: 비판적 시청 교육을 중심으로. 연세대학교 언론홍보대학원 석사학위 청구논문.

안정임 (2013). 연령집단에 따른 디지털 미디어 리터러시 수준 비교 연구. Korean Journal of the Learn Science, 7(10), 1-21.

안정임 · 서윤경 · 김성미 (2013). 미디어 리터러시 구성요인과 부모의 중재 행위, 아동의 이용조절 인식간의 상관관계. 언론과학연구, 13(2), 161-192.

안지성 (2009). 광고 만들기 활동에 나타난 유아의 미디어 리터러시 탐구. 부산대학교 대학원 석사학위논문.

안지성 · 조희숙 (2009). 광고 만들기 활동에 나타난 유아의 미디어 리터러시 탐구. 어린이미디연구, 8(2), 1-21.

이옥섭 · 유경애 · 이춘수 · 강순미 (2010). 영유아를 위한 교수매체. 서울: 동문사.

이차숙 (2002). 유아 미디어 교육 프로그램 개발을 위한 기초 연구. 교육연구방법, 14(2), 83-102.

정현선 (2012). 미디어를 보는 관점에 따른 유아교육 분야 미디어 관련 연구 동향 분석. 어린이미디어연구, 11(2), 45-67.

정혜승 (2008). 리터러시 교육의 쟁점 연구. 교육과정평가연구, 11(1), 161-185.

조은진 (2016). 텍스트 중심 유아 미디어 리터러시 교육 프로그램 개발 및 적용효과. 서울여자대학교 대학원 박사학위논문.

표준국어대사전 (2018). http://stdweb2.korean.go.kr/main.jsp.

홍유진 · 김양은 (2013). 미디어 리터러시(Literacy) 국내외 동향 및 정책 방향. 서울: 한국콘텐츠진흥원.

Buckingham, D. (2004). 미디어 교육: 학습, 리터러시, 그리고 현대문화*(Media education: Literacy, learning, and contemporary Culture)*. (기선정 · 김아미 역). 서울: 제이앤북. (원저 2003 출판)

Commom Sense Media (2013). Zero to eight: Children's media use in America 2013. www.commonsensemedia.org/research/zero-to-eight-childrens-media-use-in-america-2013

Hobbs, R. (2004). A review of school-based initiatives in media literacy education. *American Behavioral Scientist*, *48*(1), 42-59.

Jalongo, M. R. (2003). *Early childhood language arts*(3rd ed.), MA, Boston: Allyn and Bacon.

Media Awareness Network (2006). Media education: Make it happen! http://www.medialiteracyweek.ca/resources/media-education-make-it-happen/

Office of Communication (2004). *Strategies and priorities for the promotion of media literacy: A statement*. London: Ofcom.

Potter, W. J. (2011). Media literacy. *The Grade Teacher*, *40*, 26-27.

Rantala, L. (2011). Finnish media literacy education policies and best practices in early childhood education and care Since 2004. *The National Association for Media Literacy Education Journal of Media Literacy Education*, *3*(2), 123-133.

2장

교육과학기술부 (2012). 유치원 교육과정 운영 지원을 위한 유아녹색성장교육 프로그램.

교육과학기술부 · 보건복지부 (2019). 개정 누리과정 해설서.

산림청 (2018년 2월 5일). 새로운 50년을 시작하는 2018년, '숲 속의 대한민국'을 만들겠습니다.

민성길 (2001). 어린이 발달과 자연, 어린이와 자연, 어린이육영회 창립 20주년 기념 유아교육 학술대회 자료집. 31-42.

박희숙 (2015). 자연친화 활동에서 영유아가 나타내는 자연에 대한 태도와 인식과정 탐구. 어린이미디어연구, 14(4), 417-452.

이경연 · 조형숙 (2016). 자연놀이 경험을 통한 동요개사하기 활동이 유아의 창의성, 자연친화적 태도, 음악적 표현 능력에 미치는 영향. 어린이미디어연구, 15(1), 101-131.

조형숙 (2005). 유아를 위한 자연친화교육 프로그램의 개발과 평가. 유아교육연구, (5), 343-366.

지옥정 (2007). 프로젝트 접근법을 활용한 유아기 자연친화교육. 서울: 창지사.

______ (2014). 환경기념일로 풀어본 유아기 지속가능발전교육. 서울: 창지사.

______ (2016). 자연을 통한 유아기 지속가능발전교육. 한국열린유아교육학회 춘계학술대회자료집 〈아이들, 숲 교육 현장에서 스마트 매체를 만나다〉. 대구 경북대학교 비전홀. 43-58.

Bookchin, M. (1997). 사회생태론의 철학*(The philosophy of social ecology)*(문순홍 역). 서울: 솔출판사 (원저 1995년 출판).

Carson, R. (2002). 자연 그 경이로움에 대하여*(The Sense of wonder)*. (표정훈 역). 서울: 에코리브르 (원저 1956년 출판).

Carter, F. (1996). 내 영혼이 따뜻했던 날들*(The education of little tree)*. (조경숙 역). 서울: 아름드리미디어 (원저: 1976 출판).

Davis, J. (2015). 지속가능성을 위한 교육의 입장에서 보는 유아교육. 지속가능성을 위한 유아교육연구*(Research in Early Childhood Education for Sustainability)*(eds: Davis,J & Elliott, S.)(지옥정 외 역) 서울: 창지사 (원저 2014년 출판). 45-66.

Elliott, S. (2015). 지속가능성을 위한 유아교육과 바깥놀이터. 지속가능성을 위한 유아교육연구*(Research in Early Childhood Education for Sustainability)*(eds: Davis,J & Elliott, S.)(지옥정 외 역) 서울: 창지사 (원저 2014년 출판). 175~194.

Fenton, G. M. (1996). "Back to our roots in nature's classroom" *Young Children*, *50*(3), 8-11.

Inoue, M. (2015). 일본의 유아기 환경교육에 대한 관점: 지속가능한 사회를 위한 제고. 지속가능성을 위한 유아교육연구*(Research in Early Childhood Education forSustainability)*(eds: Davis,J & Elliott, S.)(지옥정 외 역) 서울: 창지사(원저 2014년 출판). 118-137.

Ji, O. (2015). Education for sustainable development in early childhood in Korea. *Young children and the environment: early education for sustainability*(2nd). (ed: Davis, J. M.). NY: Cambridge University Press. 276-286.

Robinson, L. & Vaealiki, S. (2010). Ethics and pedagogy at the heart of early childhood education for sustainability. *Young children and the environment*. (ed: Davis, J. M.). NY: Cambridge University Press. 154-181.

UNESCO(2014). Shaping the future we want: UN Decade of Education for Sustainable Development (2005-2014) Final Report.

3장

김신옥 · 민혜영 · 엄덕실 (2006). 유아교수매체. 서울: 창지사.

변경화 (1985). Edgar Dale의 삼각교육 이론에 대한 연구: '경험의 원추'를 중심으로. 이화여자대학교 석사학위 논문.

심성경 · 김경의 · 변길희 · 김나림 · 최대훈 · 박주희 (2007). 영유아를 위한 교수매체의 이론과 실제. 학지사.

오연주 · 안은숙 · 김혜수 · 이은상 · 이경실 · 고영주 · 이명희 (2005). 제작 과정 중심의 교재교구 이론과 실제. 서울: 창지사.

유혜령 · 강은희 · 박지영 (2011). 유아 교수공학과 교수학습 방법. 서울: 창지사.

이영자 · 박미라 · 최경애 (2000). 영유아교육 교수매체. 서울: 교문사.

__________ (2009). 영유아교육 교수매체. 서울: 교문사.

이영자 · 이기숙 · 이정욱 (2012). 유아 교수학습 방법. 서울: 창지사.

전선영 · 유향선 · 김은심 · 문용은 (2003). 유아교사를 위한 교수매체의 이론과 실제. 서울:

창지사.

Dale, Edgar(1969). *Audio-Visual Methods in Teaching*(3rd ed.). N.Y.: Holt, Rinehart & Winston.

Corpuz, B., & Salandanan, G. (2011). Principles of Teaching 1. Quezon City: Lorimar Publishing, Inc.

4장

김경철 · 박현진 (2005). 디지털카메라의 유아교육기관 현장 활용. 어린이미디어연구, 4, 129-156.

김문정 · 양종훈 · 정연근 (2010). 어린이 사진교육 프로그램 LTP의 이해와 분석. 현대사진영상학회 논문집, 13(0), 9-27.

노연숙 · 현혜연 · 하동환 (2007). 디지털카메라를 활용한 유아 사진교육이 이미지리터러시 능력 향상에 미치는 영향. 한국사진학회지 AURA, 16(0), 64-72

이경률 · 공주희 (2010). 사진 이미지 리터러시 교육의 필요성과 가능성: 유아교육현장에서 사진의 교육적 효과를 중심으로. 한국사진학회지 AURA, 23(0), 6-15.

이경민 (2008). 사진기를 활용한 미술 수업 연구: 주로 디지털카메라와 휴대폰을 중심으로. 인하대학교 교육대학원 석사학위청구논문.

이은적 (2003). 이미지 문명 시대와 미술 이미지의 힘: 예술심리학 관점으로 본 미술의 교육적 역할. 교육학연구, 41(3), 93-115.

이정욱 · 임수진 (2017). 탐색, 표현, 감상의 통합적 유아미술교육. 경기: 정민사.

이정욱 · 임수진 · 이금구 · 박미라 · 안진아 (2016). 유치원 누리과정 내실화를 위한 유아미술교육프로그램: 미술, 놀이를 담다. 서울특별시유아교육진흥원.

이정욱 외 (2007). 탐색, 표현, 감상의 통합적 유아미술활동. 서울: 정민사.

정연희 · 이주형 (2014). 비주얼 리터러시 향상을 위한 사진교육 연구:초등학교 고학년을 중심으로. 한국사진학회, 32, 102-120.

정현선 (2009). 디지털 시대 글쓰기에 있어 '표현 도구'와 '매체특성' 이해의 필요성-초등학교 어린이의 사진과 글에 대한 분석을 중심으로. 語文學, 106, 99-130.

황주성 (2012). 디지털 컨버전스와 콘텐츠. 하이브리드미래문화연구소(편), 하이브리드 스펙트럼(pp.110-118). 서울: 성균관대학교 출판사.

허현주 · 유기상 · 현혜연 (2011). 2011 문화예술교육 교육표준 개발 연구-사진. 한국문화예술교육진흥원.

McLuhan, H. M. (2005). 미디어의 이해*(The MIT Press)*. (박정규 역). 서울: 커뮤니케이션북스. (원저 1964).

Roy, D., Baker, W., & Hamilton, A. (2015). *Teaching the arts: Early childhood and primary education*(2nd ed.). Melbourne, Australia: Cambridge University Press.

5장

김영수 · 허희옥 · 김현진 · 계보경 · 박연정 · 김영희 · 이현영 · 두민경 (2016). 교수 메시지 설계: 교육용 자료 제작 원리. 교육과학사.

백영균 · 박주성 · 한승록 · 김정겸 · 최명숙 · 변호승 · 박정환 · 강신천 · 김보경 (2012). 유비쿼터스 시대의 교육방법 및 교육공학. 학지사.

유구종 (2006). 유아교육용 인터넷 콘텐츠 평가척도 개발 연구. 열린유아교육연구, 26(5), 288-306.

유구종 (2014). 유아컴퓨터 ICT 스마트 교육. 창지사.

황해익 · 강민정 · 강신영 · 조준오 (2015). 유아교육과 멀티미디어. 양서원.

Alessi, S. M., & Trollip, S. R. (1985). *Computer-Based Instruction*. Englewood Cliffs, N.J.: Prentice-Hall, Inc.

Naismith, L., Lonsdale, P., Vavoula, G., & Sharples, M. (2004). *Literature Review in Mobile Technologies and Learning*. UK: Futurelab.

Park, I., & Hannafin, M. J. (1993). Empirically-based guidelines for the design of interactive multimedia. *Educational Technology Research and Development*, *41*(3), 63-85.

Sharples, M., Taylor, J., & Vavoula, G. (2005). *Towards a theory of mobile learning*. In H. van der Merwe & T. Brown, Mobile technology: The future of learning in your hands, mLearn 2005 Book of Abstracts (p. 58). Cape Town, South Africa: mLearn.

Tylor (1980). *The Computer in the school: Tutor, tool, tutee*. New York: Teachers College Press.

6장

교육과학기술부 (2010). 유아의 창의 · 인성 함양을 위한 영상매체 활용 프로그램. 서울: 교육과학기술부.

교육학술정보원 (2012). IPTV 교과연구회 활동자료집. 서울: 교육학술정보원.

권성호 (1990). 교육이념과 어린이 프로그램, 방송연구, 2, 185-199.

김영 (2009). IPTV를 활용한 지리교육 방안 연구. 경희대학교 인문학연구, 15, 195-219.

김현경 (2011). IPTV 영어교육콘텐츠를 활용한 유아 수업이 성취도와 흥미도에 미치는 효과: 유치 6~7세 중심으로. 중앙대학교 석사학위논문.

남명자 (1996).남명자 (2005).어린이와 텔레비전 환경. 나남.

엄명용 · 이상호 · 김재범 (2009). 방송과 통신 융합 시스템의 수용 및 상대적 효능에 관한 연구: IPTV를 중심으로. 한국경영정보학회, 19(3), 25-49.

윤리수 (2018). 공영방송 TV 유아 프로그램 분석. 한국교원대학교 석사학위논문.

이선경(1995). 유아를 위한 올바른 텔레비젼 시청지도에 관한 연구. 교육연구, 14, 413-430.

이성흠 · 이준 · 구양미 · 이경순 (2013). 교육방법 및 교육공학 - 의사소통 교수설계 그리고 매체활용. 서울: 교육과학사.

임정훈 · 김경 · 한승연 · 고범석 (2009). IPTV의 교육적 활용 방안 연구. 서울: 교육학술정보원.

송재신 · 장의덕 · 최선진 (2010). 학교 IPTV활용 가이드. 서울: 교육학술정보원.

정용찬 · 김윤화 · 김상우 (2018). 2017 방송매체 이용행태조사. 서울: 방송통신위원회.

황정혜 · 박인우 (2015). 2-7세 영유아 자녀의 IPTV 동영상 시청 행태와 이용에 대한 어머니의 인식. 한국정보교육학회 논문지, 19(4), 419-430.

Almond, G. & Verba, S. (1963). The Civic Culture: Political Attitudes and Democracy in Five Nations. Sage.

Anderson, D. R., Bryant, J., Wilder, A., Santomero, A., Williams, M., & Crawley, A. M. (2000). Researching Blue's Clues: Viewing behavior and impact. *Media Psychology*, *2*(2), 179-194.

Anderson, D. R., Huston, A. C., Schmitt. K. L., Linebarger, D. L. & Wright, J. C. (2001). Academic achivement. *Monographs of the Society for Research in Child Development*, *66*(1), 36-66.

Bandura, A. (1965). Influence of model's reinforcement contingencies on the acquisition of imitative responses. *Journal of Personality & Social Psychology*, *1*(6), 589-595.

Dorr. A., Graves, S. B., & Phelps, E. (1980). Television Literacy for Young Children. *Journal of communication*, *30*(3), 71-83.

Forge, K. L., & Phemister, S. (1987). The effect of prosocial cartoonsnor preschool children. *Child Study Develoment*, *17*, 83-88.

Kennard, C. W. (2000). IPTV: From to vast wasteland to the vast wonderland. Paper presented at the Consumer Electronic Show. Las Vegas.

Paivi Aarreniemi-Jokipelto (2005). T-learning model for learning via digital TV. 16th EAEEIE conference, Lappeenranta.

Pannee Suanpang (2012). Internet Protocol Television(IPTV) Implication for Education. A Journal of Software Engineering and Applications, 2012, 5, 50-5doi:10.4236/jsea. 2012. 512b011 Published Online December 2012(http://www.scirp.org/journal/jsea)

Range, D. G., Layton, J. R. & Roubinet, D. L.(1980). Aspects of early Childhood Education: Theory to research to practice, Academic Press, Inc. London.

Truxal, Merilyn R. (1994). Increasing Teacher/ Parent Awareness of Development Appropriate Movies for 3-6 Year Olds through Use of a Rating Scale(ERIC Document Reproduction Service No. ED 371873).

Tassel, J. (2013). *Digital TV Over Broadband: Harvesting Bandwidth*. CRC Press.

7장

김민정 (1994). 이야기책 듣기가 유아의 어휘력 향상에 미치는 영향. 이화여자대학교 교육대학원 석사학위논문.

서정숙 · 남규 (2016). 유아문학연구. 서울: 창지사.

진하숙 (2009). 전자책 만들기 활동이 유아의 이야기 꾸미기 능력에 미치는 영향. 한국교원대학교 대학원 석사학위논문.

유구종 (2006). 유아교육용 인터넷 콘텐츠 평가척도 개발 연구, 유아교육연구, 26(5), 287-306.

Woody, W. D., Daniel, D. B., & Baker, C. A. (2010). E-books or textbooks: Student prefer textbooks. *Computer & Education*, *55*(3), 945-948.

Bolter, J. D. (1992). Virtual reality and the future of hypertext. Proceedings of the ACM conference on Hypertext.

de Jong, M. T. & Bus, A. G. (2002). Quality of book-reading matters for emergent readers: An experiment with the same book in a regular or electronic format. *Journal of Educational Psychology*, *94*(1), 145-155.

Parish-Morris, J., Mahajan, N., Hirsh-Pasek, K., Michnick Golinkoff, R. & Fuller Collins, M. (2013. Once upon a time: Parent-child dialogue and storybook reading in the electronic era. *Mind, Brain, and Education*, *7*(3), 200-211.

Salmon, L. (2014). Factors that affect emergent literacy development when engaging with electronic books. *Early Childhood Education Journal*, *42*, 85-92.

Shamir, A., Korat, O. & Fellah, R. (2012). Promoting vocabulary, phonological awareness and concept about print among children at risk for learning disability: can e-bookts help? *Reading and Writing*, *25*, 45-69.

Snyder, I.(Ed.). (1998). *Page to Screen: Talking literacy into the electronic era*. Routledge, New York: NY.

Wilkinson, A. G., & Moore, D. W.(2002). Vocabulary acquisition from teacher explanation and repeated listening to stories: Do they overcome the matthew effect?, *Journal of educational psychology*, *94*, 23-33.

8장

이고은 (2011). 교사보조로봇을 활용한 활동이 유아의 사회적 능력에 미치는 영향. 한국교원대학교 대학원 석사학위논문.

이승훈 · 최형신 · 정우영 · 김재옥 · 계보경 (2012), 21세기 학습자 역량 강화를 위한 교구로봇 활용 교수 · 학습 프로그램 개발 연구. 한국교육학술정보원.

김영희 · 허희옥 · 계보경 · 김혜정 · 김민정 · 이현영 (2015). 유아교육에서의 교육방법 및 교육공학. 학지사.

김옥진 (2006). 초등교육용 로봇 얼굴 설계를 위한 인지적 분석. 청주교육대학교 교육대학원 석사학위논문.

다사로봇 (2010). 제니보 에듀 사용자 매뉴얼. 다사로봇.

동아일보 (2006. 2. 8). 100만 원대에 살 수 있는 국민보급형 로봇 10월에 선보인다.

손혜진 (2011). 만 5세 유아들의 유아교육용 로봇 이미지와 이에 영향을 미치는 로봇의 특성. 이화여자대학교 대학원 석사학위논문.

신나민 · 김상아 (2007). 로봇과 학습의 관계 맺기: 초, 중, 고등학생의 관점에서. 교육정보미디어연구, 13(3), 79-99.

오상록 (2010). R-러닝 시스템 구축 및 진행현황. 한국 어린이미디어학회 춘계학술대회 자료집. 한국어린이미디어학회.

유미연 · 김경철 · 최연철 · 장연주 (2012). 유아교실에서 교육 로봇 아이로비 큐의 역할, 그리고 한계와 기대. 열린유아교육연구, 17(1), 117-138.

유진로봇 (2011). 아이로비 교사용 가이드. 유진로봇.

이민영 (2017). 코딩(Coding) 교육에 대한 유아교사의 관심도 및 인식. 경성대학교 대학원 석사학위논문.

이연승 · 강민정 · 박선미 (2013). 유치원의 로봇활용 현황 및 수업 운영 실태. 유아교육연구, 33(3), 107-132.

이연주 (2006). 컴퓨터교육의 현황과 개선방향-유아컴퓨터교육을 중심으로. 용인대학교 교육대학원 석사학위논문.

이영준 · 김경 · 유헌창 · 임웅 · 계보경 · 고범석 (2007). 로봇의 교구적 활용 방안 및 적정기능 연구. 한국교육학술정보원.

임명숙 (2017). 스마트로봇을 활용한 소프트웨어 교육이 유아의 창의성 향상에 미치는 효과. 숭실대학교 대학원 석사학위논문.

장효승 (2003). 멀티미디어를 주제로 한 유아 연구의 동향. 숙명여자대학교 교육대학원 석사학위논문.

한국교육학술정보원 (2013). 로봇활용 교수 학습과정안 자료집(교육자료 TL 2013-2-1). 한국교육학술정보원.

한정혜 · 김동호 (2006). 교사 보조 로봇의 교육적 활용. 정보교육학회논문지, 10(1), 849-856.

현은자 · 김소연 · 장시경 (2008). 지능형 로봇을 활용한 림책 읽기 활동이 유아의 언어능력에 미치는 효과. 유아교육연구, 28(5), 175-197.

현은자 · 박현경 · 장시경 · 연혜민 (2009). 유아교육용 로봇에 대한 교사의 사용성 사례연구. 제4회 한국로봇공학회 하계종합 학술대회 논문집.

현은자 · 윤현민 · 강정미 · 손수련 (2009). 교육용 지능형 서비스로봇에 대한 유아의 인식. 제4회 한국로봇공학회 하계종합 학술대회 논문집.

황해익 · 최혜진 · 손원경 · 강신영 · 조은래 · 김미진 (2011). R-Learning(로봇 기반교육)이 유아교육에 미치는 영향에 대한 교원의 인식. 교사교육연구, 50(3), 136-151.

황해익 · 강민정 · 강신영 · 조준오 (2015). 유아교육과 멀티미디어. 양서원.

Bers, M. U. (2010). The Tangible Robotics Program: Applied Computational Thinking for Young Children. *Early Childhood Research & Practice*, *12*(2), 1-19.

Wing, J. M. (2006). Computational thinking. *Communications of the ACM*, *49*(3), 33-35.

9장

계보경 · 김정현 · 유지현 (2006). 증강현실의 교육적 이해. 서울: 한국교육학술정보원.

권정민 · 남보람 (2011). 햅틱 테크놀로지를 활용한 장애 아동 교육 콘텐츠 연구. 한국콘텐츠학회논문지, 11(3), 505-513.

김진숙 · 김경현 · 김미현 · 이수미 (2008). 증강현실 기반 학습 콘텐츠 활용 수업의 교육적 효과 분석 연구. 한국교육학술정보원.

김창복 · 김경 (2011). 증강현실기반 체험학습이 유아동화 학습의 효과 및 수업활동에 미치는 영향. 열린유아교육연구, 16(4), 449-468.

서희전 (2008). 증강현실기반 학습 환경에서 학습자의 현존감, 학습 몰입감, 사용성에 대한 태도, 학업성취도의 관계 연구. 교육정보미디어연구, 14(3), 137-165.

오영선 (2015). 증강현실에서의 가상이미지에 대한 인식과 상호작용성 연구: AR Book 사용자 경험을 중심으로. 홍익대학교 대학원 석사학위논문.

이재인 · 최종수 (2011). 증강현실 기반의 초등과학교육 콘텐츠 제작. 한국콘텐츠 학회지, 11(11), 514-520.

장상현 · 계보경 (2007). 증강현실 콘텐츠의 교육적 적용. 한국콘텐츠 학회지, 5(2), 79-85.

정수아 · 김헌 (2016). 유아용 APP의 증강현실 활용 사례 연구. 한국디자인문화학회지, 22(2), 585-599.

현은자 · 최경 · 연혜민 (2011). 유아를 위한 증강현실 그림책에 대한 사용성 연구. 한국콘텐츠학회논문지, 11(12), 182-189.

김인태 (2017). 증강현실그림책이 유아의 언어표현력과 몰입에 미치는 영향. 강릉원주대학교 대학원 석사학위논문.

이정 (2018). 증강현실 그램책과 종이 그림책 활용 유형에 따른 경험이 유아의 읽기 흥미, 이야기 이해력, 주의 집중에 미치는 영향. 중앙대학교 대학원 석사학위논문.

현은자 · 최경 · 연혜민 (2012). 증강현실과 로봇 기술을 기반으로 한 동극 활동에서 기술적인 요소에 대한 유아의 반응 연구. 한국콘텐츠학회논문지, 12(5), 113-124.

Illinghurst, M. Grasset, R., & Looser, J. (2005). Designing augmented reality interfaces. *SIGGRAPH Computer Graphics*, *39*(1), 17-22.

Kafumann, H., & Schmalstieg, D. (2003). Mathematics and geometry education with collaborative augmented reality. *Comptuers & Graphics*, *27*(3), 339-345.

10장

배영권 · 성경 (2009). UCC의 교육적 활용 방안에 대한 연구. 한국정보기술학회논문지, 7(3), 295-300.

배지환 · 김현배 (2013). SNS 를 이용한 학교현장 제작 UCC 의 교육적 활용 사례 연구. 정보교육학회논문지, 17(4), 449-456.

정승기 · 이기호 · 이인성 · 김진우 (2009). 사용자 제작 콘텐츠의 활성화 요인에 대한 정성적 연구: 구비문학 이론을 중심으로. 경영정보학연구, 19(2), 43-72.

11장

김정선 (2006). 프리드먼의 시각문화교육론 연구. 미술교육연구논총, 20, 39-65.

김재웅 · 박유신 · 조정래 (2011). 2011 문화예술교육 교육표준 개발연구: 만화 애니메이션. 서울: 한국문화예술교육진흥원.

김재웅 · 박유신 (2013). 애니메이션 교육 표준 분석 및 개선점 연구. 만화애니메이션연구, 63-90.

박유신 (2014). 시각문화교육과 디지털 미디어 시대의 애니메이션 교육의 방향. 만화애니메이션연구, 35, 29-65.

이재영 (2010). 시각문화미술교육: 대중문화 이미지와 즐거움. 미술교육논총, 24(3), 1-20.

이정욱 · 임수진 (2017). 탐색, 표현, 감상의 통합적 유아미술교육. 경기: 정민사.

이정욱 · 임수진 · 이금구 · 박미라 · 안진아 (2016). 유치원 누리과정 내실화를 위한 유아미술교육프로그램: 미술, 놀이를 담다. 서울특별시유아교육진흥원.

Duncum, P. (2012). An eye does not make an I: Expanding the sensorium. *Studies in Art Education*, *53*(3), 182-193.

Efland, A. D. (2005). Problems confronting visual culture. *Art Education*, *58*(6), 35-40.

Smith, F. (2005). Why Arts Education Is Crucial, and Who's Doing It Best. Edutopia. Retrieved June 1, 2012, from www.edutopia.org/arts- musiccurriculum-child-development.

Roy, D., Baker, W., & Hamilton, A. (2015). Teaching the arts: Early childhood and primary education(2nd ed.). Melbourne, Australia: Cambridge University Press.

12장

계보경 · 소효정 · 이지향 · 정광훈 (2017). 4차 산업혁명시대 IT 융합 신기술의 교육적 활용 방안 연구(II)-가상현실과 3D프린팅 현장 적용. 한국교육학술정보원.

김영애 · 권영진 · 강성현 · 김성훈 · 박종현 · 송연준 · 안성훈 · 이원희 · 이철현 · 임걸 · 임상현 · 최경철 · 최효재 (2017). 3D프린터 학교 현장 활용 수업 모델 개발. 한국교육학술정보원.

서희전 (2017). 숲-유치원-가정이 연계된 스마트러닝 환경에서 유아 창의 · 인성 활동의 개발 및 적용. 유아교육연구, 37(4), 779-809.

유구종 (2014). 유아컴퓨터 ICT 스마트 교육. 서울: 창지사.

유동욱 · 한석민 · 김동환 · 손영준 · 정순원 · 이은환 · 최효재 (2014). 3D프린터의 이해 및 교육적 활용 방안. 한국교육학술정보원.

지옥정 (2013). 지속가능발전교육을 위한 '공원 프로젝트' 중 유아들의 공원에 대한 인식 변화 분석. 어린이미디어연구, 12(3), 373-396.

최형신 · 유미리 (2015). 3D프린팅의 교육적 활용 방안 연구: 창의적 디자인 모델 기반 수업. 한국정보교육학회논문지, 19(2), 167-174.

EDUCAUSE (2012). 7 Things You Should Know About 3D Printing. EDUCAUSE Learning Initiative.

저자소개

● 지옥정

이화여자대학교와 동 대학원에서 유아교육 전공으로 학사와 석사학위를, 한국교원대학교에서 교육과정 전공으로 박사학위를 받았다. Visiting Scholar로 미국 University of Illinois에서 '프로젝트 접근법'을, 호주 Queensland University of Technology에서 '지속가능성을 위한 유아교육'을 연구하였다. 최근 관심 분야는 '지속가능성을 위한 유아교육'의 유아교육 현장 적용이다. 현재 한국교통대학교 유아교육과 교수로 재직 중이다.

● 서희전

연세대학교에서 교육학을 전공하였고, 이화여자대학교 대학원에서 교육공학 전공으로 석사 및 박사학위를 받았다. 한국교육개발원 컴퓨터교육연구센터와 한국전자통신연구원 디지털콘텐츠 연구단에서 교육정보화 및 교육미디어에 대한 연구를 수행하였으며, 현재 동명대학교 유아교육과 교수로 재직 중이다. 관심 분야는 '유아교육에서의 디지털 미디어 활용', '미래교육 및 미래학습 환경', '유아 창의 · 인성 교육', '유아를 위한 지역사회 교육 네트워크'이다.

● 계보경

이화여자대학교에서 교육공학 전공으로 석사 및 박사학위를 받았다. University of Michigan HICE 연구소의 객원연구원으로 UDL(Universal Design for Learning) 연구를 수행한 바 있으며, 미래학교 체제에 대한 연구를 비롯해 AR/VR, IoT, 감성 컴퓨팅 등 새롭게 등장하는 융합기술을 교육에 가치롭게 활용하는 방안에 대한 다양한 연구를 수행 중에 있다. 현재 KERIS 정책연구부장으로 재직 중이며, 이화여대 교육대학원 겸임교수로도 활동하고 있다.

● 고영미

전남대학교에서 유아교육 전공으로 학사학위를, 한국교원대학교에서 유아교육 전공으로 석사와 박사학위를 받았다. Visiting Scholar로 미국 University of Illinois에서 한국연구재단의 '대학교수해외방문연구지원' 사업으로 '구성주의 관점을 지닌 유아교사 양성을 위한 유아과학교육' 관련 연구를 수행하였다. 최근 관심 분야는 '구성주의 관점의 유아교사 양성 및 현장 실천'과 '유아교사의 창의 · 융합역량 및 자기지도성 역량 함양'이다. 현재 순천향대학교 유아교육과 교수로 재직 중이다.

● 권이정

이화여자대학교와 동 대학원에서 유아교육 전공으로 학사와 석사학위를, 미국 The University of Texas at Austin에서 Curriculum & Instruction 전공으로 박사학위를 받았다. 최근 관심 분야는 '다문화 교육', '부모교육'이며, 현재 공주대학교 유아교육과 교수로 재직 중이다.

● 김미애

이화여자대학교 유아교육 전공으로 학사 및 교육학 석사학위를 받고 미국 텍사스주립대학교(오스틴)에서 유아교육 전공으로 Ph.D. 학위를 받았다. 미국 Southern Connecticut State University에서 조교수로 재직 후, 현재 한국교원대학교 유아교육과 교수로 재직 중이다. 최근 관심 분야는 '유아교사의 인식과 실천에 관한 bottom-up 접근'에 관한 연구와 '노동과정으로 본 유아교사의 업무'에 관한 연구이며, 교사 정체성 및 교사의 일과 실천에 관한 주제를 중심으로 대안적 관점에서 연구하고 있다.

● 김혜정

이화여자대학교에서 교육공학 전공으로 석사 및 박사학위를 받았다. 관심 분야는 뉴미디어를 활용한 학습 환경 설계 및 collaboration을 통한 지식 형성으로 특히 'Flipped Learning', 'PBL', 'Action Learning', '지역사회 교육 네트워크 구축' 등 학습자 중심 교수 · 학습 이론 개발 및 유아교육 현장 적용에 주력하고 있다. 현재 가천대학교 유아교육과 교수로 재직 중이다.

● 임수진

덕성여자대학교와 동 대학원에서 유아교육 전공으로 학사와 석사 및 박사학위를 받았다. 한국과학기술원의 'R-러닝지원단'에서 R-러닝 관련 연구를, 서울특별시유아교육진흥원 등에서 '유아미술교육' 관련 연구를 수행하였다. 최근 관심 분야는 '시각문화에 대한 읽기(visual literacy)와 유아교육', '유아교육현장에서의 매체활용', '수학화 및 수학적 과정과 유아수학교육' 등이다. 현재 동신대학교 유아교육과에 교수로 재직 중이다.

제2판

유아교육과 미디어 활용

초 판 1쇄 발행 2018년 7월 31일
제2판 2쇄 발행 2022년 2월 17일

지 은 이 | 지옥정 · 서희전 · 계보경 · 고영미 · 권이정 · 김미애 · 김혜정 · 임수진
펴 낸 이 | 김기섭
편 집 인 | 이혜란 · 이윤희
펴 낸 곳 | 창지사 www.changjisa.com
08589 서울시 금천구 가산디지털 1로 83 파트너스타워 1차 9층
전화 (02)719-2211~3
팩스 (02)701-9386
등　　록 | 1977년 4월 28일 · 제1-421호

ISBN 978-89-426-1324-3 (93370) KOMCA 승인필

값 21,000원